안드로이드 데이터베이스

# 안드로이드 데이터베이스

실전에 바로 적용할 수 있는
안드로이드 지침서

아담 스트라우드 지음 | 오세봉 · 김기환 옮김

에이콘

# 지은이 소개

**아담 스트라우드** Adam Stroud

2010년부터 안드로이드 앱을 개발해온 안드로이드 개발자다. 런키퍼Runkeeper, 머스트빈Mustbin, 셰프 나이틀리Chef Nightly와 같은 스타트업에서 근무했으며, 처음부터 안드로이드 개발을 이끌어왔다. 안드로이드와 오픈소스에 대해 강한 열정이 있고, 안드로이드에 관련된 모든 것에 흥미를 느끼고 있다.

또한 안드로이드 개발 서적을 집필해왔고, 안드로이드 디바이스의 루트 접근 부여와 같은 넓은 주제를 가지고 대화하는 것을 즐긴다. 안드로이드 단체의 일원이 되는 것을 좋아하며, 괴짜같은 안드로이드의 광팬들과 함께 지내기도 한다.

현재 새로운 스타트업의 기술 공동 창립자로서, 안드로이드 개발과 감독을 맡고 있다.

# 감사의 글

나는 소프트웨어 개발이 하나의 팀 스포츠라고 생각한다. 집필 또한 하나의 팀 스포츠라고 확신한다. 팀의 지원, 지도, 인내력 없이는 이러한 경험을 할 수 없을 것이다. 이 프로젝트를 일정 내에 끝낼 수 있게 해주고, 오랫동안 수십 통의 이메일로 도움을 준 경영 편집자인 로라 르윈<sup>Laura Lewin</sup>과 보조 편집자인 올리비아 바세지오<sup>Olivia Basegio</sup>에게 고마움을 전하고 싶다.

또한 불완전하고 두서 없는 나의 생각을 확고하고 응집력 있게 만들어준 개발 편집자인 마이클 더스톤<sup>Michael Thurston</sup>, 기술 편집자인 마이자 메드니엑스<sup>Maija Mednieks</sup>, 지구어드 메니엑스<sup>Zigurd Menieks</sup>, 데이비드 위테이커<sup>David Whittaker</sup>에게도 고마움을 전한다. 팀의 지원은 이 일을 정말 가치 있는 경험으로 만들어줬고, 그들 없이는 불가능했을 것이다.

마지막으로, 나의 아름다운 아내와 딸들에게 감사한다. 이들의 인내와 헌신은 내가 표현할 수 없을 만큼 의미가 크다.

# 옮긴이 소개

**오세봉**(doctorosb@gmail.com)

티맥스소프트에서 웹 애플리케이션 서버를 개발하다가 빅데이터에 관심이 생겨 KT넥스알에 입사했다. KT넥스알을 나와 어린이용 스마트워치(LINE 키즈폰)를 출시하면서 안드로이드 개발을 시작했다. 현재는 SK텔레콤에서 빅데이터를 이용한 데이터 분석과 관련된 일을 하고 있다. 역서로는 『하이브 완벽 가이드』(한빛미디어, 2013), 『케스케이딩 완벽 가이드』(한빛미디어, 2014), 『MVC 구조의 확실한 해답 Angular JS 디렉티브』(에이콘, 2016)가 있다.

**김기환**(superhuman54@gmail.com)

어린이용 스마트워치(LINE 키즈폰)를 개발하면서 안드로이드의 매력에 빠졌다. 모바일과 UI, UX에 관심이 많으며 번역 및 개발을 취미로 삼고 있다. 역서로는 『MVC 구조의 확실한 해답 Angular JS 디렉티브』(에이콘, 2016)가 있다.

# 옮긴이의 말

안드로이드는 1인 1스마트폰 시대를 맞아 일상생활 속 깊숙이 파고들었고, 스마트폰 시장에서 빼놓을 수 없는 플랫폼의 선두주자로 자리매김했다. 또한 스마트폰을 넘어 패스트푸드 무인 계산기, 지하철, 쇼핑몰의 옥내 광고, 레스토랑 전자 메뉴판 등과 같은 다양한 기기에서 안드로이드를 쉽게 접할 수 있게 됐다. 이처럼 누구든지 안드로이드를 개발할 수 있는 환경이 조성되기는 했지만, 안드로이드에 대한 이해가 부족한 것이 사실이다.

모바일 데이터베이스는 엔터프라이즈급 데이터베이스의 데이터양과 복잡한 관계를 갖고 있지 않지만, 클라이언트 데이터의 관리도 소홀히 할 수 없다. 견고하고 효율적인 애플리케이션을 작성하려면 클라이언트의 데이터베이스의 특성을 제대로 이해해야만 한다. 또한 사용자의 데이터가 중요해지는 만큼 어떻게 이를 구조적으로 저장, 관리해야 하는지에 대한 전략을 세워 데이터 무결성을 유지해야 한다.

이 책에서는 관계형 데이터베이스가 어떻게 탄생했으며, 지금의 모습으로 어떻게 진화했는지를 알아본다. 또한 SQL의 기초 및 개념에 대해서도 알아본다. 이 밖에 실무에 바로 적용할 수 있는 안드로이드 SQLite 컴포넌트와 API를 이용한 데이터베이스 관리, 업그레이드 전략에 대해서도 알아본다. 안드로이드의 콘텐트 프로바이더, 인텐트뿐만 아니라 서드파티를 이용한 원격 데이터를 사용자에게 보여주는 방법에 대해서도 알아본다. 모바일 애플리케이션을 제작할 때 필요한 기본적인 데이터 공유와 관리 방법이 궁금하거나 사용자에게 데이터를 효율적으로 보여주기를 원하는 독자에게 이 책을 추천한다.

# 간략한 내용

# 차례

# 들어가며

최근 모바일 디바이스의 폭발적 증가는 모바일 앱의 수와 복잡성을 증가시켰다. 단순한 앱을 위한 플랫폼이 이제는 여러 가지 기능을 수행하는 많은 앱을 포함하고 있다. 모바일 디바이스가 다양한 데이터 소스로부터 많은 양의 데이터를 받을 수 있게 됐기 때문이다. 이에 따라 데이터를 효율적으로 저장하고 조회하는 것에 대한 요구가 점차 증가하고 있다.

전통적인 소프트웨어 시스템에서는 많은 양의 데이터를 데이터베이스에 저장하는데, 이 데이터베이스는 요청에 따라 데이터를 저장하고 조회하는 데 최적화돼 있다. 안드로이드 또한 이와 똑같은 기능을 제공하는 SQLite라는 데이터베이스 시스템을 갖추고 있다. SQLite는 요즘 앱에 맞는 기능을 지원할 뿐만 아니라 자원이 제한된 여러 모바일 디바이스 환경에서도 잘 작동한다. 이 책은 안드로이드에 내장된 데이터베이스 시스템을 어떻게 사용하는지에 대해 설명할 것이다. 그리고 실제 안드로이드 앱을 만들 때 맞닥뜨리게 될 문제에 대해서도 다룰 것이다.

## 이 책의 대상 독자

이 책은 안드로이드 앱을 조금이나마 만들어 본 개발자를 위한 책이다. 특히 기본적인 안드로이드 컴포넌트(액티비티<sup>Activity</sup>, 프래그먼트<sup>Fragment</sup>, 인텐트<sup>Intent</sup>, 애플리케이션 매니페스트<sup>Application Manifest</sup>)를 이해하고 있고, 안드로이드 스레드<sup>Android Thread</sup> 모델에 익숙하다면 더욱 도움이 될 것이다. 관계형 데이터 시스템에 대한 지식이 있다면 더욱 도움이 되겠지만, 이 책에서 다룰 내용을 이해하는 데 반드시 필요한 것은 아니다.

## 이 책의 구성

이 책은 관계형 데이터베이스 이론과 관계형 모델의 역사, 이 모델이 어떻게 탄생했는지에 대한 논의로 시작한다. 그리고 구조화 질의어<sup>SQL</sup>를 거친 후 SQL을 사용해 어떻게 데이터베이스를 구축하고 다루며 조회하는지를 알아볼 것이다. SQL을 논의할 때 안드로이드에 특화된 설명도 있지만, 안드로이드에 특화되지 않은 일반적인 SQL을 주로 다룰 것이다.

SQLite에 관한 정보와 안드로이드와 어떤 관련이 있는지도 알아볼 것이다. 또한 이 책은 데이터베이스와 상호작용할 수 있는 안드로이드 API와 데이터베이스 모범 사례를 다룬다.

데이터베이스, SQL, SQLite 기초와 함께 안드로이드 앱 개발자가 흔히 데이터베이스를 사용하면서 직면하는 문제에 대한 해결책도 다뤘다. 또한 스레드, 원격 데이터 접근, 데이터 표시와 같은 주제도 포함시켰다. 그리고 콘텐트 프로바이더<sup>Content Provider</sup>를 기반으로 하는 데이터베이스 접근 층에 대한 예제도 다뤘다.

다음은 각 장의 내용을 간략히 설명한 것이다.

- **1장, 관계형 데이터베이스** 관계형 데이터베이스를 소개하고 관계형 모델이 왜 과거의 데이터베이스 모델보다 인기가 많은지 알아본다.

- **2장, SQL 들어가기** 일반적인 데이터베이스와 관련해 SQL을 설명한다. 이 장은 데이터베이스 구조를 만드는 SQL 언어에 대해 배우고, 데이터베이스 내부의 데이터를 다루는 기능을 논의한다.

- **3장, SQLite 들어가기** SQLite 데이터베이스 시스템의 세부사항을 설명하고, 다른 데이터베이스 시스템과 어떻게 다른지 비교한다.

- **4장, 안드로이드 SQLite** 안드로이드 앱을 위해 상주하는 데이터베이스와 같은 안드로이드에 특화된 SQLite를 다룬다. 또한 앱의 외부로부터 데이터베이스에 접근하는 방법을 다룬다. 이 부분은 디버깅 시 중요할 수 있다.

- **5장, 안드로이드 데이터베이스와 작업하기** 데이터베이스를 다루는 안드로이드 API를 알아보고, 앱에서 어떻게 데이터를 받고 데이터베이스에 저장하는지 알아본다.

- **6장, 콘텐트 프로바이더**  안드로이드에서의 데이터 접근 메커니즘인 콘텐트 프로바이더의 사용법을 알아보고, 언제 사용하는지 알아본다.
- **7장, 데이터베이스와 UI**  로컬 데이터베이스로부터 데이터를 가져와 어떻게 사용자에게 보여주는지 소개한다. 안드로이드에 존재하는 스레드 문제를 다룬다.
- **8장, 인텐트로 데이터 공유하기**  콘텐트 프로바이더 외의 방법으로 인텐트를 이용해 앱 간에 데이터를 공유할 수 있는 방법을 알아본다.
- **9장, 웹 API와 커뮤니케이션**  앱과 원격 웹 API 간 양방향 커뮤니케이션을 위한 메서드와 도구들을 알아본다.
- **10장, 데이터 바인딩**  데이터 바인딩 API로 어떻게 UI를 표현할 수 있는지 알아본다. 또한 관련 API도 살펴본다. 이 밖에 데이터베이스로부터 데이터를 보여주는 방법을 예제를 통해 알아본다.

## 예제 코드

이 책은 많은 예제 소스 코드와 함께 나중에 각 장에서 다룰 예제 앱도 하나 담고 있다. 본문에 나온 내용을 더욱 심도 있게 이해하기 위해 예제 소스 코드를 다운로드해 다뤄보기 바란다.

예제 앱은 빌드와 실행을 도와주는 그레이들<sup>Gradle</sup> 기반 안드로이드 프로젝트다. 이 앱은 이 책을 집필할 때 이용할 수 있는 가장 최신의 라이브러리 및 빌드 도구와 함께 빌드됐다. 예제의 소스 코드는 깃허브(https://github.com/android-database-best-practices/device-database)에서 찾아볼 수 있다. 예제 소스 코드는 Apache 2 오픈소스 라이선스에 의해 만들어졌으며, 라이선스에 따라 사용될 수 있다.

이 책의 도서 정보 페이지 http://www.acornpub.co.kr/book/android-db-bp 에서도 예제 소스 코드를 다운로드할 수 있다.

## 편집 규약

다음은 이 책에서 사용하는 규칙이다.

- Constant width는 프로그램 목록과 단락 안에서 변수, 함수 이름, 데이터베이스, 데이터 타입, 환경 변수, 상태, 약속어와 같은 프로그램 요소를 나타낸다.
- **Constant width bold**는 코드에서 강조하는 부분이다.

**노트**

노트는 팁, 제안이나 일반적인 내용을 나타낸다.

# 1

# 관계형 데이터베이스

관계형 데이터베이스 모델은 현재 가장 대중적인 데이터베이스 모델 중 하나 다. 안드로이드는 관계형 데이터베이스 모델을 구현한, SQLite라 부르는 내장 데이터베이스를 탑재하고 있다. 이 장에서는 관계형 데이터베이스의 기본적인 개념을 설명할 것이다. 데이터베이스의 역사에 대해 짧게 알아본 후 관계형 모델을 살펴볼 것이다. 마지막으로, 데이터베이스 언어의 발전에 대해 다룬다. 이 장은 관계형 데이터베이스에 능숙하지 않은 독자에게 맞춰져 있으므로 관계형 데이터베이스의 개념을 잘 안다면, 안드로이드의 SQLite 기능을 설명하는 장으로 넘어가도 상관 없다.

## 데이터베이스의 역사

다른 컴퓨터 분야와 마찬가지로 데이터베이스도 오랜 시간에 걸쳐 진화해왔다. 요즘은 NoSQL과 관계형 데이터베이스에 관한 이야기가 자수 능상하기 때문에 이것들이 어떻게 동작하는지 이해하는 것이 중요하다.

이 절에서는 데이터베이스가 어떻게 지금의 모습으로 진화했는지 짧게 설명할 것이다.

> **노트**
>
> 일부에게는 이 절의 내용이 도움이 되지만, 일부에게는 그렇지 않을 수 있다. 안드로이드에서 데이터베이스가 어떻게 동작하는지 자세히 알고 싶으면 다음 절로 넘어가도 좋다.

데이터 저장, 관리, 조회는 이제 더 이상 새로운 문제가 아니다. 컴퓨터가 나오기 수십 년 전에도 사람들은 데이터를 저장, 관리, 조회했다. 중요한 데이터를 서면에 직접 기입하고 체계화해 서류 보관함에 저장한 후 필요할 때마다 조회할 수 있는 시스템은 누구든지 쉽게 구상할 수 있다. 이 시스템이 일반적인 데이터 저장 방식이었을 때는 서류 보관함을 샅샅이 뒤져야만 했다.

이러한 서면 기반의 방식은 한계가 있다. 가장 큰 문제는 데이터의 양이 늘어날수록 규모를 늘리기가 힘들다는 것이다. 데이터의 양이 증가할수록 데이터 저장소 관리, 데이터 조회 시간도 증가한다.

또한 서면 기반 방식에서 데이터 저장, 검색의 과정은 수동으로 이루어진다. 이는 시스템을 느리게 하고, 많은 양의 공간을 차지하는 문제를 발생시킨다.

장비에 데이터를 저장하던 초기에는 서면 기반 방식을 비슷하게 따라 했다. 종이에 데이터를 하드 카피하는 대신 전자적으로 데이터를 구조화하고 저장한 것이 다른 점이다. 일반적인 전자 파일 기반 시스템에서는 단일 파일이 어떤 데이터와 관련 있는 여러 데이터 엔트리들을 포함하고자 했다.

이 방식은 과거의 방식보다 장점이 많지만 여전히 여러 가지 문제를 안고 있었다. 보통 이러한 파일 저장소는 중앙 집중적이지 않기 때문에 불필요한 데이터를 만들어 냈고, 이러한 데이터 때문에 작업 과정이 느려지고 많은 저장 공간을 낭비했다. 게다가 데이터 제어 시스템이 많지 않아서 호환성 없는 파일 포맷에 대한 문제도 종종 발생했다. 시간이 지나 데이터의 양이 많아질수록 데이터 구조를 변경하기도 힘들어졌다.

이러한 문제를 해결할 새로운 시도가 필요했는데, 그것이 바로 데이터베이스였다. 데이터베이스는 다른 컴퓨터 과학 기술 분야와 비교했을 때 상대적으로 새로운 기술이다. 왜냐하면 데이터베이스는 비용 효율적이었고, 컴퓨터가 이에 맞춰 발전해야 했기 때문이다. 1960년대 중반에 이르러서야 비로소 민간 기업이 컴퓨터를 저렴하게 소유하게 됐고, 데이터베이스를 사용하기 위한 성능과 저장 능력이 갖춰졌다.

초기 데이터베이스는 이 장에서 설명한 관계형 모델과 다른 모델을 사용했다. 초창기에 주로 이용된 두 가지 모델은 네트워크 모델과 계층형 모델이었다.

## 계층형 모델

계층형 모델의 데이터는 트리<sup>tree</sup> 구조다. 이 모델은 부모와 자식 사이의 일대다수 <sup>one-to-many</sup>의 관계를 유지하며, 자식은 하나의 부모 노드를 가질 수 있다. 하지만 각 부모 노드는 여러 자식을 가질 수 있다. 1960년 아폴로 우주 계획을 위해 IBM과 Rockwell이 함께 계층형 모델의 초기 버전을 구현했다. 이 구현은 IBM 정보 관리 시스템<sup>IMS</sup>라고 명명했다. IMS는 데이터베이스를 제공할 뿐만 아니라 보고서까지 생성했다. 이 두 가지 기능의 조합으로 IMS는 당시 최고의 소프트웨어 애플리케이션 중 하나가 될 수 있었고, IBM은 컴퓨터 세계에서 최고의 회사로 부상했다. IMS는 여전히 메인 프레임에서 사용하는 계층형 데이터베이스 시스템으로 자리 잡고 있다.

## 네트워크 모델

네트워크 모델은 또한 다른 초기 데이터베이스의 대중적인 모델이었다. 네트워크 모델은 계층형 모델과 달리 부모/자식 노드의 일대다수 관계에 있어 제약사항이 없는 그래프 구조다. 이 구조는 모델을 더욱 복잡한 데이터 구조와 관계로 나타냈다. 또한 1960년대 말, 데이터 시스템 언어 학회<sup>CODASYL</sup>에서 네트워크 모델을 표준화했다.

## 관계형 모델의 소개

관계형 데이터베이스 모델은 1970년 에드가 코드의 논문인 「대용량 공유 데이터 저장소를 위한 관계형 데이터 모델<sup>A Relational Model of Data for Large Shared Data Banks</sup>」에 소개됐다. 이 논문에서는 그 당시 모델의 몇 가지 문제를 제시했고, 효과적인 데이터 저장을 위한 새로운 모델을 소개했다. 에드가 코드는 관계형 모델이 그 당시 모델의 단점을 어떻게 해결하는지를 서술했고, 관계형 모델을 어디에 접목시켜야 성능을 크게 향상시킬 수 있는지를 설명했다.

이러한 과정을 거쳐 관계형 데이터베이스가 처음으로 소개됐고, 지금 우리가 사용하는 관계형 데이터베이스 시스템으로 발전해왔다. 비록 많은 현대 데이터베이스 시스템이 에드가 코드의 논문에서 제시한 지침을 엄격하게 따르지는 않지만, 그의 아이디어와 장점은 수용하고 있다.

## 관계형 모델

관계형 모델은 데이터베이스에 저장된 데이터를 구조화하기 위해 릴레이션relation이라는 수학적 개념을 이용한다. 이 모델은 집합론과 1차 술어 논리를 기반으로 하고 있다. 릴레이션은 관계형 모델의 기초다.

### 릴레이션

관계형 모델에서 개념적인 데이터-현실 세계의 데이터와 관계relationship의 모델-는 릴레이션과 관련돼 있다. 릴레이션은 로우row와 컬럼column을 가지는 테이블로 생각할 수 있다. 컬럼은 어트리뷰트attribute를 나타내고, 로우는 테이블에서 하나의 엔트리entry 또는 튜플tuple로 표현한다. 그뿐만 아니라 관계형 모델은 릴레이션에 의미 있는 별칭을 부여할 수 있다.

안드로이드 OS 버전을 저장하기 위한 릴레이션을 예로 들어보자. 안드로이드 버전 게시판(https://developer.android.com/about/dashboards/index.html)에서 가져온 데이터를 가공해야 한다. 이 릴레이션의 이름을 os라 정하자.

표 1.1에 나온 릴레이션은 세 가지 어트리뷰트(version, codename, api)를 가지고 있고, 어트리뷰트는 릴레이션의 특성을 나타낸다. 또한 이 릴레이션은 4개의 튜플을 가지고 있으며, 안드로이드 OS 버전(5.1, 5.0, 4.4, 4.3)을 저장한다. 각 튜플은 릴레이션에서 엔트리로 생각할 수 있고, 릴레이션은 어트리뷰트에 의해 릴레이션만의 고유한 특성을 가진다.

**표 1.1** os 릴레이션

| 버전 | 코드명 | ap1 |
|------|--------|------|
| 5.1 | Lollipop | 22 |
| 5.0 | Lollipop | 21 |
| 4.4 | KitKat | 19 |
| 4.3 | Jelly Bean | 18 |

## 어트리뷰트

릴레이션 어트리뷰트relation attribute는 튜플의 데이터포인트(데이터 안에서 규명할 수 있는 요소)를 의미한다. 릴레이션을 구조화하려면, 데이터 값이 어트리뷰트에 해당하는지를 정의할 수 있는 도메인domain을 각 어트리뷰트에 할당해야 한다. 도메인은 어트리뷰트가 가질 수 있는 데이터 범위와 어트리뷰트에 해당하는 데이터 타입을 제한할 수 있다. 앞의 예제에서, api 어트리뷰트를 정수의 범위로 제한하기 위해 타입을 integer로 한다. 또한 api 어트리뷰트의 범위를 양의 정수로 할 수 있다(필요하다면 상한 값을 지정할 수도 있다).

어트리뷰트에 제한을 둘 때, 관계형 모델에서 도메인의 개념은 중요하다. 제한을 두면 데이터 무결성을 유지하고 릴레이션 어트리뷰트를 실수 없이 사용할 수 있다. 표 1.1의 릴레이션에서, api 문자열의 값은 특정 연산을 어렵게 만들거나 예측할 수 없는 결과를 초래할 수 있다. 숫자가 아닌 값을 받는 api 어트리뷰트를 가지는 os 릴레이션에 튜플을 추가하고, api의 값이 19 이상인 os 버전을 조회한다고 생각해보자. 잘못된 결과를 얻을 것이다.

릴레이션에서 어트리뷰트의 개수는 차수degree로 나타낸다. 표 1.1의 릴레이션은 3개의 어트리뷰트를 가지므로 3의 차수를 가진다. 1의 차수를 가지는 릴레이션을 단항unary 릴레이션이라 한다. 2의 차수를 가지는 릴레이션은 이항binary, 3의 차수를 가지는 릴레이션은 삼항ternary, 3 이상의 차수를 가지는 릴레이션을 n항n-ary이라 한다.

## 튜플

튜플은 테이블로 만들어진 릴레이션에서 로우에 해당한다. 튜플은 어트리뷰트에 맞춰 데이터를 표현한다. 릴레이션에서 튜플의 수를 카디널리티$^{cardinality}$라고 한다. 표 1.1의 릴레이션은 4개의 튜플을 가지고 있으므로 4의 카디널리티를 가진다. 카디널리티와 차수의 중요한 점은 얼마나 변경되는지의 차이다. 차수는 구조를 정의하는 데 도움을 주며, 자주 변경되지 않는다. 차수를 변경하면 릴레이션 자체가 바뀐다.

이에 반해, 카디널리티는 매우 자주 바뀐다. 튜플이 릴레이션에 추가되거나 삭제되면, 카디널리티가 바뀐다. 큰 규모의 데이터베이스에서 카디널리티는 초당 여러 번 바뀔 수 있다. 하지만 차수는 며칠에 걸쳐 한 번에 바뀌지 않거나 영원히 바뀌지 않을 수 있다.

## 인텐션/익스텐션

릴레이션의 어트리뷰트, 어트리뷰트의 도메인, 어트리뷰트의 제약사항은 릴레이션의 인텐션$^{intension}$을 정의한다. 릴레이션에서 튜플은 익스텐션$^{extension}$을 정의한다. 인텐션은 꽤 고정적으로 유지되는 반면, 익스텐션은 튜플이 추가, 삭제, 수정될 때 유동적으로 변하는 것을 쉽게 알 수 있다. 왜냐하면 인텐션과 익스텐션은 각각 카디널리티, 차수와 관련돼 있기 때문이다. 차수는 인텐션 속성 중 하나고, 카디널리티는 익스텐션 속성 중 하나다.

## 스키마

관계형 스키마$^{schema}$로 릴레이션 구조를 정의한다. 스키마는 도메인 사양을 따르는 어트리뷰트의 목록이다. 릴레이션의 스키마를 표의 형태(표 1.1)로 나타낼 수 있으며, 문서로도 나타낼 수 있다. 다음은 표 1.1의 스키마를 글로 표기한 것이다.

```
os(version, codename, api)
```

릴레이션의 이름과 어트리뷰트의 목록이 함께 있음에 유의하라. 또한 가끔은 기본 키$^{primary key}$의 이름을 굵게 나타낸다. 기본 키는 나중에 다른 장에서 논의하기로 한다.

## 릴레이션의 성질

관계형 모델에서 릴레이션은 반드시 지켜야 할 규칙이 있다. 규칙은 릴레이션을 효과적으로 현실 세계 데이터 모델로 나타내고, 과거 데이터베이스 시스템의 한계를 보완해준다. 다음 규칙을 지키는 릴레이션은 제1정규형<sup>first normal form</sup>이라는 성질을 따른다.

- **고유한 이름을 가지는 릴레이션**: 각 릴레이션은 이름을 가져야 하고, 그 이름은 유일해야 하며, 시스템에서 릴레이션을 식별할 수 있어야 한다.
- **고유한 이름을 가지는 어트리뷰트**: 릴레이션의 고유한 이름과 마찬가지로, 각 어트리뷰트는 고유한 이름을 가져야 한다. 릴레이션의 이름과 같이 어트리뷰트의 이름으로 식별할 수 있어야 한다.
- **단일 값 어트리뷰트**: 각 어트리뷰트는 튜플당 최대 하나의 값을 가질 수 있으며, 그 값은 어트리뷰트와 관련돼 있다. 표 1.1의 예제에서 각 api 레벨 어트리뷰트는 단 하나의 정숫값을 가진다. 여러 가지 값(19, 20)을 가지는 튜플이 존재하면 잘못된 것으로 간주한다.
- **제한된 도메인 어트리뷰트 값**: 이전에 논의한 것처럼 튜플의 각 어트리뷰트에 대한 값은 어트리뷰트의 도메인을 지켜야 한다. 어트리뷰트의 도메인은 어트리뷰트를 "정당한" 값으로 간주한다.
- **고유한 튜플**: 릴레이션에서 중복된 튜플은 없다. 공통적인 값을 가지는 부분이 있을 수 있지만, 완전히 같은 2개의 튜플은 있을 수 없다.
- **순서가 없는 어트리뷰트**: 어트리뷰트의 순서는 릴레이션을 나타내는 데 아무런 관련이 없다. 왜냐하면 어트리뷰트는 고유한 이름을 가지고 있고, 이름은 어트리뷰트와 관련이 있기 때문이다. 예를 들면 표 1.1에서 `codename`과 `api` 어트리뷰트의 열 순서를 바꾸어도 릴레이션은 변화가 없다. 왜냐하면 어트리뷰트는 컬럼의 순서보다 고유한 이름과 관련 있기 때문이다.
- **순서가 없는 튜플**: 튜플의 순서는 릴레이션과 아무런 관련이 없다. 튜플이 추가, 삭제되더라도 순서는 릴레이션에 전혀 중요하지 않다.

## 관계

대부분의 개념적 데이터 모델은 여러 릴레이션을 가지는 관계형 모델이 필요하다. 다행히 관계형 모델은 여러 릴레이션 사이에서 관계를 정의할 수 있다. 두 릴레이션의 관계를 정의하려면, 반드시 키를 설정해야 한다. 키$^{key}$는 릴레이션에서 유일하게 튜플을 식별하는 어트리뷰트의 조합이다. 하나의 릴레이션과 다른 릴레이션을 관련 지을 때 주로 사용하고, 복잡한 데이터 모델을 관계형 모델로 나타낸다.

- **슈퍼 키**: 슈퍼 키는 유일하게 튜플을 식별하는 어트리뷰트의 조합이다. 슈퍼 키를 구성하기 위해 어트리뷰트의 개수를 제한하지 않는다. 그래서 모든 어트리뷰트가 슈퍼 키의 조합이 될 수 있다.

- **후보 키**: 후보 키는 유일하게 튜플을 식별하는 어트리뷰트의 최소 개수로 구성된 조합이다. 후보 키는 최대 어트리뷰트 수에 제약을 둔 슈퍼 키와 비슷하다. 후보 키 어트리뷰트의 일부분으로 튜플을 식별해서는 안 된다. 릴레이션에서는 여러 개의 후보 키가 있을 수 있다.

- **기본 키**: 기본 키로 선택된 후보 키다. 기본 키는 후보 키의 모든 성질을 가지고 있지만, 기본 키라는 유일한 특징을 가지고 있다. 각 열을 유일하게 식별하는 후보 키가 여러 개 있을 수 있지만, 기본 키는 오직 하나만 될 수 있다.

- **외래 키**: 외래 키는 다른 릴레이션의 후보 키와 대응하는 어트리뷰트의 조합이다.

외래 키는 2개의 릴레이션을 또한 다른 하나와 관련시켜준다. 이러한 관계의 종류에는 세 가지가 있다.

- **일대일 관계**: 테이블 A의 한 로우는 테이블 B의 한 로우와 대응한다. 또한 테이블 B의 로우는 다시 테이블 A의 로우과 대응한다(그림 1.1).

- **일대다 관계**: 테이블 A의 한 로우는 테이블 B의 여러 가지 다른 로우와 대응한다. 그러나 테이블 B의 각 로우는 다시 테이블 A의 한 로우에만 대응한다(그림 1.2).

- **다대다 관계**: 테이블 A의 여러 로우는 테이블 B의 여러 로우와 대응하고 테이블 B의 여러 로우는 테이블 A의 여러 로우와 대응한다(그림 1.3).

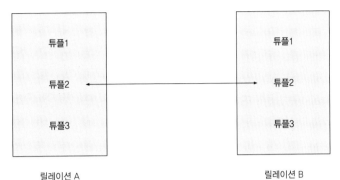

그림 1.1 일대일 관계

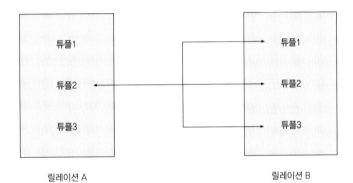

그림 1.2 일대다 관계

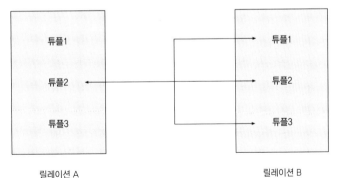

그림 1.3 다대다 관계

## 참조 무결성

관계형 모델의 관계를 이용할 때, 참조 받는 테이블의 외래 키는 참조하는 테이블의
튜플로 반드시 존재해야 한다. 이 개념을 참조 무결성이라 한다. 대부분의 관계형
데이터베이스 운영 시스템은 참조 무결성을 강제한다. 따라서 테이블은 확인할 수
없는 외래 키를 가지지 않는다.

어트리뷰트가 원자성을 가지려면, 관계형 모델에서 관계의 개념은 매우 중요하
다. 예를 들어 표 1.1의 os 릴레이션과 함께 모바일 디바이스 정보를 저장하는 데이
터 모델을 생각해보자.

```
os(version, codename, api)
device(version, manufacturer, os_version, os_codename, os_api)
```

device 릴레이션은 하드웨어, 소프트웨어의 정보를 정의하는 어트리뷰트를 가
진다. 그리고 os 릴레이션은 OS 소프트웨어의 정보를 담고 있다. 튜플이 추가될 때,
릴레이션을 표로 나타내면 표 1.2와 같을 것이다.

표 1.2의 릴레이션이 잘된 것처럼 보이지만, 관계형 모델의 정규화 형식에 어긋
나고 중복된 어트리뷰트가 있다. 특히 os_version, os_codename, os_api 어트리뷰
트의 값이 여러 튜플에서 반복된다. 게다가 os 릴레이션에서 대부분이 동일한 값이
다. 이제 표 1.1의 os 릴레이션 어트리뷰트를 수정한다고 생각해보자. 또한 os 릴레
이션을 직접 수정할 뿐만 아니라 os 정보를 참조하는 device 릴레이션의 튜플도 수
정해야 한다. 데이터를 수정하면, 여러 번의 수정 연산이 필요하다.

이 문제를 해결하고 정규화하기 위해 device 릴레이션의 os_version, os_
codename, os_api 어트리뷰트를 os 릴레이션 기본 키로 교체한다. 이렇게 하면
device 릴레이션의 튜플이 os 릴레이션의 튜플을 참조하게 된다. 조금 전에 언급했
듯이, 기본 키는 후보키 중에서 선택된 것이다.

os 릴레이션은 version, api 어트리뷰트라는 2개의 후보 키를 가진다. codename
어트리뷰트는 후보 키가 아니다. 왜냐하면 codename 어트리뷰트는 튜플을 유일하
게 식별하지 않기 때문이다(여러 튜플이 codename "Lollipop"을 사용한다). 예를 들면, os
릴레이션의 기본 키로 version을 사용한다. version을 기본 키로 사용해 device 릴

레이션이 os 외래 키를 사용하도록 수정하고, 정규화된 관계를 device 릴레이션에 추가할 수 있다. 수정된 device 릴레이션은 표 1.3과 같다.

수정된 구조와 함께, os 릴레이션의 수정사항이 즉시 데이터베이스 전반에 반영된다. 왜냐하면 중복 어트리뷰트가 os 릴레이션의 참조로 변경됐기 때문이다.

**표 1.2** device 릴레이션

| 버전 | 제품 | OS 버전 | OS 코드명 | OS ap1 |
|------|------|---------|-----------|--------|
| 갤럭시 넥서스 | 삼성 | 4.3 | Jelly Bean | 18 |
| 넥서스 5 | LG | 5.1 | Lollipop | 21 |
| 넥서스 6 | 모토롤라 | 5.1 | Lollipop | 21 |

**표 1.3** 정규화된 device 릴레이션

| 버전 | 제품 | OS 버전 |
|------|------|---------|
| 갤럭시 넥서스 | 삼성 | 4.3 |
| 넥서스 5 | LG | 5.1 |
| 넥서스 6 | 모토롤라 | 5.1 |

## 관계형 언어

지금까지 관계형 모델에서 모델 구조에 대해 알아봤다. 또한 데이블, 어트리뷰트, 튜플, 도메인을 사용해 데이터가 모델에 적합한지 알아봤다. 하지만 모델을 질의하고 다루는 방법은 배우지 않았다.

관계형 모델을 다루는 데 주로 사용하는 두 가지 개념은 관계 대수, 관계 해석이다. 관계 대수과 관계 해석은 서로 다르게 보이지만, 그렇지 않다. 둘 중 하나로 나타낸 표현식은 나머지 하나로도 표현할 수 있다.

관계 해석, 관계 대수의 어떤 부분은 SQL, SEQUEL과 같은 고수준 처리 언어의 기초가 된다. 사용자가 데이터베이스를 다루면서 작업을 할 때 직접 관계 대수, 관계 해석을 사용하지는 않지만(대신 고수준 언어를 사용한다), 고수준 언어가 어떻게 동작하는지 더 잘 이해하기 위해서는 최소한 두 가지는 기본적으로 알고 있어야 한다.

## 관계 대수

관계 대수는 원하는 결과를 얻기 위해 어떻게 데이터베이스에게 질의를 해야 하는지 설명한 언어다. 관계 대수는 절차적 언어로 나타낸다. 왜냐하면 관계 대수의 질의 방법이 곧 서술형이기 때문이다.

관계 대수 표현식은 피연산자, 연산자의 역할을 하는 두 가지 릴레이션으로 구성된다. 연산 결과 새로운 릴레이션을 생성하고, 입력인 피연산자에게는 어떠한 피해도 주지 않는다. 릴레이션은 관계 대수 내에서 닫혀 있다$^{closed}$. 이 말은 표현식의 입출력이 릴레이션이라는 뜻이다. 이러한 성질 때문에 어떤 표현식에서 나온 결과물을 또 다른 입력으로 사용할 수 있다.

관계 대수 연산자는 기본적으로 다섯 가지로 구분할 수 있다. 다른 연산도 있지만, 그 연산도 기본적인 다섯 가지로 표현할 수 있다. 관계 대수의 기본적인 연산자는 선택, 추출, 카티션 곱, 합집합, 차집합이다.

하나의 릴레이션이나 2개의 릴레이션을 사용하면 관계 대수 연산을 할 수 있다. 대부분의 연산은 두 릴레이션에서 동작하지만, 선택, 추출 연산은 하나의 릴레이션에서 동작한다.

이 장에서는 기본적인 연산자들과 더불어 교집합, 조인을 설명한다. 관계 대수 연산의 예로, 표 1.4, 표 1.5와 같은 간단한 릴레이션을 생각해보자.

**표 1.4** 릴레이션 A

| Color |
| --- |
| Red |
| White |
| Blue |

**표 1.5** 릴레이션 B

| Color |
|-------|
| Orange |
| White |
| Black |

**표 1.6** A∪B

| Color |
|-------|
| Red |
| White |
| Blue |
| Orange |
| Black |

**표 1.7** A∩B

| Color |
|-------|
| White |

## 합집합

합집합(A∪B) 연산자는 새로운 릴레이션을 생성하고, 그 릴레이션은 피연산자 릴레이션의 모든 튜플을 가진다(표 1.6). 이 연산자는 릴레이션 A와 릴레이션 B의 모든 구성원을 가지는 결과물의 릴레이션이라는 점에서 "or" 연산자라고 생각할 수 있다.

## 교집합

교집합(A∩B) 연산자는 릴레이션 A, 릴레이션 B에 모두 속하는 튜플을 가지는 릴레이션을 생성한다(표 1.7).

## 차집합

차집합(A-B) 연산자는 왼쪽 피연산자에는 속하지만, 오른쪽 피연산자에는 속하지 않는 튜플을 가지는 릴레이션을 생성한다(표 1.8).

## 카티션 곱

카티션 곱(A×B)은 피연산자 A의 튜플과 피연산자 B의 튜플을 가능한 한 모든 정렬된 쌍으로 가지는 릴레이션을 생성한다(표1.9). 결과물로 나온 릴레이션의 차수는 각 피연산자 릴레이션 차수의 총합과 같다. 결과물의 카디널리티는 입력 릴레이션 카디널리티의 곱과 같다. 예제에서 릴레이션 A, 릴레이션 B는 1차수를 가지므로 결과물로 나온 릴레이션은 1+1=2차수를 가진다. 이와 마찬가지로 릴레이션 A, 릴레이션 B는 3의 카디널리티를 가지므로 출력 릴레이션은 3*3=9의 카디널리티를 가진다.

## 선택

선택($o_{predicate}(A)$)은 주어진 술어를 만족시키는 피연산자의 튜플만 가지는 릴레이션을 생성한다. 이전의 연산과 달리 선택은 단항 연산이며, 오직 하나의 릴레이션만 연산한다.

선택 연산의 예로 이 장 첫부분의 os 릴레이션을 떠올려보자. os 릴레이션에서 19 이상인 api 값을 가지는 튜플을 조회하고 있다(표 1.10).

**표 1.8** A - B

| Color |
| --- |
| Red |
| Blue |

**표 1.9** A×B

| A. Color | B. Color |
|----------|----------|
| Red | Orange |
| Red | White |
| Red | Black |
| White | Orange |
| White | White |
| White | Black |
| Blue | Orange |
| Blue | White |
| Blue | Black |

**표 1.10** $\sigma_{api\rangle19}$(os)

| 버전 | 코드명 | api |
|------|--------|-----|
| 5.1 | Lollipop | 22 |
| 5.0 | Lollipop | 21 |

**표 1.11** ($\Pi_{codename}$(os))

| 코드명 |
|--------|
| Lollipop |
| KitKat |
| Jelly Bean |

**표 1.12** A ⋈ B

| device.version | device.manufacturer | os.version | os.codename | os.api |
|----------------|---------------------|------------|-------------|--------|
| Galaxy Nexus | Samsung | 4.3 | Jelly Bean | 18 |
| Nexus 5 | LG | 5.1 | Lollipop | 21 |
| Nexus 6 | Motorola | 5.1 | Lollipop | 21 |

## 추출

추출($\Pi_{a1, a2..., an}(A)$)은 피연산자의 특정 어트리뷰트만 포함하는 릴레이션을 생성한다. 결과로 나온 릴레이션은 피연산자의 어트리뷰트 값을 가지며, 중복은 제거한다. 추출 또한 선택과 마찬가지로 하나의 릴레이션에서 이루어지는 단항 연산이다. 추출의 예로는 표 1.1에서 codename 어트리뷰트의 값을 가지는 릴레이션을 들수 있다.

## 조인

조인 릴레이션은 두 피연산자 릴레이션의 카티션 곱과 비슷하다. 보통 질의를 할때, 카티션 곱으로 나온 두 피연산자의 튜플을 완전한 쌍으로 반환할 필요는 없다. 오히려 결과물로 나온 릴레이션을 확실한 기준에 맞는 쌍으로만 제한하는 것이 유용하다. 이것이 조인 연산의 유용한 부분이다.

자연 조인은 두 릴레이션을 공통의 어트리뷰트를 매개체로 해 하나의 릴레이션으로 결합해주는 유용한 연산이다. 예를 들어 표 1.1의 os 릴레이션과 표 1.3의 정규화된 device 릴레이션을 살펴보면 각 입력 어트리뷰트의 device.os_version, os.version 어트리뷰트를 이용해 두 릴레이션을 하나로 결합한 릴레이션으로 생성할 수 있다. 결과는 표 1.12에 나와 있다.

자연 조인의 결과가 표 1.2의 비정규화 릴레이션과 동일하다는 것을 확인해보자. 데이터를 하나의 테이블로 결합할 때 조인 연산을 이용해 새로운 연산을 수행할수 있다.

자연 조인은 특히 동등 연산을 사용하는 세타 조인의 특정한 유형이다. 세타 조인은 두 피연산자 릴레이션을 결합한다. 동등(자연 조인을 생성)은 가장 일반적으로 사용하는 연산 중 하나다.

## 관계 해석

관계 해석은 관계형 모델을 조회, 수정할 수 있는 또 다른 관계형 표현법이다. 에드가 코드는 그의 논문에서 관계형 모델을 소개한 후 튜플 관계 해석을 제안했다.

앞에서 논의했듯이, 관계 대수는 데이터를 어떻게 검색하는지 설명한다. 데이터 조회 방법의 세부 사항은 데이터베이스에게 넘겨주고, 관계 해석을 이용해 무엇을 조회해야 하는지 설명할 수 있다. 관계 해석은 무엇을 검색할 것 인지에 중점을 두고 있기 때문에 선언적 표현법으로 분류할 수 있다.

관계 해석에는 튜플 관계 해석, 도메인 관계 해석이라는 두 가지 형식이 있다.

## 튜플 관계 해석

튜플 관계 해석은 서술자와 비교해 튜플을 평가한다. 표현식의 결과물은 서술자의 결과를 참으로 하는 튜플로 이루어진 릴레이션이다. 우리는 관계 해석으로 원하는 것을 얻어야 하고, 시스템은 가장 최선의 방법으로 요청을 처리해야 한다.

표 1.1의 os 릴레이션을 다시 살펴보면, 튜플 관계 해석의 질의를 글로 표현할 수 있다. 아마 다음과 같이 나타낼 수 있을 것이다.

os 릴레이션에서 codename이 "Lollipop"인 튜플을 모두 반환하라.

이 문장은 앞에서 설명한 관계 대수로 정의한 질의문과 동일하다. 보통 인간이 튜플 관계 해석할 때에는 문자 표현을 사용하고, 릴레이션을 정의할 때에는 간단한 표기법을 사용한다. 이 질의문에 대한 표기법은 다음과 같다.

$$\{x \,|\, os(x) \,\land\, x.codename = \text{'}Lollipop\text{'}\}$$

이 질의는 서술자를 만족하는 튜플의 모든 어트리뷰트 값을 반환할 것이다. 또한 반환된 어트리뷰트를 제한할 수 있다. codename이 "Lollipop"과 같고, 오직 codename 하나만 반환하려면, 그 질의는 다음과 같다.

$$\{x.codename \,|\, os(x) \,\land\, x.codename = \text{'}Lollipop\text{'}\}$$

**도메인 관계 해석**

도메인 관계 해석은 튜플 관계 해석과 달리 어트리뷰트의 도메인을 평가한다.

# 데이터베이스 언어

관계형 데이터베이스의 구조도 중요하지만, 데이터베이스에 저장된 데이터도 조작할 수 있어야 한다. 1970년 에드가 코드는 릴레이션, 어트리뷰트, 도메인을 선언하는 서술자 해석 기반의 ALPHA라는 2차 언어의 설명으로 논문을 시작했다.

## 알파

알파$^{ALPHA}$는 더 이상 발전하지 않았지만, 현재 대부분의 관계형 데이터베이스 시스템이 사용하는 언어의 기반을 다졌다. 에드가 코드는 관계형 모델을 소개하는 논문에서 데이터베이스 언어의 완전한 구현을 제공하려는 의도가 없었다. 그 대신 그러한 언어가 가질 수 있는 개념과 기능을 소개했다. 게다가 그는 고수준 언어와 ALPHA의 관계를 ALPHA가 관계형 모델과 무엇을 할 수 있는지에 대한 "개념 증명"으로 설명했다.

에드가 코드가 설명한 ALPHA의 기능은 데이터의 검색, 수정, 삽입, 삭제다. 그는 ALPHA 기능의 설명과 더불어 ALPHA 언어가 무엇을 하지 말아야 하는지를 설명했다. ALPHA의 주된 목적은 관계형 데이터 모델과의 상호작용이기 때문에 ALPHA는 데이터를 검색하는 방법이 아니라 무슨 데이터를 검색하는지에 의미를 두고 있다. 이는 중요한 사항이며, 지금의 SQL을 있게 한 언어의 기능이다.

그는 또한 ALPHA를 "호스트$^{host}$" 언어와 같은 고수준 언어와 함께 존재할 수 있는 "하위 언어$^{sub-language}$"로 설명했다. 이는 ALPHA가 그 자체로 완전한 언어가 아니라는 것을 의미한다. 예를 들면, 산술 함수와 같은 기능은 ALPHA에서 제외되고, 호스트 언어에서 구현하며, ALPHA에서 호출된다.

## 큐얼

큐얼<sup>QUEL</sup>은 에드가 코드의 ALPHA 언어 기반의 데이터베이스 언어이며 UC 버클리에서 개발했다. QUEL은 Ingres DBMS의 일부로 만들어졌고, Postgres 데이터베이스의 초창기 버전과 함께 제공된 POSTQUEL에 뿌리를 두고 있다. QUEL은 초창기 관계형 데이터베이스의 일부로 포함됐지만, 현재 대부분의 관계형 데이터베이스 시스템에서 SQL로 대체됐다.

## 씨큐얼

IBM에서 SEQUEL을 최초 개발했을 때, SQL은 구조 영어 질의어<sup>SEQUEL</sup>로 시작했다. 그러나 상표 위반으로 구조화 질의어<sup>SQL</sup>로 짧아졌다. SEQUEL은 ALPHA 언어 기반으로 구현한 최초의 상업적 언어였다.

이 장의 처음에서 논의했듯이, SQLite는 안드로이드의 일부로 포함된 데이터베이스 시스템이다. 관계형 데이터 저장 방법의 구현과 더불어 SQL 고수준 데이터베이스 언어를 위한 인터프리터도 포함한다.

## 요약

관계형 데이터베이스는 데이터를 저장하고 조작하는 강력한 메커니즘을 제공한다. 1970년 에드가 코드의 관계형 모델에서 데이터베이스 기술은 초기 문서 기반 모델에 존재했던 수많은 문제를 극복할 수 있다고 소개한다.

관계 대수, 관계 해석과 더불어 관계형 모델은 데이터베이스에 저장된 데이터의 연산과 실의를 할 수 있다. QUEL, SEQUEL, SQL과 같은 고수준 언어의 관계형 언어 개념을 이해하면 관계형 데이터베이스의 능력을 활용해 소프트웨어를 향상시킬 수 있다.

다음 장에서는 가장 대중적인 데이터베이스 언어인 SQL을 살펴본다.

# 2

# SQL 들어가기

구조화 질의어[SQL]는 관계형 데이터베이스와 상호작용하기 위해 사용하는 프로그래밍 언어이며, SQLite에서도 사용한다. SQL을 사용해 데이터베이스를 구조화하고, 데이터를 다루며, 데이터베이스에 저장된 데이터를 읽을 수 있다.

미국 국립 표준 협회[ANSI], 국제 표준화 기구[ISO]에서 SQL을 표준화해왔지만, 각 벤더마다 각자의 플랫폼에 맞게 SQL을 확장했다. 이 장은 안드로이드에 내장된 데이터베이스 시스템인 SQLite에 맞게 구현된 SQL을 다룰 것이다. 이 장에서는 SQL의 세 가지 절을 포함하고 있다.

- 데이터 정의 언어[DDL]
- 데이터 조작 언어[DML]
- 질의

각 절은 데이터베이스 관리 시스템[DBMS]에서 각각 다른 역할을 하며, 여러 가지 명령과 언어적 기능을 가진다.

# 데이터 정의 언어

데이터 정의 언어<sup>DDL, Data Definition Language</sup>는 데이터베이스의 구조를 정의할 때 사용한다. 데이터 정의 언어는 테이블, 뷰, 트리거, 인덱스와 같은 데이터베이스 객체를 생성, 수정, 삭제할 수 있다. 모든 DDL문으로 데이터베이스의 스키마<sup>schema</sup>를 정의한다. 스키마는 데이터베이스를 구조화해 표현한다. 다음 SQL 명령은 DDL문을 작성할 때 주로 사용한다.

- CREATE: 새로운 데이터베이스 객체를 생성한다.
- ALTER: 이미 존재하는 데이터베이스 객체를 수정한다.
- DROP: 데이터베이스 객체를 삭제한다.

이어서 CREATE, ALTER, DROP 명령을 어떻게 다른 데이터베이스 객체와 함께 사용하는지 설명한다.

## 테이블

"1장, 관계형 데이터베이스"에서 설명했듯이 테이블<sup>Table</sup>은 관계형 데이터베이스에서 릴레이션이다. 테이블은 데이터를 나타내는 로우, 각 데이터의 어트리뷰트를 나타내는 컬럼을 제공해 데이터베이스에서 데이터를 보관한다. 표 2.1은 디바이스 정보에 관한 테이블 예제를 보여준다.

SQLite는 테이블의 CREATE, ALTER, DROP 명령을 지원한다. 이 명령으로 테이블을 생성, 수정, 삭제할 수 있다.

### CREATE TABLE

그림 2.1과 같이 CREATE TABLE문은 데이터베이스에 생성할 테이블 이름을 선언하면서 시작한다. 그리고 컬럼 이름, 데이터 형식, 컬럼의 제약을 규정해 테이블 컬럼을 정의한다. 제약은 테이블 어트리뷰트에 저장할 값에 제한을 둔다.

표 **2.1** 디바이스 테이블

| 모델 | 닉네임 | display_size_inches |
|---|---|---|
| Nexus One | Passion | 3.7 |
| Nexus S | Crespo | 4.0 |
| Galaxy Nexus | Toro | 4.6 |
| Nexus 4 | Mako | 4.7 |

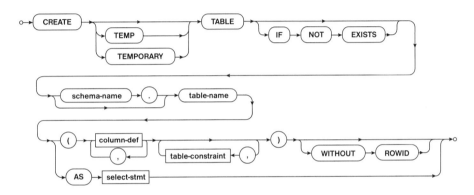

**그림 2.1** CREATE TABLE 문의 개요
(출처: sqlite.org)

코드 2.1은 device 이름과 함께 3개의 컬럼, 즉 model, nickname, display_size_
inches를 생성하는 CREATE TABLE문을 보여준다.

**코드 2.1** device 테이블 생성

```
CREATE TABLE device (model TEXT NOT NULL,
                     nickname TEXT,
                     display_size_inches REAL)
```

**노트**

SQL 데이터 형식은 "3장, SQLite 들어가기"에서 자세히 다룬다. 여기서 TEXT는 문자열, REAL
은 부동 소수점을 나타낸다.

코드 2.1의 SQL이 오류 없이 실행되면, 3개의 TEXT, TEXT, REAL 형식의 model, nickname, display_size_inches 컬럼이 생성된다. 게다가 model 컬럼은 모든 로우가 모델 이름을 반드시 가져야 하는 제약[non-null]을 가지고 있다. 이 제약은 CREATE문의 컬럼 이름 끝에 NOT NULL을 추가해 생성한다. 만약 model 컬럼에 null 값을 가지는 로우를 추가하면 NOT NULL 제약으로 인해 SQLite는 오류를 발생시킨다.

이러한 방식으로 데이터를 저장하고 조회하기 위해 테이블을 사용할 수 있다. 그러나 시간이 지남에 따라 변경되는 소프트웨어의 요구에 맞춰 이미 존재하는 테이블을 수정해야 할 경우도 있다.

## ALTER TABLE

ALTER TABLE문은 새로운 컬럼을 추가하거나 테이블 이름을 수정할 때 사용한다. 하지만 SQLite에서는 ALTER TABLE의 제약이 있다. 그림 2.2처럼 테이블에서 컬럼의 이름을 바꾸거나 지우는 방법은 없다. 이 말은 컬럼을 한 번 추가하면 항상 테이블과 함께 존재한다는 의미다. 컬럼을 지울 수 있는 유일한 방법은 테이블 전체를 지운 후 지우려는 컬럼을 제외하고 다시 테이블을 생성하는 것이다. 그러나 이렇게 하면 과거의 테이블에 저장된 데이터가 모두 지워진다. 테이블을 재생성할 때 데이터를 복구하려면, 과거의 테이블 데이터를 새로운 테이블로 복사해야 한다.

device 테이블에 새로운 컬럼을 추가하는 SQL 코드는 코드 2.2에 나와 있다. 새로운 컬럼은 memory_mb이고, REAL 형식이다. 이 컬럼은 디바이스의 메모리 용량을 저장하기 위해 사용한다.

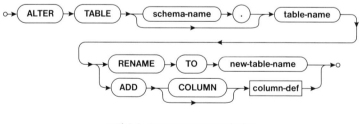

**그림 2.2** ALTER TABLE 문의 개요
(출처: sqlite.org)

**코드 2.2** device 테이블에 새로운 컬럼 추가

```
ALTER TABLE device ADD COLUMN memory_mb REAL;
```

## DROP TABLE

DROP TABLE문은 매우 간단한 테이블 연산이다. 데이터베이스에서 테이블과 함께 모든 데이터를 지운다. 그림 2.3은 DROP TABLE문의 개요를 보여준다. DROP TABLE은 지울 테이블의 이름만 있으면 테이블을 지울 수 있다. 코드 2.3과 같이 device 테이블을 지울 수 있다.

**코드 2.3** device 테이블 삭제

```
DROP TABLE device;
```

DROP TABLE문을 사용할 때에는 주의가 필요하다. DROP TABLE문을 완료하면, 지워진 데이터는 복구할 수 없다.

### 인덱스

인덱스$^{index}$는 빠른 질의를 위해 사용하는 데이터베이스 객체다. 인덱스가 무엇인지 알기 위해서는 어떻게 데이터베이스가 로우를 검색하는지 알아보면 도움이 된다.

표 2.1의 device 테이블에서 특정 모델의 디바이스를 찾는 앱을 생각해보자. 앱 코드는 찾으려는 모델 이름을 전달하고, 테이블에게 질의를 할 것이다. 인덱스가 없으면 SQLite는 모델 이름과 일치하는 로우를 찾기 위해 테이블의 모든 로우를 비교할 것이다. 이것을 풀 테이블 스캔$^{full\ table\ scan}$이라 부르며, 이는 테이블 전체를 읽는다. 데이터베이스는 증가하는 로우의 개수를 검사해야 하기 때문에 테이블이 커질수록 풀 테이블 스캔은 많은 시간이 소요된다. 4개의 로우를 가지는 테이블보다 400만 개의 로우를 가지는 테이블의 풀 테이블 스캔 시간이 훨씬 많이 소요된다.

**그림 2.3** DROP TABLE 문의 개요
(출처: sqlite.org)

표 2.2 rowid와 device 테이블

| rowid | model | nickname | display_size_inches |
|-------|-------|----------|---------------------|
| 1 | Nexus One | Passion | 3.7 |
| 2 | Nexus S | Crespo | 4.0 |
| 3 | Galaxy Nexus | Toro | 4.65 |
| 5 | Nexus 4 | Mako | 4.7 |

인덱스는 풀 테이블 스캔을 피하고 빠르게 검색할 수 있도록 테이블에 컬럼의 값을 기록해 질의의 속도를 높인다. 다른 버전을 가진 표 2.1의 device 테이블을 표 2.2로 나타냈다.

새로운 컬럼인 rowid를 살펴보자. SQLite는 특별히 직접 컬럼을 만들지 않는 한 테이블을 만들 때 자동으로 이 컬럼을 생성한다. 앱은 논리적으로 표 2.1(rowid 제외)과 같이 device 테이블로 간주하지만, 메모리에서는 실제로 rowid를 포함한 표 2.2처럼 device 테이블을 나타낸다.

**📝 노트**

rowid 행은 표준 SQL 질의를 이용해 접근할 수 있다.

SQLite에서 rowid는 특수한 컬럼이며 인덱스를 위해 사용한다. 각 로우의 rowid는 유일하게 로우를 식별하고, 증가하는 정수라고 보장할 수 있다. 그렇지만 표 2.2에서 rowid 값은 연속적이지 않을 수 있다. 테이블에 로우를 삽입하면 rowid는 증가하고, 로우를 삭제하면 rowid 값을 다시 사용하지 않기 때문이다. 표 2.2에서 4의 rowid는 어느 시점에서 삽입됐다가 삭제됐다. rowid가 연속적이지 않더라도, 표에 로우를 삽입하면 순서대로 이어서 저장된다.

SQLite는 rowid를 이용해 로우를 빠르게 찾을 수 있다. 내부적으로 B-tree를 이용하는데, 그 이유는 B-tree의 키로 rowid를 데이터를 저장하기 때문이다.

**노트**

rowid를 이용해 질의를 하면 풀 테이블 스캔을 막을 수 있다. 그러나 일반적으로 앱의 비즈니스 로직에서는 rowid를 다른 특별한 목적으로 사용하지 않는다.

테이블 컬럼의 인덱스가 만들어지면, SQLite는 칼럼 값과 rowid를 매핑한다. 표 2.3은 device 테이블의 model 컬럼의 매핑을 보여준다.

이 경우에는 정렬된 모델 이름에 주목해야 한다. 왜냐하면 SQLite는 이진 검색을 수행해 모델을 찾기 때문이다. 하나가 발견되면 SQLite는 모델의 rowid에 접근할 수 있고, 풀 테이블 스캔을 할 필요 없이 rowid를 이용해 device 테이블에 있는 데이터를 검색할 수 있다.

**표 2.3** model 인덱스

| model | rowid |
|---|---|
| Galaxy Nexus | 3 |
| Nexus 4 | 5 |
| Nexus One | 1 |
| Nexus S | 2 |

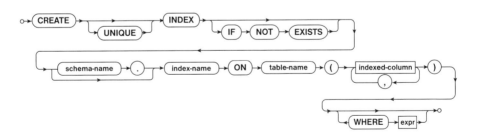

**그림 2.4** CREATE INDEX 문의 개요
(출처: sqlite.org)

**그림 2.5** DROP INDEX 문의 개요
(출처: sqlite.org)

## CREATE INDEX

CREATE INDEX문은 컬럼 정의와 인덱스의 이름이 필요하다. 인덱스는 데이블을 팀색할 때 자주 사용하는 컬럼을 하나 정의한다. 코드 2.4는 CREAT INDEX 문의 구조를 보여준다.

**코드 2.4** model 인덱스 생성

```
CREATE INDEX idx_device_model ON device(model);
```

인덱스는 테이블과 달리 한 번 생성하면 수정할 수 없다. 따라서 인덱스에 ALTER 예약어를 적용할 수 없다. 인덱스를 수정하려면, DROP INDEX를 이용해 인덱스를 삭제한 후 CRE-ATE INDEX문으로 다시 생성해야 한다.

## DROP INDEX

그림 2.5의 DROP INDEX문은 DROP TABLE문과 동일하다. 단지 지울 인덱스 이름만 필요하다. 코드 2.5는 코드 2.4에서 생성한 인덱스의 삭제 방법을 보여준다.

**코드 2.5** model 인덱스 삭제

```
DROP INDEX idx_device_model;
```

## 뷰

데이터베이스에서 뷰<sup>View</sup>는 가상의 테이블이라고 생각할 수 있다. 결과를 얻기 위해 테이블처럼 질의를 할 수 있다. 그러나 테이블과 같이 데이터베이스에 물리적으로 존재하지는 않는다. 그 대신 어떤 질의를 실행해 나온 결과를 저장한 것이 뷰다. 표

2.4는 뷰의 예제를 보여준다.

> **노트**
>
> SQLite는 읽기 전용 뷰만 지원한다. 뷰에게 질의는 할 수 있지만, DELETE, INSERT, UPDATE
> 연산은 할 수 없다.

## CREATE VIEW

CREATE VIEW는 그림 2.6처럼 다른 CREATE문(CREATE TABLE, CREATE VIEW 등)과 비슷한
방법으로 이름을 지정한다. 그리고 CREATE VIEW문은 뷰의 내용을 정의한다. 뷰의 내
용은 뷰에 포함할 컬럼을 반환하는 SELECT문으로 정의한다. 그뿐만 아니라 어떤 로
우를 뷰에 포함할지에 대한 제약도 둘 수 있다.

코드 2.6은 표 2.4의 뷰를 생성하는 SQL 코드다. 이 코드는 device 테이블의
model, nickname 컬럼과 device_name의 이름 뷰를 생성한다. SELECT문에 WHERE절
이 없기 때문에 device 테이블의 로우가 모두 뷰에 포함된다.

**표 2.4** 디바이스 이름 뷰

| model | nickname |
|---|---|
| Nexus One | Passion |
| Nexus S | Crespo |
| Galaxy Nexus | Toro |
| Nexus 4 | Mako |

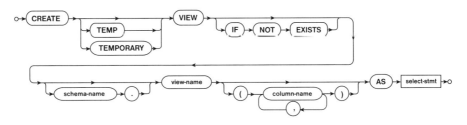

**그림 2.6** CREATE VIEW 문의 개요
(출처: sqlite.org)

**코드 2.6** device_name 뷰 생성

```
CREATE VIEW device_name AS SELECT model, nickname, FROM device;
```

📝 **노트**

SELECT문은 이 장의 뒷 부분에서 자세히 설명한다.

SQLite의 뷰는 읽기 전용이며, DELETE, INSERT, UPDATE 연산을 제공하지 않는다. 게다가 ALTER문으로 수정할 수도 없다. 수정하기 위해서는 인덱스처럼 삭제한 후에 다시 생성해야 한다.

## DROP VIEW

DROP VIEW는 지금까지 살펴본 다른 DROP 명령과 똑같이 동작한다. 지울 이름만 지정하면 뷰가 지워진다. 그림 2.7은 DROP VIEW문을 자세히 설명한다. 코드 2.7은 코드 2.6에서 생성한 device_name 뷰를 제거한다.

**코드 2.7** device_name 뷰 삭제

```
DROP VIEW device_name;
```

## 트리거

DDL로 조작할 수 있는 마지막 데이터베이스 객체는 바로 트리거<sup>trigger</sup>다. 트리거는 데이터베이스 이벤트가 발생하면 연산을 수행한다. 예를 들면, 데이터베이스에 로우를 삽입하거나 삭제하면 SQL문을 실행하는 트리거를 생성할 수 있다.

## CREATE TRIGGER

지금까지 살펴본 다른 CREATE문과 같이 CREATE TRIGGER문은 트리거에 이름을 지정한다. 이름을 지정한 후에 트리거가 실행돼야 할 시점<sup>when</sup>을 정의한다. 이 시점을 정의할 때에는 두 가지가 필요하다. 트리거를 실행시킬 연산과 이 연산과 관련해 언제 트리거를 실행할지 정의한다. 예를 들면, 트리거를 DELETE, INSERT, UPDATE 연산 대신$^{instead}$이나 전$^{before}$ 또는 후$^{after}$에 실행되도록 정의할 수 있다. DELETE, INSERT, UPDATE 연산은 SQL의 DML 부분이고, 이 장의 뒤에서 다룬다. 그림 2.8은 CREATE TRIGGER문을 개략적으로 나타냈다.

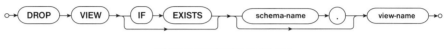

**그림 2.7** DROP VIEW 문의 개요
(출처: sqlite.org)

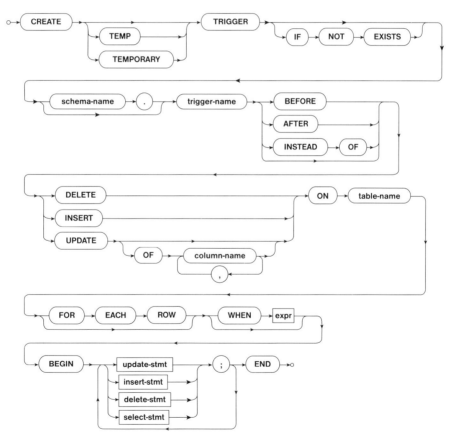

**그림 2.8** CREATE TRIGGER 문의 개요
(출처: sqlite.org)

코드 2.8은 새로운 로우를 device 테이블에 삽입하면 삽입 시간을 설정하는 트리거를 만든다.

**코드 2.8** device 테이블의 트리거 생성

```
ALTER TABLE device ADD COLUMN insert_date INTEGER;
CREATE TRIGGER insert_date AFTER INSERT ON deivce
  BEGIN
    UPDATE device
    SET insert_date = datetime('now');
    WHERE _ROW_ID = NEW._ROWID_;
  END;
```

삽입 시간을 저장하기 전에 반드시 device 테이블에 insert_date 컬럼을 추가해야 한다. 이 작업은 트리거가 생성되기 전에 ALTER TABLE문으로 처리할 수 있다 (트리거 정의에서 참조할 수 있도록 insert_date 컬럼을 미리 생성해야 한다).

ALTER TABLE문이 실행되면 device 테이블은 표 2.5와 같은 값을 가질 것이다. insert_date 값이 null임에 주목하라. 왜냐하면 ALTER TABLE문은 이미 존재하는 로우에 기본 값을 명시하지 않기 때문이다.

이제 트리거를 정의했으므로, 다음 INSERT문을 실행해 새로운 로우를 테이블에 삽입한다.

```
INSERT INTO device(model, nickname, display_size_inches)
VALUES("new_model", "new_nickname", 4);
```

표 2.6은 현재 device 테이블을 보여준다.

**표 2.5** insert_date 컬럼 추가

| model | nickname | display_size_inches | insert_date |
|---|---|---|---|
| Nexus One | Passion | 3.7 | 〈null〉 |
| Nexus S | Crespo | 4.0 | 〈null〉 |
| Galaxy Nexus | Toro | 4.65 | 〈null〉 |
| Nexus 4 | Mako | 4.7 | 〈null〉 |

**표 2.6** 로우 삽입

| model | nickname | display_size_inches | insert_date |
|---|---|---|---|
| Nexus One | Passion | 3.7 | 〈null〉 |
| Nexus S | Crespo | 4.0 | 〈null〉 |
| Galaxy Nexus | Toro | 4.65 | 〈null〉 |
| Nexus 4 | Mako | 4.7 | 〈null〉 |
| new_model | new_nickname | 4 | 2015-07-13 04:52:20 |

새롭게 추가된 로우에 삽입 시간이 저장됐다. 이 컬럼은 INSERT문을 실행할 때 insert_date 트리거가 자동으로 추가된다. 트리거가 어떻게 동작하는지 좀 더 자세하게 살펴보자.

트리거의 첫 번째 줄은 단순히 이름을 부여하고 device 테이블에서 INSERT문의 직후에 동작하라는 것을 의미한다.

```
CREATE TRIGGER insert_date AFTER INSERT ON device
```

트리거의 실제 세부 내용은 BEGIN, END문 사이다.

```
BEGIN
    UPDATE device
    SET insert_date = datetime('now')
    WHERE _ROWID_ = NEW._ROWID_;
  END;
```

위의 문은 UPDATE문을 실행시켜 현재 시간을 insert_date에 설정한다. UPDATE 문은 어떤 테이블(device)에 연산을 하고 어떤 값(insert_date 컬럼에 현재 시간과 날짜를 저장)을 설정할 것인지 정의한다. insert_date 트리거에서 흥미로운 점은 UPDATE 문의 WHERE절이다.

```
WHERE _ROWID_ = NEW._ROWID_;
```

인덱스를 논의했던 때로 거슬러 올라가보자. SQLite 데이터베이스의 로우는 데이터베이스가 자동으로 추가해주는 rowid를 가지고 있었고, 이 rowid 컬럼에 접근할 수 있었다. UPDATE 문의 WHERE절은 NEW._ROWID_를 이용해 이 rowid 컬럼에 접근한다. _ROWID_는 주어진 로우의 rowid에 접근하기 위한 특수한 컬럼의 이름이다.

이 WHERE절은 WHERE절이 true일 때 UPDATE문을 실행한다. insert_date 트리거에서 트리거가 조작하고 있는 로우가 현재 로우일 때만 이 동작이 일어난다. WHERE절을 빠트리면 UPDATE문은 테이블의 모든 로우에 적용된다.

현재 로우가 삽입되고 있는 로우인지 알려면 NEW 예약어를 사용해야 한다. NEW는 수정할 로우의 수정 값을 나타낸다. 또한 OLD를 이용해 작업 중인 로우의 과거 값에 접근할 수도 있다. 트리거는 수정할 수 없다. 수정하기 위해서는 삭제한 후에 다시 생성해야 한다.

## DROP TRIGGER

DROP TRIGGER문은 이 장에서 소개한 다른 DROP문과 같다. 그림 2.9처럼 지울 트리거의 이름만 지정하면 된다. 코드 2.9는 insert_date 트리거를 제거한다.

**코드 2.9** 트리거 삭제

```
DROP TRIGGER insert_date;
```

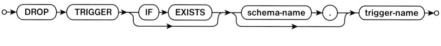

**그림 2.9** DROP TRIGGER 문의 개요
(출처: sqlite.org)

지금까지 SQLite가 지원하는 DDL을 살펴봤다. DDL을 이용하면 로컬 데이터베이스에 데이터를 저장하기 위해 데이터베이스 객체를 정의할 수 있다. 다음은 데이터베이스에 저장된 데이터 조작 방법을 설명한다.

**경고**

트리거는 SQL의 훌륭한 기능이지만, 단점도 있다는 것을 알아야 한다. 왜냐하면 데이터베이스에서 행해지는 동작에 답해 데이터베이스가 트리거를 자동으로 실행하고, 트리거가 예상치 못한 부작용을 일으킬 수 있기 때문이다. 트리거를 추가한 테이블의 애플리케이션 코드에서는 트리거로 초기화한 데이터베이스 연산이 의도하지 않은 결과로 나타날 수 있다. 어떤 기능을 트리거에 추가하기보다 그 기능의 로직을 애플리케이션 코드에 옮기는 게 더 나을 수도 있다.

# 데이터 조작 언어

데이터 조작 언어[DML]는 데이터베이스의 데이터를 읽거나 수정하는 데 쓰인다. 이에는 테이블 로우의 삽입, 수정이 포함된다. 먼저 DDL로 데이터베이스 구조를 잡으면 DML을 이용해 테이블의 데이터를 수정할 수 있다. DDL과 DML의 주된 차이점은, DDL은 데이터베이스의 데이터의 구조를 정의하고, DML은 데이터 자체를 가공한다는 것이다. DML은 테이블 로우에 적용할 수 있는 세 가지 연산을 제공한다.

- INSERT: 테이블에 로우를 추가한다.
- DELETE: 테이블에서 로우를 삭제한다.
- UPDATE: 테이블의 로우 값을 수정한다.

### INSERT

INSERT문은 테이블에 로우를 추가하기 위해 사용한다. VALUES, SELECT, DEFAULT 예약어의 세 가지 방식으로 어떤 데이터를 테이블에 삽입하고, 그 데이터를 어떤 컬럼에 넣어야 하는지 정할 수 있다. 그림 2.10은 INSERT 문의 개요를 보여준다.

### VALUES

VALUES 예약어를 이용해 INSERT문에 로우의 값을 설정해야 한다. INSERT문을 실행하려면 해당 값의 컬럼과 그 컬럼의 값을 정해야 한다. 컬럼 이름과 컬럼 값의 순서는 반드시 일치해야 한다. INSERT문을 이용하면 INSERT문 하나당 단지 하나의 로우만 테이블에 삽입된다. 여러 개의 로우를 삽입하고 싶다면 여러 번의 INSERT문이 필요하다.

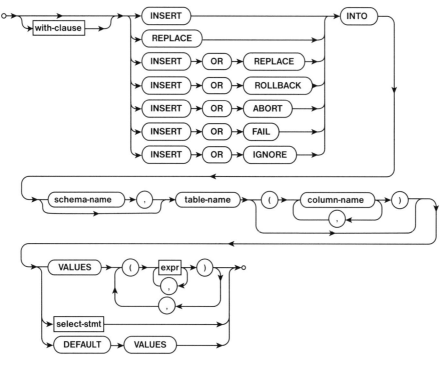

**그림 2.10** INSERT 문의 개요
(출처: sqlite.org)

## SELECT

INSERT문에서 SELECT문을 이용해 로우 값을 정하면 SELECT문으로 나온 결과가 로우에 삽입된다. 이러한 형식의 INSERT문을 이용하면 하나의 INSERT문으로 여러 개의 로우를 삽입할 수 있다.

## DEFAULT

DEFAULT 예약어는 컬럼의 기본 값만 테이블에 삽입한다. 테이블을 정의할 때 컬럼의 기본 값을 할당할 수 있다.

코드 2.10은 표 2.1의 device 테이블에 데이터를 저장하기 위한 여러 INSERT문의 기본적인 예제다.

**코드 2.10** 테이블에 여러 INSERT문을 이용해 삽입

```
INSERT INTO device (model, nickname, display_size_inches)
    VALUES ("Nexus One", "Passion", 3.7);
INSERT INTO device (model, nickname, display_size_inches)
    VALUES ("Nexus S", "Crespo", 4.0);
INSERT INTO device (model, nickname, display_size_inches)
    VALUES ("Galaxy Nexus", "Toro", 4.65);
INSERT INTO device (model, nickname, display_size_inches)
    VALUES ("Nexus 4", "Mako", 4.7);
```

로우를 테이블에 삽입하면 UPDATE문을 이용해 수정할 수 있다.

## UPDATE

UPDATE문은 테이블에 저장된 데이터를 수정하는 데 쓰인다. INSERT문처럼 테이블 이름, 컬럼명, 컬럼에 해당하는 새로운 값이 필요하다. 그리고 특정 로우만을 식별하려면 WHERE절을 이용해 제한할 수 있다. UPDATE문에 WHERE절을 빠트리면, 테이블의 모든 로우가 수정되는 불상사가 생긴다. 그림 2.11은 UPDATE문의 개요를 보여준다.

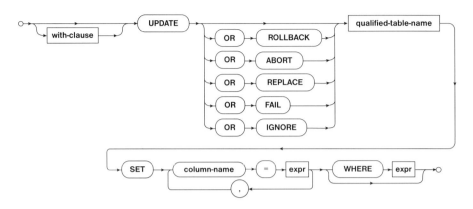

**그림 2.11** UPDATE 문의 개요
(출처: sqlite.org)

코드 2.11은 테이블의 모든 로우를 수정하는 UPDATE문을 보여준다.

**코드 2.11** UPDATE를 이용한 모든 로우 수정

```
UPDATE device SET model = "Nexus";
```

코드 2.12는 특정 로우를 수정하기 위한 WHERE절의 사용을 보여준다. 이 UPDATE
절은 de-vice_size_inches가 4 이상을 가지는 로우의 model 이름을 "Nexus 4"로
바꾼다.

**코드 2.12** WHERE절을 이용한 UPDATE

```
UPDATE deivce SET model = "Nexus 4" WHERE device_size_inches > 4;
```

## DELETE

그림 2.12 처럼 테이블에서 로우를 지우기 위해 DELETE문을 사용한다. UPDATE문처
럼 특정 로우만을 지우기 위해 WHERE절을 사용할 수 있다. 만약 WHERE절을 빠트리
면 테이블의 모든 로우가 지워진다. 그리고 비어 있는 상태의 테이블이 되겠지만,
테이블은 데이터베이스에 그대로 존재한다. 코드 2.13은 display_size_inches의
값이 4 이상인 로우를 지우는 DELETE문이다.

**코드 2.13** DELETE를 이용해 로우 삭제

```
DELETE FROM device WHERE display_size_inches > 4;
```

지금까지 DDL과 DML을 살펴봤다. 이제 SQL에서 데이터베이스에 질의와 관련된 부분을 알아볼 시간이 됐다. 여기서는 SELECT문을 이용한다.

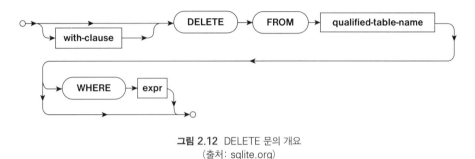

**그림 2.12** DELETE 문의 개요
(출처: sqlite.org)

## 질의

SQL은 데이터베이스 구조를 정의하고 데이터를 조작할 수 있을 뿐만 아니라 데이터도 조회할 수 있다. 다양한 사례에서 SELECT문을 이용해 데이터베이스에 질의<sup>Query</sup>를 한다. 데이터베이스 질의는 1장에서 배운 관계 대수, 관계 해석 개념에 기반을 두고 있다.

그림 2.13은 SQL의 SELECT문 구조를 보여준다.

SELECT문은 그림 2.13에서 볼 수 있듯이 꽤 복잡할 수 있다. 많은 사례에서 SELECT 예약어로 SELECT문을 시작한 후 프로젝션<sup>projection</sup>(테이블에서 특정 컬럼만 추출하는 조작)이 뒤를 따른다. 1장을 되짚어보면 프로젝션은 테이블 컬럼의 부분 집합이다. SELECT문에서 프로젝션은 테이블에서 추출해야 하는 컬럼의 목록이다. 프로젝션은 특정 컬럼의 목록이거나 *을 이용해 모든 컬럼을 나타낼 수 있다.

원하는 컬럼을 정하고 난 후 SELECT문은 입력 데이터의 위치를 나타내기 위해 반드시 FROM절을 가져야 한다. 코드 2.14는 device 테이블에서 데이터를 조회하는 2개의 질의다. 첫 번째 질의는 * 문자를 써서 모든 컬럼을 나타내고, 두 번째 질의는

device 테이블에서 추출한 컬럼 목록이다.

**코드 2.14** SELECT문

```
SELECT * FROM device;
SELECT model, nickname FROM device;
```

코드 2.14의 각 질의는 테이블의 모든 로우를 반환한다. 특정 로우를 제한하기 위해 SELECT문에 WHERE절을 추가한다.

WHERE절은 질의로 어떤 로우를 반환해야 하는지를 서술한다. SELECT문의 WHERE 절은 다른 UPDATE, DELETE문의 WHERE절과 동일한 방식으로 동작한다. 코드 2.15는 dis-play_size_inches의 값이 4 이상인 로우의 컬럼을 반환하는 SELECT문이다.

**코드 2.15** WHERE절을 이용한 SELECT문

```
SELECT * FROM device WHERE display_size_inches > 4;
```

## ORDER BY

코드 2.15의 질의는 기본 정렬로 로우를 반환한다. ORDER BY절을 이용해 순서를 바꿀 수 있다. ORDER BY절은 반환된 결과를 데이터베이스에 어떻게 정렬할 것인지를 지시한다. 매우 단순한 사례로 ORDER BY절에서 컬럼의 값을 이용해 결과를 어떤 순서로 정해야 할지 나타낼 수 있다.

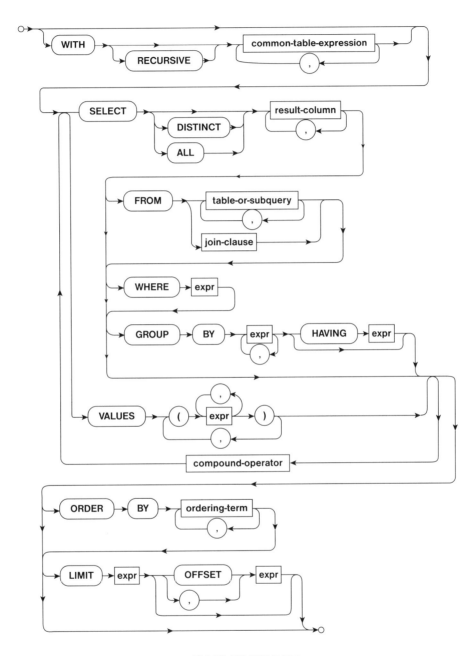

**그림 2.13** SELECT 문 구조

코드 2.16은 device 테이블에서 model로 정렬된 모든 로우를 반환하는 질의다.

**코드 2.16** ORDER BY를 이용한 로우 정렬

```
SELECT * FROM device ORDER BY model;
```

이제 그 결과는 모델 이름의 알파벳순으로 정렬될 것이다. 그리고 ORDER BY절 뒤에 ASC, DESC 예약어를 추가해 정렬 방식을 조작할 수도 있다. ASC, DESC는 결과 목록의 정렬 방식을 나타낸다(오름차순, 내림차순). 코드 2.16의 질의는 오름차순을 사용했는데, 오름차순에 ASC나 DESC를 기입하지 않으면 기본적인 정렬이다. ORDER BY절의 끝부분에 DESC를 붙이면 표 2.8과 같이 결과가 뒤집힌다.

## 조인

조인[Join]은 하나의 질의로 여러 테이블의 데이터를 포함할 때 사용한다. 여러 사례를 보면 데이터베이스에서 테이블들의 데이터는 서로 관련이 깊다는 것을 알 수 있다. 하나의 테이블에서 데이터를 반복하기보다 여러 테이블을 생성해 데이터를 저장하고 서로를 참조하는 것이 좋다. 이러한 구조를 바탕으로 JOIN을 이용해 질의하면 2개 테이블의 데이터가 하나의 결과로 결합된다.

이 장에서 지금까지 논의한 데이터베이스를 예로 들어 확장해보자. 현재 데이터베이스는 하나의 device 테이블을 가지며, 여러 모바일 디바이스의 속성을 저장하고 있다. 이제 데이터베이스는 각 디바이스의 제조사를 필요로 하고, 각 제조사는 단축 이름과 정식 이름을 가지고 있다고 가정해보자. 이 데이터를 저장하기 위해 device 테이블에 두 가지의 새로운 컬럼을 추가할 수도 있다. 하지만 제조사는 여러 디바이스를 제조하고, 각 제조사의 세부 사항을 디바이스 로우가 중복 사용할 수 있다. 표 2.9는 이 문제를 보여준다.

**표 2.7** model을 이용한 알파벳순 정렬

| model | nickname | display_size_inches |
|---|---|---|
| Galaxy Nexus | Toro | 4.65 |
| Nexus 4 | Mako | 4.7 |
| Nexus One | Passion | 3.7 |
| Nexus S | Crespo | 4 |

**표 2.8** model을 이용한 알파벳 역순 정렬

| model | nickname | display_size_inches |
|---|---|---|
| Nexus S | Crespo | 4 |
| Nexus One | Passion | 3.7 |
| Nexus 4 | Mako | 4.7 |
| Galaxy Nexus | Toro | 4.65 |

**표 2.9** 중복 제조사 정보

| model | nickname | display_size_inches | manuf_short_name | manuf_long_name |
|---|---|---|---|---|
| Nexus One | Passion | 3.7 | HTC | HTC Corporation |
| Nexus S | Crespo | 4.0 | Samsung | Samsung Electronics |
| Galaxy Nexus | Toro | 4.65 | Samsung | Samsung Electronics |
| Nexus 4 | Mako | 4.7 | LG | LG Electronics |

Nexus S, Galaxy Nexus의 `manuf_short_name`, `manuf_long_name` 컬럼의 값이 동일한 이유는 2개의 디바이스가 같은 기업에서 만들어졌기 때문이다. 이 부분에서는 문제가 생길 수 있다. 기업의 이름을 수정해야 할 경우에는 앱이 모든 제조사 이름을 찾아야 하고, 테이블도 수정해야 한다. 또한 제조사에 대한 정보를 저장하려면 `device` 테이블을 수정한 후 새로운 컬럼을 추가하고, 테이블의 모든 로우에 새로운

속성의 값을 추가해야 한다. 이러한 데이터베이스 구조는 확장하기 힘들고, 비효율적이다.

**코드 2.17** manufacturer 테이블 생성

```
CREATE TABLE manufacturer (id INTEGER PRIMARY KEY AUTOINCREMENT,
                           short_name TEXT,
                           long_name TEXT);
```

코드 2.17의 CREATE TABLE문은 id 컬럼만 제외하면 이전 예제와 비슷한 CREATE 문이다. 코드 2.17에서 id 속성은 INTEGER로 정의하고 테이블의 기본 키<sup>primary key</sup>다. 이 말은 id 컬럼을 사용해 로우를 테이블에서 유일하게 식별해야 한다는 의미다. 또한 코드 2.17의 CREATE TABLE문은 AUTOINCREMENT 예약어를 사용한다. 이 키워드를 사용하는 컬럼은 INTEGER이고 , 로우를 삽입하면 자동으로 값을 증가시킨다.

코드 2.18의 INSERT문을 실행시키면, manufacturer 테이블은 표 2.10의 데이터를 가진다.

**코드 2.18** 제조사 삽입

```
INSERT INTO manufacturer (short_name, long_name)
    VALUES ("HTC", "HTC Corporation");
INSERT INTO manufacturer (short_name, long_name)
    VALUES ("Samsung", "Samsung Electronics");
INSERT INTO manufacturer (short_name, long_name)
    VALUES ("LG", "LG Electronics");
```

테이블을 함께 "연결"하기 위해 device 테이블은 컬럼을 추가해야 하고, 그 컬럼은 manufacturer 테이블의 id를 참조해야 한다.

코드 2.19는 ALTER TABLE문을 이용해 컬럼을 추가하고 UPDATE TABLE문을 이용해 device 테이블의 로우를 수정한다.

**코드 2.19** device 테이블에 제조사 참조하기

```
ALTER TABLE device
  ADD COLUMN manufacturer_id INTEGER REFERENCES manufacturer(id);
UPDATE device SET manufacturer_id = 1 where model = "Nexus One";
UPDATE device SET manufacturer_id = 2
WHERE model IN ("Nexus S", "Galaxy Nexus");
UPDATE device SET manufacturer_id = 3 where model = "Nexus 4";
```

코드 2.19의 SQL문을 실행하면 device 테이블은 표 2.11과 같다.

**표 2.10** 제조사 테이블

| id | short_name | long_name |
|----|------------|-----------|
| 1  | HTC        | HTC Corporation |
| 2  | Samsung    | Samsung Electronics |
| 3  | LG         | LG Electronic |

**표 2.11** 중복된 제조사 정보

| model | nickname | display_size_inches | manufacturer_id |
|-------|----------|---------------------|-----------------|
| Nexus One | Passion | 3.7 | 1 |
| Nexus S | Crespo | 4.0 | 2 |
| Galaxy Nexus | Toro | 4.65 | 2 |
| Nexus 4 | Mako | 4.7 | 3 |

이제 각각의 디바이스는 manufacturer 테이블의 로우를 참조하는 manufacturer_id를 가진다.

지금까지 2개의 테이블을 정의해 네이터를 저장했고, 이제 JOIN을 이용해 SELECT문을 작성할 수 있게 됐다. 코드 2.20은 2개 테이블의 모든 데이터를 조합한 SELECT문을 보여준다.

**코드 2.20** JOIN을 이용한 테이블 조인

```
SELECT model, nickname, display_size_inches, short_name, long_name
FROM device
JOIN manufacturer
ON (device.manufacturer_id = manufacturer.id);
```

코드 2.20의 SELECT문은 device, manufacturer 테이블의 로우를 반환한다. SELECT문의 FROM절은 JOIN 연산이 일어나는 곳이다.

다음 코드는 device 테이블의 manufacturer_id와 manufacturer 테이블의 id 값이 일치하면 device와 manufacturer 테이블이 연결되는 것을 나타낸다.

```
FROM device JOIN manufacturer ON (device.manutacturer_id = manufacturer.id)
```

코드 2.20의 SELECT문은 2개의 다른 테이블 데이터를 합친 마치 하나의 테이블과 같은 하나의 결과물을 반환한다.

## 요약

SQL은 데이터베이스에서 연산을 수행하기 위해 여러 가지 형식의 표현식을 가지고 있다. 데이터 정의 언어DDL는 SQL문과 명령어를 가지며 테이블, 뷰, 트리거, 인덱스와 같은 데이터베이스 객체를 사용해 데이터베이스의 스키마를 정의한다. DDL의 연산은 CREATE, ALTER, DROP이다.

데이터 조작 언어DML는 테이블의 데이터를 조작하는 데 필요한 SQL 언어적 기능을 가지고 있다. INSERT, UPDATE, DELETE문이 바로 이러한 기능이다.

데이터베이스를 정의한 후에 데이터를 저장하면, 데이터베이스를 질의하기 위해 SELECT문을 이용할 수 있다. 질의는 어떤 테이블 컬럼을 추출해야 하고, 데이터베이스의 어떤 로우를 결과에 포함시켜야 하는지 정의한다.

"3장, SQLite 들어가기"에서는 SQLite을 좀 더 깊이 알아본다. SQLite는 안드로이드에 내장된 SQL 데이터베이스 구현체다.

# 3

# SQLite 들어가기

지금까지 일반적인 SQL과 관계형 데이터베이스의 기초를 배웠다. 안드로이드 SDK는 관계형 데이터베이스 시스템인 SQLite를 내장해 앱 내부 데이터를 저장하고 조회한다. SQLite는 가벼운 데이터베이스 시스템이고, 모바일 디바이스처럼 자원이 한정적인 환경에 최적화돼 있다. 이 장에서는 SQLite가 다른 데이터베이스 시스템에 비해 어떤 점에서 다른지 알아본다. 그리고 SQLite에 어떤 제약사항이 있는지도 살펴본다.

## SQLite의 특징

SQLite는 큰 데이터베이스 시스템(MySQL, PostgreSQL 등)과 달리 서버/클라이언트 구조가 필요 없다. 그 대신 서버가 필요 없으며server-less 내장형이다. SQLite는 모바일 환경에 적합하도록 하나의 프로세스에서 동작한다. SQLite의 기능은 안드로이드 프레임워크에서 하나의 라이브러리로 제공된다.

SQLite를 사용하는 프로세스는 하나의 파일을 이용해 데이터베이스 콘텐츠를 저장한다. 하지만 SQLite는 트랜잭션을 지원하기 위해 약간의 임시 파일을 사용한다. 이 주제에 관한 것은 이 장의 뒷부분에서 논의한다. 하나의 파일로 모든 데이터베이스 콘텐츠(테이블, 뷰, 데이터 등)를 저장하면 SQLite 데이터 저장소가 간편하고 편리해진다.

왜냐하면 데이터베이스 파일 포맷은 플랫폼에 종속적이지 않아 여러 환경에서 데이터를 읽고 쓸 수 있기 때문이다. 앱의 SQLite 데이터베이스를 모바일 디바이스에서 개발 환경으로 복사하고 그 내용을 살펴볼 수 있기 때문에 개발자에게 매우 편리하다. 또한 앱이 SQLite 데이터베이스 파일을 가지고 있으면 프로세스 생성, 초기화 과정에서 데이터베이스를 불러올 수 있다.

# SQLite의 성질

SQLite가 비록 가볍기는 하지만, 큰 데이터베이스 시스템이 가지고 있는 기능을 제공하기도 한다. 하지만 모든 기능을 제공하지는 않고, 모바일 디바이스에서 주로 발생하는 사례에 걸맞은 기능을 제공한다. SQLite에서 DDL로 테이블, 뷰를 생성해 데이터를 구조화할 수도 있다. 또한 기본 키/외래 키로 테이블에 제약을 둘 수도 있다. SQLite는 외래 키를 이용한 케스케이드<sup>cascade</sup>의 삭제, 수정이 가능하다. 또한 큰 데이터베이스 시스템에서 볼 수 있는 원자성 트랜잭션, 다중 스레드 지원과 같은 기능도 지원한다.

SQLite는 다른 데이터베이스 시스템과 달리 데이터 타입을 똑같이 제공하지 않는다. SQLite의 데이터 타입은 다른 시스템보다 유연하다.

## 외래 키 지원

SQLite는 외래 키의 제약 조건을 이용해 데이터 무결성을 지킨다. 외래 키의 제약 조건을 이용하면 UPDATE, DELETE 연산을 할 때 여러 테이블에 변경사항이 적용된다. 예를 들어 부모 테이블에서 로우를 지우면, 그 로우를 참조하는 다른 테이블의 로우도 함께 지워진다. 트리거나 애플리케이션 코드로도 이 작업을 할 수 있지만, CASCADE 연산자와 함께 외래 키를 이용하는 것이 더 깔끔하다.

외래 키는 SQLite 3.6.19 버전에 추가됐다. 안드로이드 2.2 버전 이하의 안드로이드 SDK는 SQLite 3.5.9 버전을 내장하고 있기 때문에 외래 키를 사용할 수 없다. 이 버전 이하의 안드로이드에서 데이터베이스의 무결성을 유지하려면 로우를 삭제하거나 수정할 때 트리거나 애플리케이션 코드로 필요한 데이터베이스 동작을 취해야 한다.

안드로이드 디버그 브리지[adb] 유틸리티를 이용해 다음 명령어를 실행하면, 안드로이드 디바이스에 탑재된 SQLite의 버전을 확인할 수 있다.

```
adb -s <device_id> shell sqlite3 -version
```

보통 애플리케이션 코드에서는 adb를 사용하지 않지만, 디바이스나 앱에서 지원하는 최소 SDK 레벨의 에뮬레이터에 어떤 버전의 SQLite가 탑재됐는지 확인할 수는 있다. adb는 "4장, 안드로이드 SQLite"에서 좀 더 자세히 다룬다.

## 전문 검색

SQLite는 앱이 특정 문자열이나 토큰을 포함하는 로우를 조회할 때 데이터베이스에 질의할 수 있도록 전문 검색을 지원한다. 전문 검색을 활성화하려면 FTS 모듈 중 하나를 이용해 가상의 테이블을 생성해야 한다. 이 모듈은 전문 인덱스가 내장된 테이블을 생성하는 데 사용된다. 전문 검색[FTS, full-text search]은 문자열을 효율적으로 검색한다. 코드 3.1은 FTS 활성화된 테이블을 생성하는 SQL 코드다.

**코드 3.1** FTS 테이블 생성

```
CREATE VIRTUAL TABLE person USING fts4(first_name, middle_name, last_name);
```

코드 3.1의 SQL 코드는 전문 검색을 할 수 있는 first_name, middle_name, last_name의 세 가지 컬럼을 이용해 person이라는 이름의 테이블을 생성한다.

가상의 테이블을 생성하면, 다른 데이터베이스 테이블처럼 INSERT, DELETE, DROP, UPDATE 연산을 할 수 있다.

FTS를 사용하려면 FTS3나 FTS4 모듈을 사용해야 한다(FTS1, FTS2는 권장하지 않는다). 이 두 가지 모듈은 비슷하지만, 다른 점도 몇 가지 있다. FTS3에서 향상된 것이 FTS4이며, FTS 질의의 더 좋은 성능을 위해 최적화돼 있다. 성능은 섀도 테이블[shadow table]을 이용해 향상시킨다. 섀도 테이블은 FTS4 모듈을 사용해 FTS3 모듈이 사용하는 것보다 더 많은 공간을 사용한다.

테이블에서 FTS를 사용하려면 일반적으로 FTS4를 권장한다. FTS4는 SQLite 3.7.4 버전에 추가됐고, 안드로이드 3.0 이상이 탑재된 디바이스에서만 지원한다.

## 원자성 트랜잭션

SQLite는 원자성 트랜잭션을 지원한다. 원자성 트랜잭션을 사용하려면 저널 모드 journal mode 와 Write-Ahead-Log^WAL 모드 둘 중 하나의 모드에서 SQLite를 실행할 수 있다. SQLite는 이 모드를 이용해 메인 데이터베이스 파일 외부의 파일에 쓸 수 있다. SQLite 원자성 트랜잭션의 기본적인 방법 중 하나가 이렇게 외부 파일을 이용하는 것이다.

## 저널 모드

트랜잭션을 저널 모드에서 수행하면, SQLite는 가장 먼저 현재 모든 데이터베이스 콘텐츠를 저널 파일에 쓴다. 그리고 본래의 데이터베이스 파일에 트랜잭션의 변경 사항을 적용한다. 트랜잭션을 롤백하면 저널 파일의 콘텐츠를 본래의 데이터베이스 파일로 되돌릴 수 있다. 저널 파일의 콘텐츠를 데이터베이스로 복구하면, 데이터베이스는 그 전의 상태로 되돌아간다. 변경사항이 데이터베이스에 커밋^commit되면, 저널 파일은 파일 시스템에서 삭제된다.

외부 저널 파일은 데이터베이스 파일과 동일한 디렉터리에 위치하고 있고, 데이터베이스의 파일명 뒤에 -journal을 붙여놓은 파일명을 가진다.

## WAL 모드

WAL^Write-Ahead-Log 모드를 활성화하면, SQLite는 새로운 파일을 이용해 원자성 트랜잭션을 수행하지만, 파일의 역할이 달라진다. WAL을 이용하면 트랜잭션의 변경사항이 외부 파일에 쓰이지만, 데이터베이스 파일은 달라지지 않는다. 단순히 커밋 기록을 외부 WAL 파일에 쓰면 커밋이 일어난다. 이 말은 WAL 모드에서는 실제로 메인 데이터베이스 파일을 전혀 건드리지 않아도 커밋이 일어날 수 있다는 의미다. 데이터베이스 파일을 변경할 필요 없이 커밋하면 읽기, 쓰기 연산을 동시에 수행할 수 있다. 왜냐하면 각 연산은 2개의 다른 파일에서 수행되기 때문이다. 읽기 연산은 메인 데이터베이스, 쓰기 연산은 WAL 파일에서 수행된다.

어느 시점에 이르러서는 WAL 파일의 데이터를 메인 데이터베이스 파일에 추가해야 한다. 이를 체크포인트checkpoint라고 한다. SQLite는 WAL 파일이 어느 정도의 크기에 도달하면 기본적으로 체크포인트를 실행한다. 체크포인트 연산은 앱의 통제 없이 자동으로 발생한다.

WAL은 개발자가 신경을 써야 하는 성능과도 관련돼 있다. WAL에도 장단점이 있지만, 앱이 안드로이드라는 제한된 환경에서 동작하기 때문에 WAL의 단점은 그다지 문제가 되지 않는다. 예를 들어 WAL을 활성화하면 한 디바이스의 프로세스에서 데이터베이스에 접근한다. 이 부분은 큰 소프트웨어 시스템에서는 문제가 될 수 있지만, 안드로이드 앱에서는 문제가 되지 않는다. 왜냐하면 모든 데이터베이스 접근은 같은 프로세스에서 발생하기 때문이다. 게다가 앱은 직접 SQLite 데이터베이스와 상호작용하지 않고, WAL의 단점을 보완하는 안드로이드 SDK API를 이용한다. WAL은 읽기, 쓰기 연산을 동시에 수행하기 때문에 데이터베이스에 더 빨리 접근할 수 있다. 읽기 연산이 많고, 쓰기 연산이 적으면 오히려 성능이 떨어질 수 있다. 또한 WAL을 사용하면 체크포인트와 같은 연산도 수행할 수 있다.

## 멀티스레드 지원

SQLite는 싱글 스레드single-thread, 멀티스레드multithread, 직렬화serialized와 같은 멀티 스레드 모드를 지원한다. 싱글 스레드 모드에서 SQLite는 스레드 안전하지 않다. 왜냐하면 내부 뮤텍스mutex가 비활성화돼 있기 때문이다. 싱글 스레드 모드에서 데이터를 손상시키지 않도록 하기 위해서는 애플리케이션 클라이언트가 데이터베이스 접근을 제어해야 한다. 멀티스레드 모드에서는 SQLite에 멀티스레드의 층이 생긴다. 그러나 하나의 연결이 여러 스레드에서 사용되지 않을 때에만 스레드 안전을 보장한다. 직렬화 모드는 SQLite의 기본 스레드 모드다. 이 모드에서의 모든 접근은 스레드 안전하다.

안드로이드 SQLite을 사용할 때 명심해야 할 것은 안드로이드 SDK에서 스레드 안전을 지원한다는 것이다. 특히, 하나의 `SQLiteDatabase` 클래스 인스턴스를 사용하면 데이터베이스의 모든 접근이 스레드 안전해진다.

# SQLite가 지원하지 않는 것

SQL은 관계형 데이터베이스 시스템이 사용하는 언어지만, 모든 데이터베이스 시스템이 SQL의 모든 기능을 지원하지는 않는다. SQLite도 이와 다르지 않으며, SQLite가 가벼운 데이터베이스 솔루션이기 때문에 제한이 있다. 다음 내용은 SQLite가 제한하는 사항이다.

### 제한된 JOIN

SQLite는 SQL JOIN 연산을 지원한다. 하지만 `RIGHT JOIN`, `FULL OUTER JOIN`은 제한적으로 제공한다. 그러나 `LEFT JOIN`은 지원되지 않는다. 따라서 데이터베이스 스키마를 설계하고 질의를 작성할 때에는 이러한 제약 사항이 있다는 것에 유의해야 한다.

### 읽기 전용 뷰

뷰는 데이터베이스에 저장된 데이터를 지속적으로 나타내는 편리한 방법이다. 뷰를 SQLite에서 사용할 수는 있지만, 데이터를 조작할 수는 없다. SQLite의 뷰는 `INSERT`, `UPDATE`, `DELETE`를 지원하지 않는다. 그러나 `INSERT`, `UPDATE`, `DELETE` 연산을 시도할 때 트리거를 사용해 데이터를 조작할 수 있다.

### 제한된 ALTER TABLE

테이블 수정 연산은 테이블 이름 변경<sup>RENAME TABLE</sup>, 컬럼 추가<sup>ADD COLUMN</sup>만 제공한다. SQLite는 컬럼 제거<sup>DROP COLUMN</sup>, 컬럼의 데이터 타입 변경<sup>ALTER COLUMN</sup>, 컬럼 제약사

항 추가는 지원하지 않는다. 컬럼 데이터 타입을 수정하거나 제약사항을 추가해야 할 경우에는 테이블에 새로운 컬럼을 추가해야 한다. 새 컬럼을 추가한 후 과거의 컬럼에서 데이터를 이관하고 그 컬럼을 쓰지 말아야 한다.

## SQLite 데이터 타입

SQLite는 다른 대부분의 데이터베이스 시스템과 달리 데이터 타입이 엄격하지 않다. 다른 대부분의 데이터베이스 시스템에서는 컬럼의 데이터 타입으로 테이블에 저장된 데이터의 타입을 정의한다. SQLite에서 데이터 타입은 컬럼 자체에 정의한 속성이 아니라 컬럼에 저장된 실제 데이터 값의 속성이다. SQLite의 데이터베이스 스키마는 컬럼이 어떤 데이터 타입을 가지는지에 대한 정보를 제공하지만, 데이터베이스는 실제 데이터를 바탕으로 타입을 결정한다.

### 스토리지 클래스

SQLite는 정적인 데이터 타입을 가지고 있을 뿐만 아니라 다른 데이터베이스와도 조금 다른 데이터 모델을 가지고 있다. SQLite는 데이터의 비슷한 형태를 나타내는 여러 가지 타입이 아닌 데이터 스토리지 클래스^storage class^를 사용한다. 다른 데이터베이스 시스템은 정숫값을 여러 가지 타입으로 나타내기 위해 SMALLINT, INTEGER, BIGINT를 사용하지만, SQLite는 INTEGER 스토리지 클래스만 사용한다. INTEGER 타입의 경우, SQLite는 정수의 크기에 따라 여러 가지 형태를 사용해 데이터베이스 파일에 실제 데이터를 저장한다. 그러나 지정한 타입 정보가 애플리케이션층에서 무시될 수 있다. 왜냐하면 SQLite는 데이터베이스 파일을 읽을 때 INTEGER 스토리지 클래스를 반환하기 때문이다.

　스토리지 클래스는 타입에 국한되지 않기 때문에 SQLite가 좀 더 유연해질 수 있다. 설사 그렇다고 하더라도 개발자는 다른 데이터베이스 시스템에서 스토리지 클래스를 데이터 타입이라 생각할 수 있고, 같은 방식으로 사용할 수도 있다. 다음은 SQLite에서 지원하는 스토리지 클래스 타입을 보여준다.

- INTEGER: 정숫값을 저장할 때 이용한다. SQLite는 데이터베이스 파일에 1, 2, 3, 4, 6, 8바이트로 값을 저장한다.
- REAL: 부동 소수점 값을 데이터베이스 파일에 저장할 때 이용한다. REAL 값은 IEEE 부동 소수 규격에 따른 8바이트로 저장한다.
- TEXT: 문자열을 데이터베이스 파일에 저장할 때 이용한다. 데이터베이스 인코딩을 이용해 저장된 문자열을 인코딩한다.
- BLOB: 데이터베이스에 이진 데이터를 저장할 때 주로 사용한다. 엄밀히 따지면, BLOB 스토리지 클래스는 데이터베이스에 입력 값 그대로 데이터를 저장한다.
- NULL: 데이터베이스 파일에 null 값을 저장할 때 이용한다.

## 타입 친화성

SQLite는 컬럼 타입보다 실제 데이터를 기반으로 데이터를 저장하지만, CREATE문으로 컬럼이 어떤 종류의 데이터를 담을지 지정할 수 있다. 이를 타입 친화성<sup>type affinity</sup>이라고 한다. 이는 어디까지나 제의일 뿐이고, SQLite는 동적인 데이터 타입이기 때문에 컬럼에 정의된 타입이나 이미 저장된 데이터의 타입에 관계없이 어떠한 데이터 종류라도 그 컬럼에 저장할 수 있다. 다음은 SQLite가 지원하는 컬럼 친화성 목록이다.

- TEXT
- NUMERIC
- INTEGER
- REAL
- BLOB

SQLite 데이터 타입 시스템을 SQL 문법과 호환하려면, CREATE TABLE로 다른 데이터베이스 시스템에서 사용하는 데이터 타입을 명시한다. 예를 들어, 코드 3.2의 SQL은 앞에서 서술한 타입 친화성 목록에는 없지만, SQLite에서는 유효하다.

**코드 3.2** 표준 SQL 타입 사용

```
CREATE TABLE person (first_name VARCHAR(255),
                     age INT,
                     height_in_feet DOUBLE);
```

코드 3.2에서 사용한 몇몇 타입은 SQLite 타입 시스템에서 명시적으로 정의하지는 않았지만, SQLite는 타입 친화성을 사용해 적절한 스토리지 클래스를 할당한다. 코드 3.2의 경우, INT는 INTEGER, VARCHAR(255)는 TEXT, DOUBLE은 REAL의 타입 친화성을 가진다. 이는 SQLite에서도 동작하고, 다른 데이터베이스 시스템에서도 동작하는 SQL 코드다. 또한 동적인 타입 시스템에도 적합하다.

## 요약

SQLite는 매우 대중적인 데이터베이스 시스템이다. 왜냐하면 매우 작은 공간을 차지할 뿐만 아니라 좀 더 큰 데이터베이스 시스템이 가지고 있는 기능을 많이 제공하기 때문이다. SQLite에서 "Lite"는 "기능의 결여"라는 의미보다 "라이브러리의 크기가 가볍다"라는 의미가 더 강하다. 이러한 특성 때문에 SQLite가 모바일 개발에 적합하고, 안드로이드 SDK가 내장될 수 있었다.

SQLite는 외래 키, 전문 검색, 멀티스레드 접근, 원자성 트랜잭션과 같은 기능을 제공해 광범위한 안드로이드 앱을 지원한다. 동적인 데이터 타입, 제한된 JOIN, 읽기 전용 뷰와 같은 SQLite 고유 기능을 잘 다루기 위해 시간을 좀 더 투자해야 한다. 또한 SQLite의 이러한 제약사항은 규모가 큰 데이터베이스 시스템을 다루는 것보다 가치가 있다.

다음 장은 안드로이드 플랫폼에서의 SQLite 사용법에 대해 자세히 살펴본다.

# 4

# 안드로이드 SQLite

앞장에서는 일반적인 데이터베이스 사용법과 SQLite 동작 방식에 대해 배웠다. 지금까지 배운 내용은 데이터베이스를 사용하는 데 있어 매우 유용하다. 이 장에서는 안드로이드에서 어떻게 SQLite와 작업하는지에 대해 알아볼 것이다. 데이터베이스와 상호작용하는 데 필요한 도구와 안드로이드 앱에서 데이터베이스를 이용하기 위한 API도 살펴볼 것이다.

## 디바이스에서 데이터 저장

안드로이드에는 데이터를 저장하는 몇 가지 방법이 있다. 데이터를 구조화하고 효율적으로 접근해야 한다면, SQLite를 이용해 데이터를 저장하는 방식을 사용하는 것이 가장 좋다. SQLite는 가벼울 뿐만 아니라 데이터에 빠르게 접근할 수도 있다.

안드로이드의 프리퍼런스<sup>preferences</sup>나 직접적인 파일 접근과 같은 데이터 저장 방법은 관계형 데이터베이스와 같은 SQL의 기능을 제공하지 않는다. 큰 데이터를 다룰 때 SQLite 데이터베이스를 사용하면 시간과 노력을 덜 들여도 된다.

# 안드로이드 데이터베이스 API

안드로이드 SDK는 SQLite와 앱이 상호작용을 하기 위한 추상화 계층 클래스를 제공한다. 이 클래스는 `android.database.sqlite` 패키지에 위치하고 있다. SQLite 데이터베이스를 사용하기 위한 가장 기초적인 클래스 두 가지는 `SQLiteOpenHelper`, `SQLiteDatabase`다. 두 클래스는 데이터베이스에 접근하기 위한 낮은 수준의 API를 제공한다.

## SQLiteOpenHelper

`SQLiteOpenHelper` 클래스는 한 프로세스의 SQLite 데이터베이스 파일을 관리한다. "3장, SQLite 들어가기"에서 SQLite는 모든 데이터베이스 콘텐츠를 하나의 파일로 저장한다고 했다. `SQLiteOpenHelper`는 SQLite 데이터베이스를 생성하고 접근을 관리하며, 업그레이드 연산을 수행한다. `SQLiteOpenHelper`는 안드로이드 SQLite 데이터베이스에 접근하는 주요 접근점이다. `SQLiteOpenHelper`는 SQL로 데이터베이스를 직접 조작하지 않고, `SQLiteDatabase` 인스턴스를 이용해 SQL로 데이터베이스와 상호작용한다.

`SQLiteOpenHelper`는 추상화 클래스이기 때문에 앱은 `SQLiteOpenHelper.onCreate()`, `SQLiteOpenHelper.onUpgrade()`와 생성자를 구현한 자식 클래스를 가져야 한다.

## SQLiteOpenHelper 생성자

`SQLiteOpenHelper` 클래스는 다음과 같은 두 가지 생성자를 가진다.

- ```
  public SQLiteOpenHelper(Context context,
                          String name,
                          SQLiteDatabase.CursorFactory factory,
                          int version)
  ```
- ```
  public SQLiteOpenHelper(Context context,
                          String name,
  ```

```
SQLiteDatabase.CursorFactory factory,
int version,
DatabaseErrorHandler errorHandler)
```

두 가지 생성자는 Context, String, SQLiteOpenHelper.CursorFactory, int를 매개 변수로 받는다. CursorFactory는 데이터베이스 질의 연산의 커서<sup>cursor</sup> 객체를 만든다. 이 값을 null라고 하며, 이에는 기본 구현체가 적용된다.

String 매개 변수는 데이터베이스 파일의 이름을 정의한다. 이 매개 변수의 값은 안드로이드 파일 시스템에 저장되는 SQLite 데이터베이스 파일의 이름이다. 앱은 SQLite 데이터베이스 파일과 직접적으로 상호작용하지 않기 때문에 파일 이름은 앱의 자바 코드에서 그리 중요하지 않다. 외부 개발 툴을 이용해 데이터베이스를 검사할 필요가 있을 경우에는 데이터베이스 파일의 이름이 중요하다.

int 매개 변수는 현재 데이터베이스의 스키마 버전을 정의한다. 앱의 기능이 변하면, 데이터베이스도 변화된 앱의 기능에 맞춰 수정될 수 있다. 앱이 발전하고 기능이 추가됨에 따라 데이터베이스 테이블이나 뷰가 추가되기도 한다. SQLiteOpenHelper는 스키마 버전을 사용해 업그레이드를 진행한다. 왜냐하면 업그레이드를 하기 위해 사용자가 앱을 삭제, 재설치하는 방법은 좋지 않기 때문이다. 스키마가 변경되면 증가된 값을 생성자의 매개 변수로 전달한다. 그리고 SQLiteOpenHelper는 onUpgrade()를 호출해 데이터베이스를 업그레이드한다.

두 가지 생성자의 차이점은 DatabaseErrorHandler를 매개하는 변수의 유무다. DatabaseErrorHandler는 데이터베이스에 오류가 발생했을 때 지정한 동작을 수행한다. 코드 4.1은 SQLiteOpenHelper, 즉 생성자를 상속한 클래스의 일부분이다.

**코드 4.1** SQLiteOpenHelper 생성자 구현

```
/* package */ class DevicesOpenHelper extends SQLiteOpenHelper {
    private static final String TAG = DevicesOpenHelper.class
➡.getSimpleName();
    private static final int SCHEMA_VERSION = 1;
    private static final String DB_NAME = "devices.db";
```

```
    private final Context context;

    private static DevicesOpenHelper instance;

    public synchronized static DevicesOpenHelper getInstance(Context
➥context) {
        if (instance == null) {
            instance = new DevicesOpenHelp-er(context
➥.getApplicationContext());
        }

        return instance;

    }
    /**
    * 간단한 OpenHelper 인스턴스를 생성
    *
    * @param context 에셋(assets)을 읽기 위한 Context.
    */
    private DevicesOpenHelper(Context context) {
        super(context, DB_NAME, null, SCHEMA_VERSION);

        this.context = context;
    }
```

데이터베이스에 여러 스레드가 접근할 경우, 앱은 동일한 SQLiteOpenHelper 인스턴스를 사용해야 스레드 안전하다. 싱글톤<sup>singleton</sup> 패턴을 사용할 경우에는 앱이 오직 하나의 인스턴스를 사용한다고 말할 수 있다. 코드 4.1의 DevicesOpenHelper 는 싱글톤으로 구현했다. 동일한 인스턴스로 앱의 모든 접근이 이루어지기 때문에 스레드 안전을 보장한다.

또한 DevicesOpenHelper는 부모 클래스 생성자에 데이터베이스 이름의 상수와 스키마 버전의 상수를 매개 변수로 전달한다. 데이터베이스 파일 이름은 앱이 살아 있는 동안 변하지 않을 것이다. 그러나 스키마 버전은 변경이 잦다. 스키마에 새로 운 버전을 반영하려면 DevicesOpenHelper 클래스의 전역 상수인 SCHEMA_VERSION

을 수동으로 증가시켜야 한다. 이 연산은 onUpgrade() 함수를 호출해 업그레이드 연산을 수행한다.

### SQLiteOpenHelper.onCreate()

SQLiteOpenHelper.onCreate() 함수는 앱이 사용할 데이터베이스를 생성한다. Activity.onCreate(), Fragment.onCreate()와 마찬가지로 데이터베이스가 생성될 때 최초로 호출된다. SQLiteOpenHelper.onCreate() 함수는 DDL로 데이터베이스의 테이블과 뷰를 생성하는 곳이다. 게다가 DML을 사용해 앱이 필요한 데이터도 초기화할 수 있다. SQLiteOpenHelper 클래스는 독립적으로 SQL 연산을 수행할 수 없고, SQLiteOpenHelper.onCreate() 함수가 SQL 연산을 수행할 수 있는 SQLiteDatabase 객체를 전달 받는다.

DevicesOpenHelper.onCreate()을 코드 4.2에 구현했다.

**코드 4.2** DevicesOpenHelper.onCreate() 구현

```
@Override
public void onCreate(SQLiteDatabase db) {
        for (int i = 1; i <= SCHEMA_VERSION; i++) {
                applySqlFile(db, i);
        }
}
```

DevicesOpenHelper.onCreate() 함수는 SQLiteDatabase 인스턴스, 스키마 버전을 applySql()에게 전달하면서 for문을 수행한다. applySql() 함수는 에셋[assets] 리소스에 있는 SQL 파일을 읽은 후 SQL문을 데이터베이스 전달한다.

DevicesOpenHelper.onCreate() 함수는 데이터베이스가 최초에 생성될 때 호출되기 때문에 데이터베이스에 최신 버전의 스키마를 생성하기 위해 각 스키마 버전의 모든 파일을 순회한다. 스키마 버전의 모든 파일은 디바이스 데이터베이스 예제 앱에서 하위 버전을 기반으로 올라가기 때문에 완벽한 데이터베이스 스키마를 구축하기 위해서는 모든 파일을 실행해야 한다.

DatabaseOpenHelper.onCreate()는 에셋 파일을 사용해 SQL문을 읽은 후 데이터베이스에 전달한다. 그리고 데이터베이스를 생성하는 SQL문을 String으로 작성해 SQLiteDatabase 객체로 전달할 수도 있다.

## SQLiteOpenHelper.onUpgrade()

안드로이드가 데이터베이스의 변경이 필요할 때를 감지하면 SQLiteOpenHelper.onUpgrade() 함수를 호출한다. 안드로이드는 SQLite의 PRAGMA user_version을 사용해 SQLiteOpenHelper 생성자에 전달되는 현재 스키마 버전을 기억한다.

SQLite PRAGMA는 테이블과 관련 없는 데이터를 기록한다. PRAGMA 데이터는 데이터베이스의 속성을 나타내기 때문이다. 애플리케이션 버전 데이터를 저장하려면 애플리케이션은 user_version PRAGMA를 사용해야 한다. SQLiteOpenHelper는 현재 스키마 버전이 생성자에 전달된 버전보다 오래됐을 때, onUpgrade() 함수를 호출한다.

**코드 4.3** DevicesOpenHelper.onUpgrade() 구현

```java
@Override
public void onUpgrade(SQLiteDatabase db, int oldVersion, int newVersion) {
    for (int i = (oldVersion + 1); i <= newVersion; i++) {
        applySqlFile(db, i);
    }
}
```

onUpgrade() 함수는 onCreate() 함수와 비슷하다. 두 함수는 applySql() 함수를 호출해 SQL 파일을 읽은 후 SQL문을 데이터베이스에 적용한다. 두 함수 중 onUpgrade() 함수는 과거의 스키마 버전과 새로운 스키마 버전을 전달 받는다. 이는 onUpgrade()가 적용하지 않은 SQL 파일만 적용한다는 것을 의미한다.

코드 4.4는 두 함수가 사용하는 applySql()의 구현 코드다.

**코드 4.4** applySql() 구현

```
private void applySqlFile(SQLiteDatabase db, int version) {
    BufferedReader reader = null;

    try {
        String filename = String.format("%s.%d.sql", DB_NAME, version);
        final InputStream inputStream = context.getAssets().open(filename);
        reader = new BufferedReader(new InputStreamReader(inputStream));

        final StringBuilder statement = new StringBuilder();

        for (String line; (line = reader.readLine()) != null;) {
            if (BuildConfig.DEBUG) {
                Log.d(TAG, "Reading line -> " + line);
            }
            // 빈 문자열은 무시
            if (!TextUtils.isEmpty(line) && !line.startsWith("--")) {
                statement.append(line.trim());
            }

            if (line.endsWith(";")) {
                if (BuildConfig.DEBUG) {
                    Log.d(TAG, "Running statement " + statement);
                }

                db.execSQL(statement.toString());
                statement.setLength(0);
            }
        }

    } catch (IOException e) {
        Log.e(TAG, "Could not apply SQL file", e);
    } finally {
        if (reader != null) {
            try {
                reader.close();
```

```
        } catch (IOException e) {
            Log.w(TAG, "Could not close reader", e);
        }
    }
  }
}
```

applySql() 함수는 SQLiteDatabase 인스턴스와 스키마 버전인 int를 매개 변수로 받는다. DATABASE_NAME 상수와 스키마 버전의 숫자를 이용해 에셋 리소스의 SQL 파일에 접근한다. 그리고 각 라인을 읽으면서 세미콜론으로 끝나는 라인까지 읽는다. 각 라인을 연결시켜 SQL문을 완성시킨 후 SQLiteDatabse.execSQL()로 전달한다. 이 함수는 실제 SQLite 데이터베이스로 SQL문을 전달한다. SQLiteDatabase.execSQL() 함수는 SQL문 String을 받고, 데이터베이스에서 SQL문을 실행시킨다. 또한 파일명에 스키마 버전을 포함시켜 파일명 규칙을 만들고, 에셋 리소스인 SQL 파일을 관리한다. 그림 4.1은 안드로이드 스튜디오에서의 SQL 리소스를 보여준다.

그림 4.1의 SQL 파일은 여러 가지 데이터베이스 스키마 버전을 나타낸다. 각 SQL 파일은 devices.db.<schema_version>.sql의 명명 규칙에 따른다. applySql() 함수는 주어진 스키마 버전을 사용해 파일을 찾고, 그 파일의 콘텐츠를 읽은 후 데이터베이스에 SQL문을 전달한다.

SQLiteOpenHelper를 상속할 때에는 추상화 함수인 onCreate(), onUpgrade()를 구현해야 한다. onConfigure(), onDowngrade()와 같이 유용한 함수도 오버라이드 override할 수 있다.

### SQLiteOpenHelper.onConfigure()

SQLiteOpenHelper.onConfigure()는 데이터베이스 연결의 환경을 설정한다. 따라서 데이터베이스를 조작하는 다른 함수(onCreate(), onUpgrade(), onDowngrade()) 이전에 호출된다. 데이터베이스는 onCreate(), onUpgrade(), onDowngrade() 호출 전에는 예측할 수 없기 때문에 onConfigure()에서 데이터베이스를 변경하면 안 된다.

**그림 4.1** SQL 스키마 파일

코드 4.5는 `DevicesOpenHelper.onConfigure()`의 구현 코드다.

**코드 4.5** DevicesOpenHelper.onConfigure() 구현

```
@Override
@TargetApi(Build.VERSION_CODES.JELLY_BEAN)
public void onConfigure(SQLiteDatabase db) {
    super.onConfigure(db);

    setWriteAheadLoggingEnabled(true);
    db.setForeignKeyConstraintsEnabled(true);
}
```

코드 4.5의 `DevicesOpenHelper.onConfigure()` 함수는 write-ahead-log와 외래 키를 활성화한다. 필요하다면 데이터베이스의 다른 PRAGMA 값을 설정할 수도 있다.

**노트**

DevicesOpenHelper.onConfigure() 함수는 API 16에 도입됐다. 16보다 낮은 버전의 안드로이드를 사용할 경우에는 다른 방법으로 데이터베이스 연결을 설정해야 한다.

## SQLiteOpenHelper.onDowngrade()

SQLiteOpenHelper.onDowngrade() 함수는 SQLiteOpenHelper.onUpgrade() 함수와 비슷하지만, 현재 스키마 버전이 새로운 버전보다 높을 때만 사용할 수 있다. 이 함수는 DevicesOpenHelper.onUpgrade()와 마찬가지로 현재 스키마 버전과 새로운 스키마 버전의 int 매개변수를 가진다. 코드 4.6은 DevicesOpenHelper의 전체 구현 코드다.

**코드 4.6** DevicesOpenHelper 전체 구현

```
/* package */ class DevicesOpenHelper extends SQLiteOpenHelper {
    private static final String TAG = DevicesOpenHelper.class
➡.getSimpleName();
    private static final int SCHEMA_VERSION = 1;
    private static final String DB_NAME = "devices.db";

    private final Context context;

    private static DevicesOpenHelper instance;

    public synchronized static DevicesOpenHelper getInstance(Context
➡context) {
        if (instance == null) {
            instance = new DevicesOpenHelper(context
➡.getApplicationContext());
        }

        return instance;
}
/**
 * 간단한 OpenHelper 인스턴스를 생성
```

```
 *
 * @param context 에셋(assets)을 읽기 위한 Context.
 */
private DevicesOpenHelper(Context context) {
    super(context, DB_NAME, null, SCHEMA_VERSION);

    this.context = context;

    // 이 부분은 API 16 이상이면 onConfigure에서 실행된다.
    if (Build.VERSION.SDK_INT < Build.VERSION_CODES.JELLY_BEAN) {
        SQLiteDatabase db = getWritableDatabase();
        db.enableWriteAheadLogging();
        db.execSQL("PRAGMA foreign_keys = ON;");
    }
}

@Override
public void onCreate(SQLiteDatabase db) {
    for (int i = 1; i <= SCHEMA_VERSION; i++) {
        applySqlFile(db, i);
    }
}

@Override
public void onUpgrade(SQLiteDatabase db,
                      int oldVersion,
                      int newVersion) {
    for (int i = (oldVersion + 1); i <= newVersion; i++) {
        applySqlFile(db, i);
    }
}

@Override
@TargetApi(Build.VERSION_CODES.JELLY_BEAN)
public void onConfigure(SQLiteDatabase db) {
    super.onConfigure(db);
```

```java
        setWriteAheadLoggingEnabled(true);
        db.setForeignKeyConstraintsEnabled(true);
    }


    private void applySqlFile(SQLiteDatabase db, int version) {
        BufferedReader reader = null;

        try {
            final InputStream inputStream =
                    context.getAssets().open(filename);
            reader =
                    new BufferedReader(new InputStreamReader(inputStream));


            final StringBuilder statement = new StringBuilder();


            for(String line; (line = reader.readLine()) != null;) {
                if (BuildConfig.DEBUG) {
                    Log.d(TAG, "Reading line -> " + line);
                }

                // Ignore empty lines
                if (!TextUtils.isEmpty(line) && !line.startsWith("--")) {
                    statement.append(line.trim());
                }

                if (line.endsWith(";")) {
                    if (BuildConfig.DEBUG) {
                        Log.d(TAG, "Running statement " + statement);
                    }

                    db.execSQL(statement.toString());
                    statement.setLength(0);
                }
            }

        } catch (IOException e) {
            Log.e(TAG, "Could not apply SQL file", e);
```

```
    } finally {
      if (reader != null) {
        try {
            reader.close();
        } catch (IOException e) {
            Log.w(TAG, "Could not close reader", e);
        }
      }
    }
  }
}
```

## SQLiteDatabase

이 장의 앞에서 설명했듯이, 안드로이드에서는 `SQLiteOpenHelper` 클래스를 사용해 데이터베이스를 생성하고 수정한다. 그러나 앱이 실제로 데이터베이스를 사용하려면, 데이터베이스와 상호작용하기 위한 새로운 클래스가 필요하다. `SQLiteDatabase` 클래스는 `SQLiteOpenHelper`에서 데이터베이스의 연결을 담당한다. `SQLiteDatabase`는 SQL문을 실행하는 함수와 같이 데이터베이스와 상호작용하는 함수를 제공한다. `query()`, `create()`, `delete()`와 같은 기본적인 SQL 연산을 수행하고, 데이터베이스 환경을 설정하며, 트랜잭션을 관리한다.

`SQLiteDatabase`와 연결하려면 `SQLiteDatabase` 인스턴스가 필요하다. 앱은 `SQLiteOpenHelper`의 함수로, `SQLiteDatabase`에 연결한다.

`SQLiteOpenHelper`는 `SQLiteOpenHelper.getReadableDatabase()`, `SQLiteOpenHelper.getWritableDatabase()`라는 두 가지 연결 함수를 제공한다. 이두 함수는 `SQLiteDatabase`를 반환하거나 필요할 때마다 생성하기도 한다. 그렇지만 이름에서도 알 수 있는 바와 같이, `getReadableDatabase()`는 읽기 연산을 수행하고, `getWritableDatabase()`는 읽기, 쓰기 연산을 수행하는 `SQLiteDatabase`를 반환한다.

`getReadableDatabase()`, `getWritableDatabase()`가 반환하는 실제 데이터베이

스 연결 객체는 성능을 위해 `SQLiteOpenHelper` 내부에 캐시돼 있다. 게다가 쓰기 가능한 데이터베이스의 연결 객체가 생성되면, `getReadableDatabase()`는 실제로 `getWritableDatabase()`와 동일한 연결 객체를 반환한다. 왜냐하면 두 함수는 캐시된 버전의 객체를 반환하기 때문이다.

## 데이터베이스 업그레이드 전략

이 장의 앞에서 데이터베이스 업그레이드에 대해 언급했다. 그러나 이는 복잡한 문제이기 때문에 좀 더 다루고자 한다.

이 장에 나온 `DeivcesOpenHelper`는 데이터베이스의 데이터를 유지하고, 외부 SQL 파일을 사용해 스키마 버전에 따른 데이터베이스를 조작했다. 이 방법을 사용하면 제대로 동작하지만, 모든 사례에 적합하지 않을 수 있고, 문제가 발생할 수도 있다. 따라서 데이터베이스 테이블을 모두 삭제한 후에 다시 생성하는 방법으로 SQL 데이터베이스를 업그레이드해야 한다.

### 데이터베이스 다시 생성하기

존재하는 애플리케이션 데이터베이스를 업그레이드하는 가장 쉬운 방법은 테이블과 뷰를 모두 삭제하고 다시 생성하는 것이다. 이 방법을 이용하면 스키마 버전을 기록할 필요가 없다. 그러나 `SQLiteOpenHelper` 생성자에 전달할 스키마 버전을 올려서 `SQLiteOpenHelper.onUpgrade()`를 실행해야 한다. `onUpgrade()` 함수는 기본적으로 모든 데이터베이스 객체를 삭제하고 DDL로 데이터베이스를 다시 생성한다.

이 방법이 쉬울 수는 있지만, 데이터베이스에 존재하는 데이터를 모두 삭제한다는 단점이 있다. 앱의 요구사항이나 전체 시스템의 구조에 따라 이 방법이 아무런 문제가 되지 않을 수도 있다. 예를 들어 앱이 원격 웹 서비스에서 데이터를 반복적으로 받아오면 로컬 데이터베이스에 데이터를 계속 저장할 필요가 없다. 데이터베이스 객체를 삭제한 후 다시 생성하고 웹 서비스의 데이터로 채우는 작업은 바람직한 방법이고, 충분히 구현할 만하다.

## 데이터베이스 조작하기

전체 데이터베이스를 삭제한 후에 다시 생성하는 것은 간단하지만, 이것이 모든 곳에 적용되지는 않는다. 예를 들어, 앱이 사용자에게 데이터를 받고, 원격 저장소에 없는 데이터를 수집할 수도 있다. 이러한 사례는 DDL을 사용해 데이터베이스를 간단하게 조작하는 것이 훨씬 더 좋다.

DevicesOpenHelper에서 사용한 업그레이드 전략은 이미 존재하는 데이터베이스를 조작하는 것이다. 데이터베이스를 변경해야 할 내용에 따라 DDL로 존재하는 데이터베이스 객체를 수정하는 것만으로도 충분하다. 만약, 스키마에 테이블이나 컬럼을 추가해야 한다면, 이 방식이 가장 좋다. 반면, 이미 존재하는 데이터베이스 객체를 수정해야 한다면 이 방식이 복잡하게 느껴질 수도 있다.

3장에서 SQLite의 ALTER TABLE문은 제약이 있다고 설명했다. 이를 좀 더 구체적으로 말하면 ALTER TABLE은 DROP COLUMN, ALTER COLUMN을 제공하지 않는다. 컬럼을 수정하거나 삭제할 방법이 없기 때문에 앱이 사용하지 않는 컬럼이 테이블에 그대로 남아 있는 것이다. 문제가 되지는 않지만, 잠재적으로 테이블이 디스크의 용량을 더 사용할 수는 있다. 또한 테이블에 컬럼이 여전히 존재하기 때문에 실수로 애플리케이션 코드가 그 컬럼에 아무런 에러 없이 접근할 수도 있다.

ALTER COLUMN과 동일하게 구현하려면 새로운 컬럼을 생성한 후 과거의 컬럼 데이터를 새로운 컬럼에 복사해야 한다. 이 방식을 사용하면 사용하지 않는 컬럼과 함께 여전히 테이블이 존재하면서 디스크 사용이 증가하고, 프로그래밍 에러가 발생한다.

또한 과거의 컬럼을 제거하지 않은 상태에서 컬럼을 추가하면 용량을 차지할 뿐만 아니라 실수로 과거 컬럼에 접근하는 것보다 더 큰 문제가 발생한다. 따라서 과거의 컬럼은 데이터베이스에 그대로 놓아두는 것이 좋다. 그리고 앱 코드에서 과거 컬럼의 참조를 모두 제거해야 한다. 만약, 로우를 삽입할 때 컬럼에 null 값을 방지하는 제약사항이 있다면 이는 모두 불가능하다. 이 부분에서 SQLite 에러를 발생시키지 않으려면, null 제약사항이 있는 컬럼에 의미 없는 값을 삽입해야 한다.

이 문제를 해결하려면 해당 테이블을 삭제한 후, 새 테이블을 생성해 데이터를 복구해야 한다.

## 테이블 복사한 후 삭제하기

데이터베이스에서 더 이상 사용하지 않을 컬럼에 대한 문제를 해결하려면 새로운 테이블을 생성한 후 다른 이름으로 원하는 컬럼을 만들어야 한다. 왜냐하면 DROP COLUMN을 지원하지 않은 상태에서 ALTER COLUMN을 우회하는 방법은 없기 때문이다. 새로운 테이블을 만들 때는 과거 테이블의 데이터를 새로운 테이블로 복사할 수 있다. 데이터를 복사한 후 과거 테이블을 삭제하고, 새로운 테이블의 이름을 과거 테이블의 이름으로 수정한다. 이렇게 하면 데이터의 손실 없이 테이블을 수정할 수 있다. 또한 DROP COLUMN, ALTER COLUMN의 제약을 신경 쓸 필요가 없어진다.

예를 들어 코드 4.7의 SQL문으로 테이블을 생성하는 데이터베이스를 생각해보자.

**코드 4.7** 테이블 예제

```
CREATE TABLE data_table (column1 TEXT NOT NULL,
                         column2 TEXT NOT NULL,
                         column3 TEXT NOT NULL);

INSERT INTO data_table
VALUES ('row1_column1', 'row1_column2', 'row1_column3');

INSERT INTO data_table
VALUES ('row2_column1', 'row2_column2', 'row2_column3');

INSERT INTO data_table
VALUES ('row3_column1', 'row3_column2', 'row3_column3');
```

data_table.column3을 더 이상 사용하지 않으면 앱 코드에서 문제가 발생할 수 있다. 왜냐하면 data_table.column3가 NOT NULL에 제약이 있기 때문이다. 테이블에 로우를 삽입할 때는 반드시 그 컬럼에 어떤 값을 넣어줘야 한다. 원칙적으로 테이블에서 column3를 삭제해야만 애플리케이션 코드가 아무런 문제 없이 값을 삽입할 수 있다.

코드 4.8은 방금 설명했던 복사, 삭제 방법을 구현한 SQL 코드다.

**코드 4.8** 테이블을 복사한 후 삭제하기

```sql
CREATE TABLE temp_table AS SELECT column1, column2 FROM data_table;

DROP TABLE data_table;
ALTER TABLE temp_table RENAME TO data_table;
```

데이터를 새로운 테이블로 복사한 후 이름을 동일하게 수정하면 애플리케이션 코드를 그대로 사용할 수 있다.

## 데이터베이스 접근과 메인 스레드

안드로이드 개발의 관심사 중 하나는 메인 스레드에서 오랫동안 작업을 수행하는 것이다. 메인 스레드에서 너무 오랫동안 작업을 수행하면 UI가 느려진다. 안드로이드 모범 사례에서는 좋지 못한 사용자 경험을 우려해 메인 스레드의 디스크 접근을 피하라고 권한다. SQLite 데이터에 접근하는 것은 비교적 빠르지만, 데이터베이스는 디스크에 파일로 존재하므로 메인 스레드에서 접근하면 안 된다.

기본적인 안드로이드 스레드 기술을 사용해 메인 스레드 대신 데이터베이스 연산을 할 수 있지만, 안드로이드 SDK가 그 연산의 프레임워크를 제공한다. 이를 좀 더 구체적으로 말하면 메인 스레드와는 별개로 CursorLoader를 이용해 데이터베이스에 접근하고, 메인 스레드로 UI 작업을 수행할 수 있다. CursorLoader는 "5장, 안드로이드에서 데이터베이스와 작업하기"에서 좀 더 자세히 설명한다.

# 안드로이드 데이터베이스 분석

데이터베이스를 사용한 앱을 개발하려면, 가장 먼저 데이터에 접근해야 한다. 안드로이드는 데이터베이스 시스템으로 SQLite를 사용하기 때문에 SQLite를 지원하는 도구를 사용해 앱의 데이터와 상호작용하고 조작할 수 있다. 그리고 안드로이드 SDK가 모바일 디바이스의 데이터베이스를 검사할 수 있는 도구를 제공할 뿐만 아니라 데이터베이스를 개발 환경으로 복사할 수 있다. 또한 페이스북의 Stetho와 같은 서드파티 툴을 사용해 앱의 데이터베이스에 접근할 수 있다.

## adb로 데이터베이스 접근하기

안드로이드 디버그 브릿지adb는 안드로이드 개발자에게 매우 유용한 툴이다. adb의 기능 중 하나는 디바이스, 에뮬레이터의 셸shell을 여는 것이다. 셸은 디바이스의 커맨드 라인command-line에 접근할 수 있고, 간단한 연산을 수행할 수 있다. 또한 셸을 통해 안드로이드 SDK에 내장된 sqlite3 도구로 데이터베이스와 상호작용할 수도 있다. 디바이스에 셸이 열리면, sqlite3 커맨드 라인 도구로 데이터베이스에 접속해 명령할 수 있다.

## adb 들어가기

다음은 adb로 디바이스의 셸을 여는 코드다.

```
<path_to_android_sdk_dir>/platform-tools/adb shell
```

여러 개의 디바이스(에뮬레이터, 실제 디바이스)가 머신과 연결돼 있다면, adb가 타깃 디바이스의 ID를 제공한다. adb devices 명령어를 실행하면 현재 머신에 연결돼 있는 디바이스 ID의 목록을 받을 수 있다. 코드 4.9는 현재 머신에 연결돼 있는 디바이스의 목록을 찾는 adb 예제다.

**코드 4.9** 연결된 디바이스 목록 받기

```
bash-4.3$ adb devices
List of devices attached
HT4ASJT00075 device
ZX1G22PJGX device

bash-4.3$
```

디바이스 ID가 스크린에 나타나기는 하지만, 주어진 ID가 어떤 디바이스를 나타 내는지는 불확실하다. adb devices에 -l 옵션을 추가하면 디바이스를 식별하기 위 한 추가 정보를 제공한다. 코드 4.10은 adb devices -l을 사용한 결과다.

**코드 4.10** 디바이스 이름이 표기된 연결된 디바이스 목록 받기

```
bash-4.3$ adb devices -l
List of devices attached
HT4ASJT00075           device product:volantis model:Nexus_9 device:flounder
ZX1G22PJGX             device product:shamu model:Nexus_6 device:shamu

bash-4.3$
```

-l 옵션을 추가하면, 아이디가 어떤 디바이스를 나타내는지 확실히 알 수 있으 므로 원하는 디바이스의 셸에 접속할 수 있다.

원하는 디바이스의 ID를 선택했다면 adb shell 명령에 -s 옵션을 추가해 어떤 디바이스를 타깃으로 할지 정한다. 다음은 adb shell -s 명령을 보여준다.

```
adb -s HT4ASJT00075 shell
```

 **노트**

-s 옵션은 adb 명령 자체에 적용하는 것일 뿐, shell의 서브 명령(subcommand)이 아니다. 이 말은 adb의 다른 서브 명령어에서도 -s 옵션을 사용할 수 있다는 뜻이다.

　원하는 디바이스의 셸에 접속하면, cd(디렉터리 변경), ls(디렉터리 목록)와 같은
표준 리눅스 명령어를 사용해 파일 시스템 계층을 탐색할 수 있다.

## 권한과 안드로이드 파일 시스템

안드로이드 환경에서 adb shell 명령어를 사용할 때는 리눅스에 기반을 두고 있다
는 점에 유의해야 한다. 앱은 리눅스 시스템의 사용자처럼 취급하고, 홈 디렉터리를
가진다. 단, 외부 앱은 개인 데이터에 접근할 수 없다. 이는 사용자 데이터를 보호
하기 위한 리눅스에 내장된 보안 기능과 동일한 방식인 안드로이드의 보안 기능이
다. 안드로이드 앱의 홈 디렉터리는 /data/data/ 폴더에 존재한다. 실제 앱의 홈 디
렉터리 이름은 시스템에서 유일하게 식별할 수 있는 패키지 이름과 동일하다. 코드
4.11은 /data/data/의 디렉터리 목록과 각 하위 디렉터리의 권한을 보여준다.

**코드 4.11** /data/data/ 디렉터리 목록

```
root@generic_x86_64:/ # ls -l /data/data
drwxr-x--x u0_a0  u0_a0  2015-12-16 14:04 com.android.backupconfirm
drwxr-x--x u0_a15 u0_a15 2015-12-16 14:04 com.android.backuptester
drwxr-x--x u0_a17 u0_a17 2015-12-16 14:04 com.android.browser
drwxr-x--x u0_a18 u0_a18 2015-12-16 14:04 com.android.calculator2
drwxr-x--x u0_a19 u0_a19 2015-12-16 14:04 com.android.calendar
drwxr-x--x u0_a33 u0_a33 2015-12-16 14:04 com.android.camera
drwxr-x--x u0_a20 u0_a20 2015-12-16 14:04 com.android.captiveportallogin
drwxr-x--x u0_a21 u0_a21 2015-12-16 14:04 com.android.certinstaller
drwxr-x--x u0_a2  u0_a2  2016-03-24 20:40 com.android.contacts
drwxr-x--x u0_a22 u0_a22 2015-12-16 14:04 com.android.customlocale2
drwxr-x--x u0_a3  u0_a3  2015-12-16 14:05 com.android.defcontainer
drwxr-x--x u0_a23 u0_a23 2015-12-16 14:04 com.android.deskclock
drwxr-x--x u0_a24 u0_a24 2015-12-16 14:04 com.android.development
drwxr-x--x u0_a4  u0_a4  2015-12-16 14:04 com.android.dialer
drwxr-x--x u0_a1  u0_a1  2015-12-16 14:04 com.android.providers.calendar
drwxr-x--x u0_a2  u0_a2  2015-12-16 14:04 com.android.providers.contacts
drwxr-x--x u0_a5  u0_a5  2015-12-16 14:04 com.android.providers.media
```

코드 4.11에서의 각 디렉터리는 디바이스에 설치된 앱의 홈 디렉터리다. 홈 디렉터리에는 데이터베이스, 프리퍼런스<sup>preference</sup>, 캐시 정보와 같은 로컬 데이터가 저장돼 있다. 데이터는 특정 앱만 사용하기 때문에 안드로이드는 다른 앱이 로컬 앱 데이터에 접근하지 못하도록 권한을 할당한다. /data/data/(rwxr-x--x)의 하위 디렉터리는 어떤 앱이라도 그 디렉터리에 들어갈 수는 있지만, 어떠한 것도 추가하거나 삭제할 수 없는 권한을 가지고 있다. 오직 그 디렉터리를 "소유"하고 있는 앱만이 콘텐츠를 추가 또는 삭제할 수 있다.

앱 디렉터리에 좀 더 들어가보면 안드로이드가 파일을 어떻게 보호하는지 보여준다. 코드 4.12는 /data/data/com.android.providers.contacts 디렉터리의 databases 파일의 권한을 보여준다.

**코드 4.12** 파일 권한

```
root@generic_x86_64:/ # ls -l \
> data/data/com.android.providers.contacts/databases
-rw-rw---- u0_a2 u0_a2 348160 2016-03-24 20:42 contacts2.db
-rw-rw---- u0_a2 u0_a2      0 2016-03-24 20:42 contacts2.db-journal
-rw-rw---- u0_a2 u0_a2 348160 2015-12-16 14:04 profile.db
-rw-rw---- u0_a2 u0_a2  16928 2015-12-16 14:04 profile.db-journal
root@generic_x86_64:/ #
```

코드 4.12에서 파일 권한(rw-rw----)은 디렉터리 권한보다 더욱 엄격하다. databases 내의 모든 파일은 다른 앱이 읽기/쓰기를 할 수 없는 제한을 가지고 있다.

파일 권한은 adb로 디바이스를 탐색할 때 매우 중요하다. adb 셸이 시작되면, "비특권<sup>unprivileged</sup> 사용자"로 실행된다. 여기서 비특권 사용자란, 디바이스의 파일이나 디렉터리의 권한을 수정할 수 없는 사용자 계정을 뜻한다. 만약, 파일이 자신의 앱을 제외한 모든 사용자에 대해 읽기를 허용하지 않으면, adb 셸은 파일을 읽을 수 없다. adb 셸은 앱 홈 디렉터리의 데이터베이스 읽기/쓰기와 같은 작업을 할 수 없기 때문이다.

adb 셸은 비특권 사용자로 실행되도록 설정돼 있지만, 에뮬레이터나 디바이스가 루팅(앱이나 프로그램이 루트 권한으로 실행되도록 변경)돼 있는 경우에는 "루트" 사용자로 실행해야 한다. 리눅스 시스템에서 루트 사용자는 파일, 디렉터리의 권한을 수정할 수 있다. 루트 사용자를 시스템과 콘텐츠에 제한 없이 접근할 수 있는 관리용 계정이라고 생각할 수 있다.

adb 셸을 루트로 실행하면, 앱의 개인 파일과 디렉터리에 접근할 수 있다. 그렇기 때문에 에뮬레이터나 루팅된 디바이스라면 앱의 데이터베이스에 쉽게 접근할 수 있다. 하지만 루팅되지 않은 디바이스에는 앱의 데이터베이스에 접근할 수 없다. 대부분의 디바이스는 루팅돼 있지 않기 때문에 데이터베이스에 접근하기 어렵다.

> **노트**
>
> 이 장에 나온 adb shell 명령어는 안드로이드 에뮬레이터, 루팅된 디바이스에서 실행했다. 루팅되지 않은 디바이스나 에뮬레이터는 권한이 없기 때문에 앱 홈 디렉터리의 파일을 읽거나 복사할 수 없다.

## adb로 데이터베이스 위치 찾기

앱의 SQLite 데이터베이스에 연결하려면 그 데이터베이스 파일의 위치를 알아야 한다. 3장에서 SQLite는 전체 데이터베이스를 하나의 파일로 저장한다고 설명했다 (트랜잭션을 위해 임시 파일도 사용할 수 있다). 데이터베이스 파일은 앱 홈 디렉터리에 위치하고 있다.

안드로이드 내부 데이터베이스인 연락처 데이터베이스를 데이터베이스 접근의 예제로 정하자. 연락처 데이터베이스에 접근하려면, 이 데이터베이스의 위치를 알아야 한다. 이때에는 adb를 사용해 데이터베이스 파일의 위치를 확인한다.

안드로이드는 시스템 계층의 데이터베이스를 위해 콘텐트 프로파이더<sup>content provider</sup>의 자격으로 연락처 데이터베이스에 접근한다. 콘텐트 프로바이더는 뒷장에서 설명할 것이므로 지금은 콘텐트 프로바이더가 데이터 추상화 계층을 제공하고 ContentProvider에서 데이터 타입을 식별할 때 authority를 사용한다는 것만 알고 넘어가자. authority는 contract 클래스에 정의돼 있으며, 이 클래스는 ContentProvider를 사용하기 위한 공개 API를 제공한다.

연락처 콘텐트 프로바이더의 경우, contract 클래스는 ContactsContract다. ContactsContract 클래스와 관련된 문서(http://developer.android.com/reference/ android/provider/ContactsContract.html#AUTHORITY)를 확인해보면 AUTHORITY 상수가 com.android.contacts 값을 가진다고 나와 있다. ContactsContract. AUTHORITY 값과 adb shell dumpsys를 함께 사용하면 연락처의 데이터베이스 위치를 찾을 수 있다.

안드로이드 시스템에 대한 정보는 adb shell dumpsys 명령어를 통해 알 수 있다. 코드 4.13은 adb shell dumpsys 명령으로 시스템에 등록된 콘텐트 프로바이더 정보와 간략한 결과를 보여준다.

**코드 4.13** adb shell dumpsys 명령

```
bash-4.3$ adb shell dumpsys activity providers
ACTIVITY MANAGER CONTENT PROVIDERS (dumpsys activity providers)
...
* ContentProviderRecord{2f0e81e u0 com.android.providers.contacts/
➡.ContactsProvider2}
    package=com.android.providers.contacts process=android.process.acore
    proc=ProcessRecord{ad8d91a 11766:android.process.acore/u0a2}
    launchingApp=ProcessRecord{ad8d91a 11766:android.process.acore/u0a2}
    uid=10002 provider=android.content.ContentProviderProxy@c8028ff
    authority=contacts;com.android.contacts
...


bash-4.3$
```

adb shell dumpsys는 설치된 모든 앱의 프로바이더 목록과 모든 콘텐트 프로바이더의 정보를 보여준다. 원하는 콘텐트 프로바이더를 찾으려면, adb shell dumpsys 결과물의 authority를 정해야 한다. 좀 더 구체적으로 말하면, 앞에 나온 ContentProviderRecord의 authority는 com.android.contacts를 가지고 있으며, 연락처 SQLite 데이터베이스를 찾는 데 필요한 정보를 보여준다. 코드 4.13에서는

원하는 정보를 강조했다.

대체로 adb shell dumpsys 명령은 많은 정보를 보여준다. 이 정보를 통해 원하는 authority 문자열을 찾는다. ContentProviderRecord를 찾으면, 콘텐트 프로바이더를 제공하는 앱의 패키지를 확인할 수 있다. 연락처 콘텐트 프로바이더의 앱 패키지 이름은 com.android.providers.contacts다. 패키지의 이름을 알면, 실제 SQLite 데이터베이스 파일을 쉽게 찾을 수 있다. 왜냐하면 앱의 홈 디렉터리에 있기 때문이다. 예를 들어 연락처의 홈 디렉터리는 /data/data/com.android.providers.contacts다.

코드 4.14는 cd 명령어로 연락처 프로바이더 앱 홈의 디렉터리로 이동한 후 ls 명령어로 디렉터리 목록을 확인한다.

**코드 4.14** 홈 디렉터리 목록

```
root@generic_x86_64:/ # cd /data/data/com.android.providers.contacts
root@generic_x86_64:/data/data/com.android.providers.contacts # ls
cache
code_cache
databases
files
shared_prefs
root@generic_x86_64:/data/data/com.android.providers.contacts #
```

연락처 콘텐트 프로바이더 앱의 콘텐츠는 코드 4.14와 같이 나타낼 수 있다. /data/data/com.android.providers.contacts 디렉터리는 다음과 같은 콘텐츠를 가진다.

- cache
- code_cache
- databases
- files
- shared_prefs

cache, code_cache 디렉터리는 정보를 일시적으로 저장한다. files 디렉터리는 앱의 특정 파일을 저장한다. shared_prefs는 프리퍼런스를 위한 XML 파일이 있다. databases 디렉터리에는 앱의 SQLite 데이터베이스 파일이 존재한다. 앞의 SQLiteOpenHelper에서 데이터베이스를 열 때는 데이터베이스의 이름을 정해야 했다. 이때 데이터베이스 디렉터리의 파일 이름과 SQLiteOpenHelper에 사용한 파일 이름이 같다. 코드 4.15는 연락처 프로바이더 앱의 databases 디렉터리를 보여준다.

**코드 4.15**  databases 디렉터리 목록

```
root@generic_x86_64:/data/data/com.android.providers.contacts# ls databases
contacts2.db
contacts2.db-journal
profile.db
profile.db-journal
root@generic_x86_64:/data/data/com.android.providers.contacts#
```

코드 4.15에는 연락처 데이터베이스를 구성하기 위한 contacts2.db, profile.db 라는 2개의 데이터베이스 파일이 있다. 각 데이터베이스 파일은 트랜잭션을 위한 저널 파일을 가지고 있다. 이제 데이터베이스의 위치를 알았으므로 셸에서 sqlite3 명령어로 데이터베이스에 연결할 수 있다.

### sqlite3로 데이터베이스 연결하기

sqlite3 명령어는 SQLite의 한 부분이고, 안드로이드 SDK에 포함돼 있다. sqlite3로 데이터베이스에 연결하려면 sqlite3의 옵션으로 데이터베이스 파일의 이름을 전달해야 한다. 코드 4.16은 코드 4.15의 연락처 데이터베이스에 연결하기 위한 sqlite3의 사용 방법이다.

**코드 4.16** 연락처 데이터베이스 연결하기

```
root@generic_x86_64:/data/data/com.android.providers.contacts # sqlite3 \
> databases/contacts2.db
SQLite version 3.8.10.2 2015-05-20 18:17:19
Enter ".help" for usage hints.
sqlite>
```

데이터베이스에 연결되면, sqlite3는 프롬프트를 보여준다. 코드 4.16에서
sqlite3는 도움말을 사용할 수 있는 힌트를 제공한다. 코드 4.17은 .help 명령을
실행시켜 나온 화면이다.

**코드 4.17** sqlite3의 .help 실행

```
sqlite> .help
.backup ?DB? FILE      Backup DB (default "main") to FILE
.bail on|off           Stop after hitting an error. Default OFF
.binary on|off         Turn binary output on or off. Default OFF
.clone NEWDB           Clone data into NEWDB from the existing database
.databases             List names and files of attached databases
.dbinfo ?DB?           Show status information about the database
.dump ?TABLE? …        Dump the database in an SQL text format
                         If TABLE specified, only dump tables matching
                         LIKE pattern TABLE.
.echo on|off           Turn command echo on or off
.eqp on|off            Enable or disable automatic EXPLAIN QUERY PLAN
.exit                  Exit this program
.explain ?on|off?      Turn output mode suitable for EXPLAIN on or off.
                         With no args, it turns EXPLAIN on.
.fullschema            Show schema and the content of sqlite_stat tables
.headers on|off        Turn display of headers on or off
.help                  Show this message
.import FILE TABLE     Import data from FILE into TABLE
.indexes ?TABLE?       Show names of all indexes
                         If TABLE specified, only show indexes for tables
                         matching LIKE pattern TABLE.
.limit ?LIMIT? ?VAL?   Display or change the value of an SQLITE_LIMIT
```

```
.log FILE|off          Turn logging on or off. FILE can be stderr/stdout
.mode MODE ?TABLE?     Set output mode where MODE is one of:
                         Ascii   Columns/rows delimited by 0x1F and 0x1E
                         Csv     Comma-separated values
                         column  Left-aligned columns. (See .width)
                         html    HTML <table> code
                         insert  SQL insert statements for TABLE
                         line    One value per line
                         list    Values delimited by .separator strings
                         tabs    Tab-separated values
                         tcl     TCL list elements
.nullvalue STRING      Use STRING in place of NULL values
.once FILENAME         Output for the next SQL command only to FILENAME
.open ?FILENAME?       Close existing database and reopen FILENAME
.output ?FILENAME?     Send ouput to FILENAME or stdout
.print STRING...       Print literal STRING
.prompt MAIN CONTINUE  Replace ths standard prompts
.quit                  Exit this program
.read FILENAME         Execute SQL in FILENAME
.restore ?DB? FILE     Restore content of DB (default "main") from FILE
.save FILE             Write in-memory database into FILE
.scanstats on|off      Turn sqlite3_stmt_scanstatus() metrics on or off
.schema ?TABLE?        Show the CREATE statements
                         If TABLE specified, only show tables matching
                         LIKE pattern TABLE.
.separator COL ?ROW?   Change the column separator and optionally the row
                         separator for both the output mode and .import
.shell CMD ARGS…       Run CMD ARGS... in a system shell
.show                  Show the current values for various settings
.stats on|off          Turn stats on or off
.system CMD ARGS…      Run CMD ARGS... in a system shell
.tables ?TABLE?        List names of tables
                         If TABLE specified, only list tables matching
                         LIKE pattern TABLE.
.timeout MS            Try opening locked tables for MS milliseconds
.timer on|off          Turn SQL timer on or off
.trace FILE|off        Output each SQL statement as it is run
```

```
.vfsname ?AUX?          Print the name of the VFS stack
.width NUM1 NUM2 …      Set column widths for "column" mode
                          Negative values right-justify
sqlite>
```

.help를 실행하면 sqlite3가 지원하는 명령어를 보여준다. 각 명령어는 모두 마침표로 시작한다. 마침표로 시작하는 것은 sqlite3의 일반적인 패턴이다. sqlite3에서 가장 중요한 명령어 중 하나는 .quit다. 이 명령어는 sqlite3 셸을 종료하고 안드로이드 셸로 되돌아간다.

데이터베이스에 연결되면, sqlite3 명령어로 SQL문을 실행할 수 있다. 데이터베이스의 스키마를 모르면 질의하기 전에 테이블의 목록을 불러올 수 있다. 코드 4.17의 .help 명령 결과 중 .tables 명령어로 데이터베이스에 있는 테이블 목록을 볼 수 있다. 코드 4.18은 .tables 명령어의 결과다.

**코드 4.18** .tables 실행

```
sqlite> .tables
_sync_state              phone_lookup             view_data
_sync_state_metadata     photo_files              view_data_usage_stat
accounts                 pre_authorized_uris      view_entities
agg_exceptions           properties               view_groups
android_metadata         raw_contacts             view_raw_contacts
calls                    search_index             view_raw_entities
contacts                 search_index_content     view_stream_items
data                     search_index_docsize     view_v1_contact_methods
data_usage_stat          search_index_segdir      view_v1_extensions
default_directory        search_index_segments    view_v1_group_membership
deleted_contacts         search_index_stat        view_v1_groups
directories              settings                 view_v1_organizations
groups                   status_updates           view_v1_people
mimetypes                stream_item_photos       view_v1_phones
name_lookup              stream_items             view_v1_photos
nickname_lookup          v1_settings              visible_contacts
packages                 view_contacts            voicemail_status
sqlite>
```

이제 테이블의 목록을 알았으므로 sqlite3로 질의할 수 있다. 코드 4.19는 raw_contacts 테이블의 모든 로우를 조회하는 질의다.

**코드 4.19** raw_contacts 테이블 질의

```
sqlite> select _id, display_name, display_name_alt from raw_contacts;
1|Bob Smith|Smith, Bob
2|Rob Smith|Smith, Rob
3|Carol Smith|Smith, Carol
4|Sam Smith|Smith, Sam
sqlite>
```

코드 4.19의 결과도 바람직하지만, 가끔은 질의의 결과가 컬럼 이름에 맞춰 나오는 것이 편리하다. SQLite 프롬프트에 .headers 명령어를 이용하면 이 문제가 해결된다. 이 명령어는 컬럼 이름을 질의 결과물 표의 헤더로 보여줄 것인지를 제어한다. 기본 값은 헤더를 보여주지 않는다. 코드 4.20은 .headers 명령어로 헤더를 활성화시킨다.

**코드 4.20** 컬럼 헤더 활성

```
sqlite> .headers on
sqlite> select _id, display_name, display_name_alt from raw_contacts; _
id|display_name|display_name_alt
1|Bob Smith|Smith, Bob
2|Rob Smith|Smith, Rob
3|Carol Smith|Smith, Carol
4|Sam Smith|Smith, Sam
sqlite>
```

코드 4.20에서 결과물의 컬럼 이름을 굵은 글씨로 강조했다. 헤더를 추가하면 결과의 컬럼이 테이블의 어떤 컬럼인지 쉽게 알 수 있다.

결과의 가독성을 좋게 하는 방법은 컬럼을 활성화하는 것이다. .mode 명령어를 실행하면 컬럼을 활성화할 수 있다. sqlite3는 질의의 결과를 반환할 때 여러 가지 결과 형식을 제공한다. 결과를 아스키 또는 HTML 형태로 나타내거나 데이터 콘

텐츠를 기반으로 SQL INSERT문을 생성할수 있고, 컬럼 구조를 좀 더 이해하기 쉽게 만들 수 있다. 결과의 가독성을 좋게 하려면, column 매개 변수로 전달해 .mode 명령을 실행해야 한다. 코드 4.21은 컬럼 모드를 활성화한 raw_contacts 테이블의 질의 결과를 보여준다.

**코드 4.21** 컬럼 활성

```
sqlite> .mode column
sqlite> select _id, display_name, display_name_alt from raw_contacts;
_id         display_name  display_name_alt
----------  ------------  ----------------
1           Bob Smith     Smith, Bob
2           Rob Smith     Smith, Bob
3           Carol Smith   Smith, Carol
4           Sam Smith     Smith, Sam
sqlite>
```

## adb, sqlite3로 빠르게 접근하기

지금까지 adb로 안드로이드 시스템을 검색한 후 sqlite3로 데이터베이스에 접속하는 방법을 알아봤다. 데이터베이스의 위치를 알면 앱의 패키지 이름을 유추할 수 있기 때문에 adb shell과 sqlite3의 빠른 접근법으로 빠르고 간단하게 데이터베이스에 접속할 수 있고, SQL 명령을 수행할 수도 있다. 이 방법은 셸을 시작해 데이터베이스 접속하는 것보다 편리하다. 왜냐하면 기본적인 셸 기능(history, pipe, redirection 등)을 사용할 수 있기 때문이다.

빠르게 접근하려면 adb shell 다음에 명령어를 추가하고 한 번에 명령을 처리해야 한다. 예를 들어, 데이터베이스에 접근하려면 adb shell 명령에 sqlite3와 데이터베이스 경로를 전달한다. 코드 4.22는 adb shell sqlite3를 조합한 명령을 보여준다.

**코드 4.22** adb shell과 sqlite3 조합하기

```
bash-4.3$ adb shell sqlite3 \
> /data/data/com.android.providers.contacts/databases/contacts2.db \
> '"select _id, display_name, display_name_alt from raw_contacts;"'
1|Bob Smith|Smith, Bob
2|Rob Smith|Smith, Rob
3|Carol Smith|Smith, Carol
4|Sam Smith|Smith, Sam
bash-4.3$
```

코드 4.22의 질의 결과는 이전 예제의 형식을 따르지 않는다. 컬럼과 헤더를 활성화하려면 -column, -header 옵션을 sqlite3에 추가해야 한다. 이 작업이 반드시 필요한 이유는 빠르게 접근하면 SQLite 셸에 들어가지 않고, SQL 명령을 실행하며, 결과를 보여준 후 sqlite3를 종료하기 때문이다. 코드 4.23은 결과의 가독성을 더 좋게 하는 방법이다.

**코드 4.23** adb shell과 sqlite3 조합 결과에 형식 추가하기

```
bash-4.3$ adb shell sqlite3 -column -header \
> /data/data/com.android.providers.contacts/databases/contacts2.db \
> '"select _id, display_name, display_name_alt from raw_contacts;"'
_id         display_name display_name_alt
----------  ------------ ----------------
1           Bob Smith    Smith, Bob
2           Rob Smith    Smith, Bob
3           Carol Smith  Smith, Carol
4           Sam Smith    Smith, Sam
bash-4.3$
```

컬럼 형식과 헤더를 추가한 결과와 sqlite3 셸에서 실행한 결과가 동일하게 나왔다. adb shell sqlite3 명령어를 쉽게 재실행할 수 있도록 스크립트로 형태로 해두는 것이 편리하다. 이렇게 하면 복잡한 질의를 저장할 수 있고, SQLite 데이터베이스가 디바이스에 존재할 경우 개발 머신에서 쉽게 실행할 수 있다.

## 서드파티 툴로 안드로이드 데이터베이스에 접속하기

adb와 sqlite3 명령을 사용하면 안드로이드 데이터베이스에 쉽고 편리하게 접속할 수 있다. 그러나 그래픽 인터페이스, 코드 완성과 같은 커다란 데이터베이스 툴의 기능은 제공하지 않는다. 여러 가지 기능이 탑재된 데이터베이스 도구가 있다면, SQLite 데이터베이스를 데이터베이스 애플리케이션이 접근할 수 있는 개발 환경으로 옮겨야 한다. adb 명령을 수행하면 파일을 안드로이드 디바이스에서 가져오거나 개발 머신에서 보낼 수 있다.

　　모바일 디바이스에서 파일을 개발 머신으로 복사하려면, adb pull 명령을 사용해야 한다. 코드 4.24는 연락처 정보의 데이터베이스를 개발 머신으로 복사하는 코드다.

**코드 4.24** adb pull로 연락처 정보 가져오기

```
bash-4.3$ adb pull \
> /data/data/com.android.providers.contacts/databases
pull: building file list...
pull: /data/data/com.android.providers.contacts/databases
/contacts2.db-journal -> ./contacts2.db-journal
pull: /data/data/com.android.providers.contacts/databases
/contacts2.db -> ./contacts2.db
5 files pulled. 0 files skipped.
1745 KB/s (713248 bytes in 0.399s)
bash-4.3$
```

　　개발 머신으로 데이터베이스 폴더를 복사한 후 SQLite를 지원하는 데이터베이스 툴로 SQLite 데이터베이스 파일을 읽는다.

　　Adb를 이용해 디바이스에서 데이터베이스를 가져온 후 데이터베이스 도구로 데이터베이스를 접근할 수 있지만, 모바일 디바이스가 데이터베이스를 변경할 때마다 데이터베이스를 복사해야 한다. 이 과정은 꽤 번거롭다. 다행스럽게도 Stetho라는 도구가 디바이스에서 직접 데이터베이스를 읽는 sqlite3보다 더 많은 기능을 제공한다.

## Stetho로 데이터베이스 접근하기

페이스북에서 안드로이드 디버깅을 위한 툴인 Stetho(http://facebook.github.io/stetho/)를 제작했다. Stetho는 안드로이드 앱을 디버깅하기 위해 크롬 브라우저의 개발 도구로 필요한 정보에 접근한다. Stetho의 기능은 많지만, 이 장에서는 데이터베이스에 접근하는 방법만 설명한다.

Stetho를 사용하려면, Stetho를 타깃 안드로이드 프로젝트에 추가한 후에 초기화해야 한다. 게다가 Stetho 기능은 기본적으로 디버그 빌드에 활성화돼 있다. 이때 Stetho 기능을 릴리즈 빌드에 활성화할 필요는 없다. 이 말은 Stetho는 개발 중인 앱을 디버깅하거나 검사하는 데 사용할 수는 있지만, 구글 플레이에서 다운로드한 앱의 데이터(SQLite 데이터베이스 포함)에는 접근할 수 없다는 뜻이다. 이러한 제약사항 때문에 이 장에서는 디바이스 관리 앱의 Stetho 사용법을 살펴본다.

Stetho를 초기화하기 전에 프로젝트의 `build.gradle` 파일에 Stetho를 추가해 라이브러리를 다운로드한다. 코드 4.25는 Stetho 의존성을 추가한 `build.grade`의 일부분이다.

**코드 4.25** build.gradle에 Stetho 추가하기

```
Dependencies {
    // 다른 의존성들
    compile 'com.facebook.stetho:stetho:1.3.1'
}
```

build.gradle에는 의존성을 추가해야 하고, Stetho는 초기화해야 한다. 가능하면 Stetho를 `Application` 클래스의 `onCreate()` 함수에 초기화하는 것을 권장한다. 디버그 빌드에서만 Stetho를 활성화해야 하기 때문에 `BuildConfig.DEBUG`의 조건으로 활성화한다. 코드 4.26은 디바이스 데이터베이스 앱의 `Application` 클래스를 보여준다.

**코드 4.26** 디바이스 데이터베이스 Application 클래스

```java
public class DeviceDatabaseApplication extends Application {
    @Override
    public void onCreate() {
        super.onCreate();

        if (BuildConfig.DEBUG) {
            Stetho.initializeWithDefaults(this);
        }
    }
}
```

Stetho를 초기화한후 크롬 브라우저로 실행 중인 애플리케이션을 검사할 수 있다. Stetho가 제공하는 앱의 세부사항을 조사하려면 크롬 웹 브라우저를 실행해 주소 창에 "chrome://inspect"을 입력해야 한다. 그림 4.2는 크롬 화면을 나타낸 것이다.

**그림 4.2** Stetho 디바이스 목록

그림 4.2는 현재 개발 머신에 연결된 디바이스 목록과 Stetho가 활성화된 앱의 패키지 이름을 표시한다. 지금 그림 4.2에서 넥서스 6나 넥서스 9 둘 중 하나를 선택할 수 있고, 두 디바이스 모두 디바이스 데이터베이스 앱을 실행 중이다. Stetho의 데이터를 확인하려면, 원하는 디바이스 아래에 위치한 "inspect" 링크를 클릭해 개발자 툴 윈도우를 연다. 그림 4.3은 넥서스 6의 개발자 도구 윈도우다.

디바이스의 데이터베이스에 접근하려면, 화면 상단의 **"Resources"** 메뉴를 클릭한 후 좌측 화면에서 Web SQL 메뉴를 펼친다. Web SQL 메뉴를 펼치면, 그 아래에 앱의 데이터베이스 파일이 있다. Web SQL 메뉴에서 `devices.db`라는 이름의 파일이 보일 것이다. **device**를 클릭하면 데이터베이스의 테이블을 보여주고, 간단하게 클릭만으로 테이블을 검사할 수 있다. 그림 4.3은 `manufacturer` 테이블의 로우를 모두 보여준다. 디바이스에서 데이터베이스를 가져올 필요 없이 그래픽 도구로 테이블의 콘텐츠를 쉽게 검사할 수 있다.

게다가 개발자가 Stetho에서 데이터베이스에 직접 SQL문을 전달할 수도 있다. 데이터베이스 파일을 클릭해 SQL 편집 창을 연다. 그림 4.4는 Stetho의 SQL 편집 창이다.

Stetho SQL 편집 창이 열면 SQL문을 작성하고 실행할 수 있는 프롬프트가 나타난다. SQL문을 실행하면, 실행 결과가 아래에 나타난다. 또한 데이터베이스가 접속돼 있는 동안 `JOIN`과 같은 복잡한 질의도 할 수 있다.

앱을 개발하면서 안드로이드 데이터베이스에 접근하는 것은 많은 도움이 된다. 자바 코드에서 SQL 문법과 씨름할 것인지, 앱에서 문제를 디버깅할 것인지는 `adb`나 Stetho가 답일 수 있다.

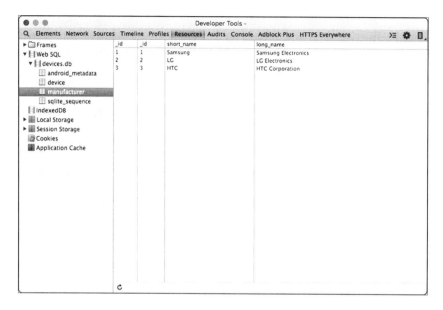

**그림 4.3** 개발자 툴 윈도우

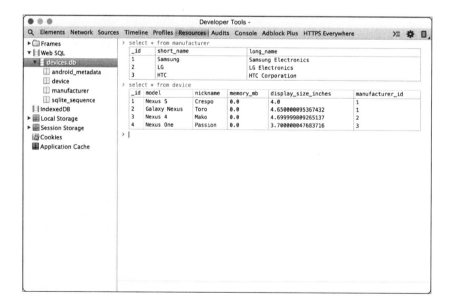

**그림 4.4** Stetho SQL 편집 창

## 요약

복잡한 앱에서 SQLite 사용이 점점 증가하고 있다. 안드로이드는 앱 내부에 데이터를 저장하기 위한 데이터베이스를 위해 SQLite와 쉽게 작업할 수 있는 도구를 제공한다. `adb shell`, `adb shell dumpsys`와 같은 도구를 사용하면 디바이스의 데이터베이스와 상호작용할 수 있다. 또한 디바이스에서 데이터베이스를 개발 머신으로 옮긴 후 도구를 이용해 데이터베이스를 검사할 수 있다.

또한 안드로이드는 SQLite 데이터베이스와 통신을 위해 데이터베이스의 여러 가지 생명주기 이벤트를 지원하는 API를 제공한다. `SQLiteOpenHelper` 클래스는 데이터베이스 생성, 수정, 다운그레이드뿐만 아니라 데이터베이스 접속도 설정한다. `SQLiteDatabase` 클래스는 SQL문을 실행할 수 있는 함수를 제공한다.

이 장은 안드로이드에서 SQLite와 작업하기 위해 고수준의 세부사항을 다뤘다. 책의 나머지 부분은 안드로이드 SQLite API의 여러 가지 구현 방법에 대해 알아본다.

# 5

# 안드로이드에서 데이터베이스와 작업하기

4장에서는 SQLiteOpenHelper, SQLiteDatabase 클래스가 어떻게 데이터베이스를 생성하는지 설명했다. 데이터 조작과 질의를 위한 데이터베이스 생성은 첫 단계에 불과하다. 5장에서는 데이터베이스를 조작하고 질의하기 위해 어떤 안드로이드 SDK 클래스를 사용해야 하는지 설명할 것이다.

## 안드로이드에서 데이터 다루기

안드로이드 SDK에는 데이터베이스 연산을 지원하는 클래스가 많다. 생성, 조회, 수정, 삭제<sup>CRUD</sup> 연산을 지원하는 클래스와 더불어 안드로이드 SDK는 데이터베이스를 조회하기 위해 질의를 생성할 수 있다. 다음은 5장에서 소개할 클래스와 이 클래스가 안드로이드 데이터베이스와 어떻게 동작하는지 간단하게 소개했다.

- SQLiteDatabase: 안드로이드 데이터베이스를 나타낸다. 기본적인 데이터베이스 CRUD 연산뿐만 아니라 SQLite 데이터베이스 파일을 다룰 수 있다.
- Cursor: 데이터베이스에 질의로 나온 결과를 담고 있다. 앱은 커서로부터 데이터를 읽고 사용자에게 보여주거나 커서에 포함된 데이터를 기반으로 비즈니스 로직을 수행할 수 있다.
- ContentValues: 키/값 데이터를 테이블 로우에 저장한다. 거의 대부분 키는

테이블의 컬럼 이름이고, 값은 테이블에 저장할 데이터다.

■ CursorLoader: 커서 객체를 다루는 로더loader 프레임워크의 일부분이다.

■ LoaderManager: 액티비티, 프래그먼트의 모든 로더를 관리한다. LoaderManager는 안드로이드 컴포넌트가 사용하는 로더를 초기화하고 재설정하는 API를 제공한다.

안드로이드 데이터베이스를 다루는 데 있어서 SQL과 상호 작업은 중요하다. "2장, SQL 들어가기"에서 SQL을 사용해 데이터베이스를 생성하고 업그레이드하는 방법을 살펴보았다. 또한 SQL로 안드로이드 데이터베이스 정보를 조회, 수정, 삭제할 수 있다. 안드로이드 SDK는 SQL문을 생성하기 위해 편리한 클래스를 제공한다. 또한 자바 문자열을 사용해 SQL문을 작성할 수 있다.

안드로이드에서는 SQLiteDatabase 객체의 함수를 호출해 SQL과 작업한다. 이 클래스는 SQL문을 생성하는 함수뿐만 아니라 SQL문을 데이터베이스에 쉽게 전달할 수 있는 함수도 제공한다.

일반적인 데이터베이스 사례에서 데이터베이스를 생성한 후 데이터 삽입 단계를 거친다. 데이터베이스가 데이터를 저장하고 있으면 데이터베이스를 사용할 수 있다. 데이터베이스 생성 단계는 4장에서 설명했으므로 이제 데이터베이스에 데이터를 삽입해보자.

## 테이블에 로우 삽입하기

SQLiteDatabase 클래스는 삽입 연산을 위해 몇 가지 함수를 제공한다. 대부분 다음 3개의 함수 중 하나를 사용해 삽입 연산을 수행한다.

■ long insert(String table, String nullColumnHack, ContentValues values)

■ long insertOrThrow(String table, String nullColumnHack, ContentValues values)

■ long insertWithConflict(String table, String nullColumnHack, ContentValues values, int conflictAlgorithm)

세 가지 삽입 함수의 매개 변수(처음 3개의 매개 변수)가 `String tableName`, `String nullColumnHack`, `ContentValues values`라는 것에 주목하자. `SQLiteDatabase.insertWithConflict()`는 네 번째 매개 변수를 가지고 있는데, 이 부분은 나중에 설명한다. 먼저 공통으로 가지는 3개의 매개 변수는 다음과 같다.

- `String table`: 삽입 연산을 수행할 테이블의 이름이다. 테이블을 생성할 때 는 주어진 이름과 동일해야 한다.
- `String nullColumnHack`: ContentValues에 데이터가 없을 경우, null로 설정 할 컬럼을 지정한다.
- `ContentValues values`: 테이블에 삽입할 데이터를 가진다.

ContentValues는 값이 `String` 키에 상응하는 맵<sup>map</sup>과 비슷하다. ContentValues 는 여러 가지 오버로드<sup>overload</sup>된 put 함수를 가지고 있으며, 이 함수는 타입 안전성<sup>type-safety</sup>을 제공한다. 다음은 put 함수의 목록이다.

- `void put(String key, Byte value)`
- `void put(String key, Integer value)`
- `void put(String key, Float value)`
- `void put(String key, Short value)`
- `void put(String key, byte[] value)`
- `void put(String key, String value)`
- `void put(String key, Double value)`
- `void put(String key, Long value)`
- `void put(String key, Boolean value)`

각 put 함수는 매개 변수로 `String` 키와 값을 받는다. ContentValues를 사용해 데이터베이스에 데이터를 삽입할 때 key 매개 변수는 테이블의 컬럼 이름과 일치해 야 한다.

오버로드된 put 함수 목록과 더불어 다른 ContentValues 객체의 밸류를 추가 하기 위한 `put(ContentValues)` 함수와 테이블 컬럼에 null 밸류를 추가할 수 있는

putNull(String key) 함수도 있다.

일반적으로 ContentValues의 새로운 인스턴스를 생성하고 테이블에 삽입할 모든 값을 추가한다. 그런 다음 SQLiteDatabase의 삽입 함수 중 하나의 함수를 선택해 ContentValues 객체를 전달한다. 코드 5.1은 ContentValues의 일반적인 사용법을 보여준다.

**코드 5.1** SQLiteDatabase.insert()로 데이터 삽입하기

```
int id = 1;
String firstName = "Bob";
String lastName = "Smith";

ContentValues contentValues = new ContentValues();
contentValues.put("id", id);
contentValues.put("first_name", firstName);
contentValues.put("last_name", lastName);

SQLiteDatabase db = getDatabase();
db.insert("people", null, contentValues);
```

코드 5.1은 SQLiteDatabase.insert()의 nullColumnHack의 값으로 null을 전달한다. 왜냐하면 values 매개 변수로 무엇을 사용했는지 알고 있고, ContentValues 객체에 적어도 하나의 컬럼이 있다고 보장할 수 있기 때문이다. 그러나 이 상황은 일반적인 경우가 아니라 nullColumnHack 매개 변수가 왜 필요한지 나타낸다.

nullColumnHack을 더 설명하기 위해 테이블에 삽입하려는 ContentValues 객체가 키/값 쌍을 가지지 않는다고 생각해보자. 이 상황은 어떠한 컬럼에도 데이터를 삽입하지 않고 삽입 연산을 시도할 것이다. 이러한 삽입 연산문은 SQL에서 오류를 일으킨다. 왜냐하면 삽입 연산문은 데이터를 삽입할 때 적어도 하나의 컬럼을 지정해야 하기 때문이다. "비어 있는 ContentValues" 상황을 예방하기 위해 null로 설정될 컬럼명을 nullColumnHack 매개 변수로 사용한다. ContentValues 인스턴스의 키처럼 nullColumnHack 매개 변수의 문자열 값은 삽입 연산이 행해지는 테이블의 컬럼명과 일치해야 한다.

코드 5.2는 nullColumnHack 매개 변수의 사용법을 나타낸다. 코드 5.2를 실행하면 컬럼 last_name은 null 값을 가질 것이다.

**코드 5.2** nullColumnHack으로 Null 컬럼 지정하기

```
ContentValues contentValues = new ContentValues();
SQLiteDatabase db = getDatabase();
db.insert("people", "last_name", contentValues);
```

SQLiteDatabase의 세 가지 함수는 long을 반환한다. 반환된 값은 삽입된 로우의 ID이거나 연산 수행 중 에러가 생긴다면 -1이다.

코드 5.1, 5.2의 예제에서 데이터베이스 테이블에 로우를 삽입하기 위해 매우 간단한 삽입 함수를 사용했다. 이 함수는 삽입 연산을 수행하고 에러가 발생하면 -1을 반환한다. 다른 2개의 삽입 함수는 에러를 각각 다르게 처리한다.

SQLiteDatabase.insertOrThrow()는 SQLiteDatabase.insert()와 비슷하다. 그러나 로우 삽입 과정에 에러가 발생하면 SQLException을 던진다. SQLiteDatabase.insertOrThrow()는 SQLiteDatabase.insert()와 동일한 매개 변수와 반환 타입을 가진다. 이 함수는 table 매개 변수로 String, nullColumnHack 매개 변수로 String, values 매개 변수로 ContentValues를 받는다.

SQLiteDatabase.insertWithConflict(String table, String nullColumnHack, ContentValues values, int conflictAlgorithm)는 다른 2개의 삽입 함수와 조금 다르게 동작한다. 이 함수는 삽입 연산 과정에서 충돌 해결conflict resolution을 지원한다. UNIQUE 제약사항이 있는 컬럼에 중복으로 로우를 삽입하거나 기본 키에 데이터를 중복 삽입할 때, 삽입 충돌이 발생한다. 예를 들어, 표 5.1의 데이터베이스 테이블을 생각해보자.

**표 5.1** 데이터베이스 테이블 예제

| first_name | last_name | id* |
|---|---|---|
| Bob | Smith | 1 |
| Ralph | Taylor | 2 |
| Sabrina | Anderson | 3 |
| Elizabeth | Hoffman | 4 |
| Abigail | Elder | 5 |

표 5.1에서 id 컬럼은 기본 키고 모든 로우를 식별할 수 있는 유일무이한 값을 가져야 한다. 그래서 id가 1인 값을 가지는 로우를 삽입하면 SQL에서 에러가 발생한다. 왜냐하면 UNIQUE 제약 사항에 위배되기 때문이다.

이 시나리오에서 앞의 두 가지 함수는 -1(SQLiteDatabase.insert())을 반환하거나 예외(SQLiteDatabase.insertOrThrow())를 던진다. 하지만 SQLiteDatabase.insertWithConflict()는 네 번째 int 매개 변수를 사용해 삽입 충돌을 해결하는 방법을 정한다. 충돌 해결 알고리즘은 SQLiteDatabase에서 상수로 정의돼 있으며, 다음 목록 중에서 하나를 사용한다.

- SQLiteDatabase.CONFLICT_ROLLBACK: 현재 삽입문을 중단한다. 삽입이 트랜잭션의 일부분이면, 이전에 수행된 연산문을 되돌리고 insertWithOnConflict() 함수는 SQLiteDatabase.CONFLICT_FAIL을 반환한다.

- SQLiteDatabase.CONFLICT_ABORT: 현재 연산문을 중단한다. 삽입이 트랜잭션의 일부분이면, 이전에 수행된 연산문은 그대로 둔다.

- SQLiteDatabase.CONFLICT_FAIL: SQLiteDatabase.CONFLICT_ABORT와 비슷하다. 현재 삽입문을 중단할 뿐만 아니라 SQLITE_CONSTRAINT를 반환 코드로 반환한다.

- SQLiteDatabase.CONFLICT_IGNORE: 현재 연산문은 건너뛰고 트랜잭션의 다른 모든 연산문은 진행한다. 이 상수를 사용하면 에러 값을 반환하지 않는다.

- SQLiteDatabase.CONFLICT_REPLACE: 테이블에 현재 충돌하는 로우를 제거하고 새로운 로우를 삽입한다. 이 상수를 사용하면 에러를 반환하지 않는다.

■ SQLiteDatabase.NONE: 충돌 해결을 사용하지 않는다.

## 테이블에서 로우 수정하기

데이터베이스에 데이터를 삽입할때 종종 수정할 필요가 생긴다. 앞에서 설명한 세 가지 삽입 함수처럼, SQLiteDatabase는 수정 연산을 실행할 때 사용하는 2개의 수정 함수를 제공한다.

■ int update(String table, ContentValues values, String whereClause, String[] whereArgs)

■ int updateWithOnConflict(String table, ContentValues values, String whereClause, String[] whereArgs, int conflictAlgorithm)

삽입 함수와 비슷하게 두 함수 모두 동일한 4개의 매개 변수를 가지고 update WithOnConflict()는 충돌 해결 방법을 정의하는 다섯 번째 매개 변수를 가진다.

다음은 공통적인 네 가지 매개 변수를 나열했다.

■ String table: 수정 연산을 수행할 테이블 이름을 정의한다. 삽입문처럼, 이 문자열은 데이터베이스 스키마에서 테이블 이름과 일치해야 한다.

■ ContentValues values: 수정할 값과 컬럼을 저장한 키/값 쌍을 가진다.

■ String whereClause: UPDATE SQL문의 WHERE절을 정의한다. 이 문자열은 "?"를 포함할 수 있으며, whereArgs 매개 변수의 값으로 변경된다.

■ String[] whereArgs: whereClause에 대입할 변수를 제공한다.

코드 5.3은 SQLiteDatabase.update() 예제를 보여준다.

**코드 5.3** 수정하기 예제

```
String firstName = "Robert"

ContentValues contentValues = new ContentValues();
contentValues.put("first_name", firstName);
```

```
SQLiteDatabase db = getDatabase();
db.update("people", contentValues, "id = ?", new String[] {"1"});
```

코드 5.3은 id가 1인 사람의 이름을 수정한다. 첫째, ContentValues 객체를 생성해 수정할 값을 저장한다. 그리고 SQLiteDatabase.update()를 호출해 연산문을 데이터베이스에 전달한다. whereClause, whereArgs 매개 변수를 사용해 특정 로우를 지정한다. 코드 5.3에서 굵은 글씨로 나타냈다. whereClause 매개 변수의 "?"는 변수로 대체할 일종의 플레이스홀더placeholder다. 연산문이 데이터베이스에 전달될 때, 플레이스홀더를 문자열 배열의 whereArgs 매개 변수로 교체한다. 코드 5.3은 하나의 플레이스홀더를 가지고 있기 때문에 문자열 배열의 크기는 1이 돼야 한다. 여러 플레이스홀더를 사용하면, 문자열 배열 요소 순서대로 플레이스홀더가 교체된다. whereClause, whereArgs 매개 변수에 null을 전달하면 테이블의 모든 로우에 수정문이 실행될 것이다.

표 5.2는 코드 5.3을 표 5.1에서 실행한 결과를 보여준다. id 1을 가지는 로우의 변경사항을 굵은 글씨로 나타냈다.

코드 5.3의 whereClause는 기본적으로 하나의 컬럼과 연결한다. 수정 함수를 사용하면 어떠한 SQL whereClause도 만들 수 있다.

**표 5.2** update() 호출 후 person 테이블

| first_name | last_name | id* |
|------------|-----------|-----|
| Robert | Smith | 1 |
| Ralph | Taylor | 2 |
| Sabrina | Anderson | 3 |
| Elizabeth | Hoffman | 4 |
| Abigail | Elder | 5 |

SQLiteDatabase의 두 가지 수정 함수는 수정문을 적용한 로우 개수를 반환한다.

## 테이블 로우 치환하기

SQLiteDatabase는 삽입, 수정 연산과 더불어 SQLiteDatabase.replace() 함수를 사용해 SQL 치환 연산을 제공한다. SQLite에서 치환 연산은 INSERT OR REPLACE와 같다. 테이블에 로우가 존재하지 않으면 삽입하고, 존재한다면 수정한다.

> **노트**
>
> 이 부분은 수정 연산과 다르다. 왜냐하면 수정 연산은 로우가 존재하지 않으면 삽입하지 않기 때문이다.

SQLiteDatabase에는 두 가지 버전의 replace() 함수가 있다. 그것은 바로 SQLite Database.replace(), SQLiteDatabase.replaceOrThrow()이다. 이 두 함수는 같은 매개 변수를 가진다.

- String table: 연산을 수행할 테이블의 이름
- String nullColumnHack: 비어 있는 ContentValues 객체의 경우, null 값을 설정하기 위한 컬럼 이름
- ContentValues initialValues: 테이블에 삽입할 값

두 replace() 함수는 새로운 로우의 ID이거나 에러 발생 시 -1을 반환한다. 게다가 replaceOrThrow()는 에러가 발생하면 예외를 던진다.

코드 5.4는 SQLiteDatabase.replace() 예제를 보여준다.

**코드 5.4** 치환하기 예제

```
String firstName = "Bob";

ContentValues contentValues = new ContentValues();
contentValues.put("first_name", firstName);
contentValues.put("id", 1);

SQLiteDatabase db = getDatabase();
db.replace("people", null, contentValues);
```

표 5.3은 코드 5.4의 `SQLiteDatabase.replace()`를 실행한 후 `people` 테이블의 상태를 보여준다. 첫 번째 로우의 `last_name` 속성이 비어 있다는 것에 주목하자. 왜냐하면 `SQLiteDatabase.replace()` 실행 중에 충돌이 있었기 때문이다. `SQLiteDatabase.replace()`에 전달하는 `ContentValues` 객체의 `id` 속성에 값 1을 지정했다. 여기서 충돌이 발생한다. 왜냐하면 `id` 속성은 테이블의 기본 키고, 1의 `id`를 가지는 로우가 이미 있기 때문이다. 이 충돌을 해결하기 위해 `SQLiteDatabase.replace()` 함수는 충돌을 일으킨 로우를 삭제하고 `ContentValues` 객체에 저장한 값으로 만든 새로운 로우를 삽입한다. `SQLiteDatabase.replace()`에 전달하는 `ContentValues` 객체는 `first_name`, `id` 속성의 값만 갖기 때문에 새로운 로우에는 이 속성 값만 삽입된다.

## 테이블에서 로우 삭제하기

수정, 삽입 연산과 다르게, `SQLiteDatabase`는 단 하나의 삭제 함수만 제공한다. 그 함수는 `SQLiteDatabase.delete(String table, String whereClause, String[] whereArgs)`이다. `delete()` 함수는 `update()` 함수와 비슷하다. 이 함수는 3개의 매개 변수를 가진다. 삭제할 로우의 테이블 이름, `whereClause`, `whereArgs`의 문자열 배열이다. `delete()` 함수의 `whereClause`, `whereArgs`의 동작 방식은 `update()` 함수의 `whereClause`와 같다. `whereClause` 매개 변수는 플레이스홀더로 "?"를 가지고, `whereArgs`는 플레이스홀더의 값을 가진다. 코드 5.5는 `delete()` 함수의 예제다.

**코드 5.5** 삭제 함수 예제

```
SQLiteDatabase db = getDatabase();
db.delete("people" "id = ?", new String[]{ "1" });
```

**표 5.3** replace() 호출 후 person 테이블

| first_name | last_name | id* |
|------------|-----------|-----|
| Bob        |           | 1   |
| Ralph      | Taylor    | 2   |
| Sabrina    | Anderson  | 3   |
| Elizabeth  | Hoffman   | 4   |
| Abigail    | Elder     | 5   |

**표 5.4** 테이블의 로우 삭제

| first_name | last_name | id* |
|------------|-----------|-----|
| Ralph      | Taylor    | 2   |
| Sabrina    | Anderson  | 3   |
| Elizabeth  | Hoffman   | 4   |
| Abigail    | Elder     | 5   |

표 5.2는 코드 5.5의 실행 결과를 보여준다. id 값이 1인 로우가 삭제됐다.


## 트랜잭션

지금까지 설명한 삽입, 수정, 삭제 연산은 데이터베이스의 테이블과 로우를 조작했다. 각 연산은 원자성(독립적으로 성공하거나 실패한다)을 갖지만, 각 연산을 하나의 집합으로 묶고, 그 집합을 원자성[atomic]으로 연산할 필요가 종종 생긴다. 데이터베이스 무결성을 유지하려면 모든 연산이 성공해야 하기 때문에 서로 관계 있는 연산들이 집합을 이루어 데이터베이스를 조작해야 한다. 이러한 경우를 위해 데이터베이스 트랜잭션을 사용하면 연산의 집합 원자성을 보장할 수 있다. 안드로이드의 SQLiteDatabase 클래스는 다음의 함수로 트랜잭션을 지원한다.

- void beginTransaction(): 트랜잭션을 시작한다.
- void setTransactionSuccessful(): 트랜잭션을 커밋[commit]해야 한다고 명시한다.

■ void endTransaction(): setTransactionSuccessful()를 호출했다면 트랜
  잭션을 커밋하고 종료한다.

## 트랜잭션 이용하기

트랜잭션은 SQLiteDatabase.beginTransaction() 함수로 시작한다. 일단 트랜
잭션을 시작하면, 데이터 조작 함수(insert(), update(), delete())가 호출된다. 모
든 조작 함수의 호출이 완료되면, 트랜잭션을 SQLiteDatabase.endTransaction()
으로 종료한다. 모든 연산을 커밋하고 트랜잭션을 성공적으로 종료하려
면 SQLiteDatabase.endTransaction()을 호출하기 전에 SQLiteDatabase.
setTransactionSuccessful() 호출해야 한다. 만약, setTransactionSuccessful()
을 호출하지 않고 endTransaction()을 호출하면, 트랜잭션의 모든 연산은 무효가
되고, 트랜잭션이 롤백roll-back될 것이다.

setTransactionSuccessful()의 호출은 endTransaction() 과정에 영향을 주기
때문에 setTransactionSuccessful()과 endTransaction() 사이에 데이터베이스
와 관련 없는 연산의 횟수를 제한하는 것이 매우 중요하다. 게다가 두 함수 사이에
추가적인 데이터베이스 조작 연산을 하면 안 된다. setTransactionSuccessful()
을 호출하면, 그 후에 에러가 발생하더라도 트랜잭션을 성공했다고 표시하고
endTransaction()에서 커밋한다.

코드 5.6은 안드로이드에서 트랜잭션의 시작, 성공 표시, 종료하는 방법을 보여
준다.

**코드 5.6** 트랜잭션 예제

```
SQLiteDatabase db = getDatabase();
db.beginTransaction();

try {
// insert/update/delete
// insert/update/delete
// insert/update/delete
```

```
db.setTransactionSuccessful();
} finally {
db.endTransaction();
}
```

트랜잭션에서 발생하는 데이터베이스 연산과 `setTransaction()`은 `try` 블럭에서, `endTransaction()`은 `finally` 블럭에서 일어나야 한다. 이는 데이터베이스가 변경되는 동안 처리되지 않은 예외가 발생하더라도 트랜잭션의 종료를 보장한다.

## 트랜잭션과 성능

트랜잭션은 여러 가지 데이터 조작 연산의 원자성을 보장해 데이터 무결성을 유지하도록 도와주기도 하지만, 안드로이드에서 데이터베이스 성능을 증가시키는 데 사용하기도 한다. 자바에서 수행하는 어떤 연산처럼, 트랜잭션 내부에서 SQL문의 실행은 오버헤드가 생긴다. 하나의 트랜잭션은 데이터 조작 루틴에 많은 양의 오버헤드를 발생시키지 않지만, 모든 `insert()`, `update()`, `delete()`는 각 트랜잭션에서 이루어진다는 것을 알아야 한다. 따라서 테이블에 100개의 레코드 삽입은 100개 각각의 트랜잭션이 시작, 성공, 종료한다는 것을 의미한다. 이 말은 데이터 조작 함수 호출이 많으면 심각한 문제를 일으킬 수 있다는 뜻이다.

많은 데이터 조작 함수를 가능한 한 빨리 호출하기 위해 수동으로 여러 함수를 하나의 트랜잭션으로 결합하는 것이 좋다. 이미 트랜잭션 내부에서 `insert()`/`update()`/`delete()`의 호출이 일어나면, 안드로이드 SDK는 그 하나의 연산에 대한 또한 다른 트랜잭션을 시작하지 않는다. 몇 줄의 코드로 앱의 데이터 조작 연산 속도를 크게 올릴 수 있다. 100개의 데이터 조작 연산을 하나의 트랜잭션으로 묶으면 5배에서 10배의 속도를 낼 수 있다. 연산의 횟수와 복잡도가 증가할수록 이러한 성능은 향상될 수 있다.

# 질의하기

지금까지 5장에서 데이터 삽입, 수정, 삭제를 설명했다. 데이터베이스 CRUD 의 마지막 부분은 "데이터베이스에서 데이터 조회하기"다. 삽입, 수정 연산처 럼 SQLiteDatabase는 데이터를 조회하기 위해 여러 가지 함수를 제공한다. 또한 SQLiteDatabase는 자바 문자열을 사용해 자유로운 형식의 질의를 만드는 함수도 제공한다. SQLiteQueryBuilder 클래스는 조인과 같은 복잡한 질의를 하는 데 도움 을 준다.

## 편리한 질의 함수

안드로이드에서 질의를 하는 가장 쉬운 방법은 SQLiteDatabase 클래스의 함수를 사용하는 것이다. 이 함수들은 오버로드된 SQLiteDatabse.query() 함수다. 각 query() 함수는 다음과 같은 매개 변수를 가진다.

- String table: 질의할 테이블의 이름을 나타낸다.
- String[] columns: 질의 결과에 포함시킬 컬럼을 나타낸다.
- String selection: SELECT문의 WHERE절을 정의한다. 이 문자열은 "?"를 포 함할 수 있고, selectionArgs 매개 변수의 값으로 변경된다.
- String[] selectionArgs: selection 매개 변수의 "?"의 교체 값을 나타낸다.
- String groupBy: 결과를 어떻게 그룹핑할지 정한다. 이 매개 변수는 SQL에 서 GROUP BY에 해당한다.
- String having: SQL의 SELECT문에서 HAVING절에 해당한다. 이 절은 그룹 또 한 SQL 집계 연산을 위한 검색 매개 변수를 정의한다.
- String orderBy: 질의에서 나온 결과의 정렬 방법을 정한다. SELECT문의 ORDER BY절에 해당한다.

table, columns, selection, selectionArgs 매개 변수는 5장의 첫 부분에 설명 한 다른 연산과 동일한 방법으로 동작한다. 다만, query() 함수는 GROUP BY, HAVING, ORDER BY절이 있다는 것이 다르다. 이 절을 사용하면 앱이 SQL의 SELECT문과 동일한 방식으로 질의할 수 있다.

질의 함수는 커서 객체를 반환하는데, 이는 질의로 나온 결과를 반영한다. 코드 5.7은 people 테이블에서 데이터를 질의하는 방법을 보여준다.

**코드 5.7** 간단한 질의

```
SQLiteDatabase db = getDatabase();

Cursor result = db.query("people",
        new String[] {"first_name", "last_name"},
        "id = ?",
        new String[] {"1"},
        null,
        null,
        null);
```

코드 5.7은 1의 id를 가지는 로우의 first_name, last_name 컬럼 값을 반환한다. 이 질의문은 GROUP BY, HAVING, ORDER BY 절에 null을 전달한다. 왜냐하면 결과의 크기가 1이고, 그 결과에 아무런 영향을 끼치지 않기 때문이다.

또한 query() 함수는 columns 매개 변수에 null 값을 전달함으로써 테이블의 모든 컬럼 값을 반환할 수 있다. 하지만 원하는 테이블 컬럼을 지정하는 것이 모든 컬럼을 반환하는 것보다 좋다.

테이블의 모든 로우를 반환하기 위해 selection, selectionArgs 매개 변수에 null 값을 전달한다. 코드 5.8은 테이블의 모든 로우를 반환하고, 그 결과를 ID의 내림차순으로 정렬한다.

**코드 5.8** 테이블의 모든 로우 반환하기

```
SQLiteDatabase db = getDatabase();

Cursor result = db.query("people",
        new String[] {"first_name", "last_name"},
        null,
        null,
```

```
            null,
            null,
            "id DESC");
```

## 문자열 질의 함수

query() 함수로 앱이 필요한 충분한 질의를 만들지 못한다면, SQLiteDatabase.rawQuery() 함수를 대신 사용할 수 있다. query() 함수처럼, rawQuery() 함수도 오버로드 돼 있다. 하지만 rawQuery() 함수는 2개의 매개 변수, String인 실행할 질의문, String[]인 플레이스홀더 교체 값을 가진다. 코드 5.9는 코드 5.7과 동일한 질의를 rawQuery() 함수를 사용해 질의하는 방법을 보여준다.

**코드 5.9** rawQuery() 함수 사용하기

```
SQLiteDatabase db = getDatabase();
Cursor result = db.rawQuery("SELECT first_name, last_name " +
                            "FROM people " +
                            "WHERE id = ?",
        new String[] {"1"});
```

query() 함수와 마찬가지로 rawQuery()는 결과를 반영하는 커서 객체를 반환한다. 호출자는 query() 함수에서 나온 결과를 처리하는 방식과 동일하게 커서를 읽을 수 있다.

앱이 rawQuery() 함수를 사용하면 조인, 부속 질의sub-query, 유니온union과 같은 복잡한 질의나 SQLite가 지원하는 다른 SQL 질의를 할 수 있다. 하지만 보통 앱 개발자를 자바 코드로 질의하도록 강제한다(아니면 문자열 리소스를 읽어서 질의). 그러나 이 방법은 복잡한 질의를 다루기 때문에 어렵다.

안드로이드 SDK는 더 복잡한 질의를 하기 위해 SQLiteQueryBuilder 클래스를 제공한다. SQLiteQueryBuilder 클래스는 다음 장에서 ContentProvider와 함께 설명한다.

# 커서

커서<sup>cursor</sup>는 안드로이드 데이터베이스에 질의로 나온 결과를 담고 있다. Cursor 클래스는 질의로 나온 결과를 읽을 수 있는 API를 제공하고(타입 안전성), 로우를 순회할 수 있다.

## 커서 데이터 읽기

질의로 커서를 반환하면, 앱은 그 결과를 순회해 커서의 컬럼 데이터를 읽을 수 있다. 내부적으로 커서는 질의로 반환된 로우 데이터와 현재 로우를 가르키는 위치를 가지고 있다. query() 함수가 커서를 반환하면, 위치는 첫 번째 로우의 앞을 가르킨다. 이 말은 커서의 로우를 읽기 전에, 유효한 로우를 가르켜야 한다는 뜻이다.

Cursor 클래스는 내부 위치를 조정하기 위해 다음과 같은 함수를 제공한다.

- boolean Cursor.move(int offset): 커서의 위치를 주어진 오프셋으로 옮긴다.
- boolean Cursor.moveToFirst(): 커서의 위치를 첫 번째 로우로 옮긴다.
- boolean Cursor.moveToLast(): 커서의 위치를 마지막 로우로 옮긴다.
- boolean Cursor.moveToNext(): 커서의 위치를 현재 위치에서 다음 로우로 옮긴다.
- boolean Cursor.moveToPosition(int position): 커서의 위치를 주어진 곳으로 옮긴다.
- boolean Cursor.moveToPrevious(): 커서의 위치를 현재에서 이전으로 옮긴다.

각 move() 함수는 boolean을 반환해 연산이 성공했는지, 실패했는지 나타낸다. 이 반환 값은 커서의 로우를 순회할 때 유용하게 쓸 수 있다.

코드 5.10은 people 테이블의 모든 데이터를 가지는 커서 데이터를 읽는 코드다.

**코드 5.10** 커서 데이터 읽기

```
SQLiteDatabase db = getDatabase();

String[] columns = {"first_name",
        "last_name",
        "id"};

Cursor cursor = db.query("people",
        columns,
        null,
        null,
        null,
        null,
        null);

while(cursor.moveToNext()) {
    int index;

    index = cursor.getColumnIndexOrThrow("first_name");
    String firstName = cursor.getString(index);

    index = cursor.getColumnIndexOrThrow("last_name");
    String lastName = cursor.getString(index);

    index = cursor.getColumnIndexOrThrow("id");
    long id = cursor.getLong(index);

    //... do something with data
}
```

코드 5.10은 query() 결과로 나온 커서를 while문으로 순회한다. 커서를 순회하면서 로우를 제어해야 한다면 이 패턴이 유용하다. 만약, 다른 코드가 커서를 참조할 수 있다면(예를 들어, 커서를 함수의 매개 변수로 전달했을 때), 커서를 알려진 위치로 설정해야 한다. 왜냐하면 현재 위치가 첫 번째 로우 앞에 위치하지 않을 수도 있기 때문이다.

커서 위치가 유효한 로우를 가르키면 로우의 컬럼을 읽을 수 있다. 코드 5.10에서 데이터를 읽기 위해 2개의 함수 `Cursor.getColumnIndexOrThrow()`와 `get()` 타입의 함수 중 하나를 사용한다.

`Cursor.getColumnIndexOrThrow()` 함수는 어떤 컬럼을 읽을지 컬럼명을 String 매개 변수로 받는다. 이 String 값은 `query()` 함수에 전달한 columns 매개 변수의 문자열 중 하나를 선택해야 한다. `Cursor.getColumnIndexOrThrow()`는 커서에 컬럼명이 존재하지 않으면 예외를 발생시키는데, 보통 컬럼이 `query()` 함수의 columns 매개 변수에 포함되지 않을 경우에 발생한다. 또한 Cursor 클래스는 `Cursor.getColumnIndex()` 함수를 제공하는데, 이 함수는 컬럼명을 찾을 수 없을 경우 예외를 발생시키지 않고 -1을 반환한다.

컬럼 인덱스를 찾으면, 로우의 데이터를 반환받기 위해 찾은 컬럼 인덱스를 `get()` 함수 중 하나에 전달한다. `get()` 함수로 로우의 컬럼에 해당하는 데이터를 반환한 후, 앱이 그 데이터를 사용할 수 있다. Cursor 클래스는 로우의 데이터를 읽기 위해 다음과 같은 함수를 제공한다.

- `byte[] Cursor.getBlob(int columnIndex)` : byte[] 값을 반환한다.
- `double Cursor.getDouble(int columnIndex)` : double 값을 반환한다.
- `float Cursor.getFloat(int columnIndex)` : float 값을 반환한다.
- `int Cursor.getInt(int columnIndex)` : int 값을 반환한다.
- `long Cursor.getLong(int columnIndex)` : long 값을 반환한다.
- `short Cursor.getShort(int columnIndex)` : short 값을 반환한다.
- `String Cursor.getString(int columnIndex)` : String 값을 반환한다.

## 커서 관리하기

커서 내부는 데이터베이스에 접속해 질의로 나온 데이터 같은 많은 양의 리소스를 포함할 수 있다. 따라서 커서를 적절하게 관리해야 하고, 메모리 누수를 방지하기 위해 사용하지 않을 경우 정리해야 한다. Cursor 클래스는 이를 위해 `Cursor.close()` 함수를 제공한다. 액티비티나 프래그먼트가 커서를 더 이상 쓰지 않을 경우, 이 함수를 호출해야 한다.

안드로이드 3.0 버전 이하에서는 커서 관리를 개발자에게 떠넘겼다. 개발자는 직접 커서를 닫거나, 액티비티에게 커서가 사용 중이면 적절한 시점에 커서를 닫으라고 알려야 했다.

안드로이드 3.0에서 액티비티/프래그먼트를 위한 커서를 관리할 수 있는 로더 프레임워크$^{loader\ framework}$를 소개했다. 로더 프레임워크는 안드로이드 옛날 버전을 지원하기 위해 서포트 라이브러리$^{support\ library}$에 추가돼왔다. 로더 프레임워크를 사용하면, 더 이상 `Cursor.close()`을 호출할 필요 없고, 액티비티/프래그먼트가 커서를 관리하지 않아도 된다.

## CursorLoader

지금까지 `SQLiteDatabase`를 사용해 안드로이드 데이터베이스 연산을 수행하는 방법을 저수준에서 설명했다. 안드로이드 데이터베이스는 파일 시스템에 저장돼 있다. 이 말은 앱이 사용자에게 즉시 반응해야 하기 때문에 메인 스레드에서 데이터베이스의 접근을 피해야 한다는 뜻이다. 메인 스레드가 아닌 다른 스레드를 사용한 데이터베이스 접근은 비동기 메커니즘과 관련돼 있다. 여기서 비동기 메커니즘이란, 데이터베이스 접근을 요청하면 미래의 한 시점에 요청에 대한 응답이 오는 것을 말한다. 오직 UI 스레드로 뷰를 수정할 수 있기 때문에 다른 스레드에서 데이터베이스 질의를 하더라도 앱은 UI 스레드로 뷰를 수정해야 한다.

UI 스레드에서 결과를 받을 수도 있지만, 안드로이드는 긴 시간이 걸리는 작업을 다른 스레드에서 실행할 수 있도록 여러 가지 툴을 제공한다. 그러한 툴 중 하나가 로더 프레임워크다. 데이터베이스에 접근하기 위해 사용하는 `CursorLoader`라 불리는 특화된 Loader 컴포넌트가 있다. `CursorLoader`는 액티비티 생명주기에 맞춰 커서의 생명주기를 관리할 뿐만 아니라 백그라운드 스레드에서 질의를 실행하고, 결과를 메인 스레드에서 다룬다.

## CursorLoader 생성하기

CursorLoader에는 여러 가지 API가 있다. CursorLoader는 커서를 다루기 위해 안드로이드 로더 프레임워크의 특화된 구성원이다. 일반적으로 CursorLoader는 ContentProvider를 사용해 데이터베이스에 질의하고 커서를 반환 받은 후 액티비티나 프래그먼트에 전달한다.

> **노트**
>
> ContentProvider는 "6장, 콘텐트 프로바이더"에서 자세히 설명한다. 지금은 단지 'ContentProvider는 SQLiteDatabase가 제공하는 기능을 추상적으로 제공하기 때문에 액티비티가 직접적으로 SQLiteDatabase 객체를 호출할 필요가 없다'라는 것만 알아두자.
>
> 액티비티는 단지 LoaderManager를 사용해 CursorLoader를 시작하고, CursorLoader 이벤트의 콜백에 응답해야 한다.

액티비티는 CursorLoader를 사용하기 위해 LoaderManager 인스턴스를 가진다. LoaderManager는 CursorLoader를 포함한 액티비티, 프래그먼트의 모든 로더를 관리한다.

액티비티나 프래그먼트가 LoaderManager의 참조를 가지면, LoaderManager. LoaderCallbacks 인터페이스를 구현한 객체를 LoaderManager.initLoader()에 전달해 로더를 초기화할 수 있다. LoaderManager.LoaderCallbacks 인터페이스는 다음과 같은 함수를 제공한다.

- Loader<T> onCreateLoader(int id, Bundle args)
- void onLoadFinished(Loader<T> loader, T data)
- void onLoaderReset(Loader<T> loader)

LoaderCallbacks.onCreateLoader()는 새로운 로더를 생성하고 LoaderManager에 반환한다. LoaderCallbacks.onCreateLoader()는 데이터베이스에 질의(ContentProvider를 통해)하기 위해 필요한 정보를 담은 CursorLoader 객체를 생성하고 초기화한 후에 반환한다.

코드 5.11은 CursorLoader를 반환하는 onCreateLoader() 함수를 구현했다.

**코드 5.11** onCreateLoader() 구현

```
@Override
public Loader<Cursor> onCreateLoader(int id, Bundle args) {
    Loader<Cursor> loader = null;
    switch (id) {
        case LOADER_ID_PEOPLE:
            loader = new CursorLoader(this,
                    PEOPLE_URI,
                    new String[] {"first_name", "last_name", "id"},
                    null,
                    null,
                    "id ASC");
            break;
    }
    return loader;
}
```

코드 5.11에서 onCreateLoader() 함수는 첫째로 어떤 로더를 생성해야 할지 식별하기 위해 ID를 확인한다. 그리고 새로운 CursorLoader의 인스턴스를 생성하고 호출자에게 반환한다.

CursorLoader 생성자는 데이터베이스에 질의를 하기 위해 매개 변수를 받는다. 코드 5.11의 CursorLoader 생성자는 다음과 같은 매개 변수를 받는다.

- Context context: 로더가 필요한 애플리케이션 컨텍스트를 제공한다.
- Uri uri: 어디에 질의할 것인지 테이블을 정의한다.
- String[] projections: 질의의 SELECT절을 정의한다.
- String selection: 질의의 WHERE절을 정의한다. 플레이스홀더로 "?"가 포함될 수 있다.
- String[] selectionArgs: 플레이스홀더의 교체 값을 정의한다.
- String sortOrder: 질의의 ORDER BY절을 정의한다.

마지막 4개의 매개 변수 projections, selection, selectionArgs, sortOrder는 SQLiteDatabase.query()에 전달되는 매개 변수와 비슷하다. 사실 모두 같은 역할을 한다.

데이터가 로드되면, Loader.Callbacks.onLoadFinished()가 호출되고 커서의 데이터를 사용할 수 있다. 코드 5.12는 onLoadFinished()를 보여준다.

**코드 5.12** onLoadFinished() 구현

```
@Override
public void onLoadFinished(Loader<Cursor> loader, Cursor data) {
  while(data.moveToNext()) {
     int index;

     index = data.getColumnIndexOrThrow("first_name");
     String firstName = data.getString(index);

     index = data.getColumnIndexOrThrow("last_name");
     String lastName = data.getString(index);

     index = data.getColumnIndexOrThrow("id");
     long id = data.getLong(index);

     //... do something with data
}
```

코드 5.12가 코드 5.10에서 SQLiteDatabase.query()가 직접적으로 호출하는 것과 비슷하다는 것에 주목하라. 코드 5.12의 질의 결과는 거의 동일하다. 또한 LoaderManager를 사용하면, 액티비티는 Cursor.close()를 호출할 필요가 없고 다른 스레드에서 데이터베이스 질의를 만들 필요도 없다. 이 모든 작업을 로더 프레임워크가 해준다.

onLoadFinished()에 대해 또한 다른 중요한 점이 있다. 이 함수는 데이터를 초기화할 때 호출되기도 하지만, 안드로이드 데이터베이스가 데이터의 변경사항을 발견할 때도 호출된다. 이 기능을 활성화하려면 ContentProvider에 단 한 줄의 코

드만 추가하면 된다. 이는 다음 장에서 알아본다. 질의한 데이터를 코드의 어떤 한 부분에서 받고 뷰를 수정하면 매우 편리하다. 이 구조는 개발자가 데이터의 변경 사항을 액티비티에 명시적으로 알리지 않고 액티비티가 쉽게 변경사항에 반응할 수 있게 한다. LoaderManager는 생명주기를 다루고 필요할 때 언제 재질의를 하고 LoaderManager에 전달하는지 알고 있다.

CursorLoader를 사용하기 위해 구현해야 할 함수가 한 가지 더 있다. 그것은 LoaderManager.Callbacks.onLoaderReset(Loader<T> -loader)다. 이 함수는 이미 생성된 로더가 리셋되고 데이터를 더 이상 사용하면 안 될 때 LoaderManager가 호출한다. 이 말은 일반적으로 onLoadFinished()가 제공한 커서의 참조를 버려야 한다는 뜻이다. 왜냐하면 참조가 더 이상 활성화된 상태가 아니기 때문이다. 만약 커서의 참조가 지속적이지 않다면 onLoaderReset() 함수는 비어 있을 수 있다.

## CursorLoader 시작하기

지금까지 CursorLoader의 사용 방법을 설명했다. 이제 LoaderManager로 어떻게 데이터를 불러오는지 알아보자. 많은 사례에서 액티비티, 프래그먼트가 LoaderManager.Callbacks 인터페이스를 구현한다. 왜냐하면 액티비티나 프래그먼트가 커서의 결과를 다뤄 뷰를 수정해야 하기 때문이다. 데이터를 불러오기를 시작하려면 LoaderManager.initLoader()를 호출해야 한다. 이 함수를 호출하면 로더가 생성되고, onCreateLoader()를 호출해 데이터를 불러온 후 onLoadFinished()를 호출한다. 액티비티, 프래그먼트는 getLoaderManager()를 호출해 LoaderManager 객체를 가져올 수 있다. 그리고 LoaderManager.initLoader()를 호출해 로드 과정을 시작할 수 있다. LoaderManager.initLoader()는 다음과 같은 매개 변수를 가진다.

- int id: 로더의 ID. 이 ID는 onCreateLoader()에 전달하는 ID와 동일하다. 로더를 식별하는 데 쓸 수 있다(코드 5.11 확인).
- Bundle args: 로더를 생성하기 위해 필요한 데이터. 이것 또한 onCreateLoader()에 전달된다(코드 5.11 확인). 값이 null일 수 있다.

- LoaderManager.LoaderCallbacks callbacks: LoaderManager 콜백을 다루는 객체. 이 객체는 일반적으로 initLoader()를 호출하는 액티비티나 프래그먼트다.

initLoader()는 안드로이드 컴포넌트의 생명주기에서 일찍 호출해야 한다. 액티비티에서 initLoader()는 보통 onCreate()에서 호출한다. 프래그먼트는 onActiviteCreated()에서 호출해야 한다(액티비티 생성 전에 프래그먼트에서 initLoader()를 호출하면 문제가 발생한다).

initLoader()를 호출하면, LoaderManager는 initLoader()에 전달된 ID에 해당하는 로더가 이미 있는지 확인한다. 해당하는 로더가 없으면, onCreateLoader()를 호출해 로더를 얻고 ID와 연관시킨다. 만약 ID에 해당하는 로더가 있다면, initLoader()는 이미 존재하는 로더 객체를 계속 사용한다. 호출자가 시작된 상태고, 이미 ID에 해당하는 로더가 있는 상태에서 그 로더가 이미 데이터를 불러왔다면, initLoader()에서 바로 onLoadFinished()를 호출한다. 이러한 상황은 보통 환경 설정이 바뀔 때 일어난다.

CursorLoader 생성을 위해 사용했던 질의를 바꾸려면 initLoader()를 사용할 수 없다. 일단 로더를 생성하면(CursorLoader를 정의하기 위해 질의를 사용한다는 것을 명심하라), 로더는 initLoader()에 이후에 이어지는 호출에서만 재사용된다. 만약 액티비티나 프래그먼트가 주어진 ID의 CursorLoader 생성을 위해 사용했던 질의를 바꾸려면 restartLoader()를 호출해야 한다.

## CursorLoader 재시작하기

LoaderManager.restartLoader()는 LoaderManager.initLoader()와 달리 주어진 ID와 로더를 분리하고 다시 생성한다. restartLoader()의 호출은 다시 onCreateLoader()를 호출하고, 새로운 CursorLoader 객체를 만들고, 그 객체에는 주어진 ID에 해당하는 다른 질의를 가질 수 있다. restartLoader()는 initLoader()와 동일한 매개 변수를 가지며(int id, Bundle args, LoaderManager.Callbacks callbacks), 과거의 로더를 폐기한다. restartLoader()는 CursorLoader의 질의를 바꿔야 할 때 유

용하게 쓰인다. 하지만 restartLoader() 함수는 액티비티/프래그먼트 생명주기 변화를 다루기 위해 사용하면 안 된다. 왜냐하면 액티비티/프래그먼트 생명주기는 이미 LoaderManager에서 다뤘기 때문이다.

## 요약

5장은 안드로이드 데이터베이스와 작업하기 위한 기본적인 API와 "4장, 안드로이드 SQLite"에서 소개했던 데이터베이스 생성에 이어서 설명했다. 앱이 SQLiteDatabase와 이 클래스의 create(), insert(), update(), replace(), delete() 함수를 사용하면 내부 데이터베이스를 조작할 수 있다. 또한 앱은 rawQuery() 함수를 호출해 데이터베이스의 데이터를 조회한 후 그 데이터에 맞게 동작을 취하거나 사용자에게 보여줄 수 있다.

질의 데이터는 커서의 형식으로 반환할 수 있고, 그 커서를 순회하면서 결과에 접근할 수 있다.

5장에서는 앱 데이터베이스를 사용하기 위한 저수준인 "배관"을 설명했다면, 고수준 컴포넌트도 있다. 이 고수준 컴포넌트는 앱이 멀리 떨어진 컴포넌트의 데이터에 접근할 수 있게 한다. 또한 앱과 프로세스 간에 데이터를 공유할 수 있게 한다. 다음 장에서 콘텐트 프로바이더와 함께 이 고수준 콘셉트를 배워본다.

# 6

# 콘텐트 프로바이더

6장은 "5장, 안드로이드에서 데이터베이스와 작업하기"에서 짧게 소개한 콘텐트 프로바이더에 대해 좀 더 자세히 설명할 것이다. 그리고 콘텐트 프로바이더를 어떻게 사용해야 앱 내부의 서로 다른 영역과 외부 앱 간에 데이터를 공유할 수 있는지 살펴볼 것이다. 또한 콘텐트 프로바이더를 사용하기 위해 간단한 콘텐트 프로바이더의 구현체를 살펴본다.

## REST를 닮은 콘텐트 프로바이더 API

콘텐트 프로바이더를 사용하면 앱 내부나 다른 외부 앱의 컴포넌트에 구조화된 데이터를 공개할 수 있다. 또한 콘텐트 프로바이더는 API를 제공하는데 이 API는 REST<sup>Representational State Transfer</sup>와 유사하다. 일반적으로 URI를 사용해 콘텐트 프로바이더의 데이터를 검색하기 때문에 안드로이드에서 데이터 검색은 REST와 유사한 API로 나타낸다.

RESTful API는 최근에 웹 서비스를 구현하는 방법으로 각광 받고 있다. 일반적인 RESTful API는 URL 스키마의 관례를 따르고, HTTP 메서드를 사용해 데이터를 조회, 조작한다. 예를 들어, http://api.example.com/items라는 URL 스키마의 RESTful API가 있다면, 사용자는 이 API를 사용해 웹 서비스가 지원하는 모든 아이템을 처리할 것이다. 이 URL에 HTTP GET을 요청하면 웹 서비스가 제공할 수 있는 모든 아이템의 목록을 조회할 수 있다. 하나의 아이템을 조회하고 싶다면, 사용자는 아이템의 ID를 URL의 끝에 덧붙이면 된다. 예를 들어 ID가 17에 해당하는 아이템을 조회하고 싶다면, 사용자는 http://api.example.com/items/17의 URL에 HTTL GET 요청을 할 수 있다. 이렇게 하면 웹 서비스가 제공하는 아이템을 직렬화된 형태로 받을 수 있다.

콘텐트 프로바이더는 비슷한 방식으로 동작한다. URL을 특정지으면 어떤 데이터의 연산(질의, 삽입, 수정, 삭제)을 수행할 것인지 콘텐트 프로바이더에게 알릴 수 있다. 일반적으로 콘텐트 프로바이더는 URI를 정의할 때 RESTful 패턴과 동일한 패턴을 따른다. 데이터 집합의 URI는 일반적인 URI 형식인 content://some_authority/items를 따르고, 데이터의 특정한 구성원을 접근하려면 ID를 추가하면 된다(content://some_authority/items/32).

> 📢 **노트**
>
> 콘텐트 프로바이더의 API를 정의한 실질적인 URI 스키마는 콘텐트 프로바이더가 정할 수 있다. 따라서 항상 프로바이더의 문서와 URI 명세서를 확인해야 한다.

## 콘텐트 URI

콘텐트 프로바이더 URI(콘텐트 URI라고도 부른다)는 일반적으로 다음과 같은 형식을 따른다.

- `content://authority/path`
- `content://authority/path/id`

URI의 첫 번째 부분(`content://`)은 스킴$^{scheme}$이라고 부른다. 콘텐트 URI는 항상 `con-tent://`로 시작한다.

URI의 다음 부분은 주소$^{authority}$라고 부른다. 주소는 콘텐트 프로바이더를 구별한다. 또한 안드로이드가 어떤 콘텐트 프로바이더에 요청을 보낼지 주소를 통해 정할 수 있다. 각 콘텐트 프로바이더의 주소는 안드로이드 시스템에 존재하기 때문에 모든 콘텐트 프로바이더는 이름의 충돌을 피하기 위해 각각 고유의 주소를 사용해야 한다. 주소는 표준적으로 앱의 패키지명과 뒤에 `.provider`를 붙여 안드로이드 디바이스에서 유일함을 보장한다.

콘텐트 URI의 위치path는 요청 받는 데이터를 나타낸다. 예를 들어, 데이터베이스를 지원하는 콘텐트 프로바이더는 특정 테이블을 나타내는 위치를 사용해 요청을 전달한다.

콘텐트 URI의 마지막 부분은 ID다. ID는 콘텐트 URI 위치에서 데이터를 식별할 때 사용한다. 예를 들어, ID는 위치로 정의한 테이블의 기본 키를 나타낸다. ID는 꼭 필요한 게 아니지만 사용하지 않을 경우 URI는 위치가 나타내는 모든 데이터를 참조한다.

## 콘텐트 프로바이더로 데이터 공개하기

콘텐트 프로바이더는 앱 컴포넌트에 다양한 형태의 데이터를 공개할 수 있다. 그리고 다른 앱의 컴포넌트와 공유하지 않으면 데이터 저장, 조회 방법은 달라질수 있다. 콘텐트 프로바이더는 데이터베이스에 저장된 데이터나 파일 시스템의 파일을 공개하거나 원격 웹 서버에서 데이터를 찾아올 수도 있다. 6장의 나머지 부분에서는 SQLite 데이터베이스에 저장된 데이터를 접근하는 콘텐트 프로바이더의 일반적인 사례를 살펴본다.

다음 절에는 콘텐트 프로바이더와 상호작용하기 위해 사용하는 API를 알아보고 안드로이드에서 프로바이더와 작업하기 위해 필요한 몇 가지 개념을 소개한다.

`ContentProvider`와 `ContentResolver`는 콘텐트 프로바이더 API와 작업을 할 때, 앱이 직간접적으로 상호작용하는 데 필요한 클래스다. 각 클래스를 어떻게 사용하고, 어떻게 상호작용하는지 다음 절에서 설명한다.

## 콘텐트 프로바이더 구현하기

android.content.ContentProvider는 안드로이드에서 모든 콘텐트 프로바이더의 부모 클래스다. 그 구현체는 데이터베이스에서 데이터를 반환하든, 파일 시스템의 파일을 접근하든, 웹 서비스에서 데이터를 공개하든 항상 android.content.ContentProvider를 상속한다. 또한 콘텐트 프로바이더는 적어도 android.content.ContentProvider에서 다음과 같은 상속 함수를 구현해야 한다.

- boolean onCreate()
- Uri insert(Uri uri, ContentValues values)
- int delete(Uri uri, String selection, String[] selectionArgs)
- String getType(Uri uri)
- Cursor query(Uri uri, String[] projection, String selection, String[] selectionArgs, String sortOrder)
- int update(Uri uri, ContentValues values, String selection, String[] selectionArgs)

### onCreate()

onCreate() 함수는 콘텐트 프로바이더의 생명주기에 첫 번째로 호출되고, 다른 안드로이드 컴포넌트처럼 초기화 작업을 하기 좋은 위치에 있다. 하지만 onCreate()는 메인 스레드가 호출하기 때문에 오랜 시간이 소요되는 작업을 수행하지 않는 것이 좋다. 또한 ContentProvider.onCreate()는 안드로이드의 다른 컴포넌트와 달리 콘텐트 프로바이더를 처음 접근할 때가 아닌 앱이 시작될 때 호출된다. 이 말은 앱 실행 시 onCreate() 함수를 종료하는 데 있어 지연이 발생하면 앱 전체에 영향을 미친다는 뜻이다.

콘텐트 프로바이더가 SQLite 데이터베이스 용도라면, 최초 데이터베이스에 접근할 때 주의해야 한다. 데이터베이스에 처음 접근할 때 필요에 따라 데이터베이스 업그레이드를 시작할 수 있다. 이 말은 콘텐트 프로바이더의 onCreate() 함수에서 데이터베이스를 접속하는 것은 좋지 않는다는 뜻이다. 왜냐하면 앱 실행 시 메인 스레드에서 데이터베이스의 업그레이드가 이루어지기 때문이다. 데이터베이스는 디스크에 상주하고 있기 때문에 초기 앱 실행 시간을 지연시킬 수 있다.

ContentProvider.onCreate() 함수는 초기화 작업이 성공적으로 끝났는지 나타내기 위해 boolean을 반환한다. true를 반환하면 프로바이더가 성공적으로 초기화됐다는 뜻이고, false는 에러를 뜻한다.

### insert()

insert() 함수를 사용하면 데이터베이스에 데이터를 삽입할 수 있다.

insert(Uri uri, ContentValues values)

이 함수는 2개의 매개 변수를 받는다. 2개의 매개 변수는 삽입 연산을 수행할 테이블의 URI, 테이블에 삽입할 값의 ContentValues 객체다. 앱의 다른 영역이나 외부 앱이 콘텐트 관찰자를 사용할 경우, 로우가 삽입되면 삽입된 테이블의 변경이 일어났음을 알리기 위해 ContentResolver.notifyChange()를 호출해야 한다.

5장에서 SQLiteDatabase.insert() 함수가 사용했던 ContentValues는 삽입할 로우의 이름/값을 가지고 있다는 것을 기억하자. ContentProvider.insert()에 전달하는 ContentValues 객체도 동일한 방식으로 동작한다. 사실 테이블에 데이터를 삽입하기 위해 ContentProvider.insert()에 전달하는 ContentValues 객체를 아무 수정 없이 SQLiteDatabase.insert()의 매개 변수로 사용할 수 있다.

ContentProvider.insert()는 새롭게 추가된 로우를 참조하는 Uri 객체를 반환하면서 종료한다. 외부 호출자는 이 URI를 콘텐트 프로바이더에 사용해 새롭게 추가된 로우를 조회할 수 있다.

이 함수는 어떤 한 가지 스레드에서 호출할 수 있다. 따라서 여러 스레드에서 호출할 때에는 스레드 안전을 보장해야 한다.

## delete()

ContentProvider.delete() 함수는 uri 매개 변수에 정해진 테이블에서 로우를 삭제한다.

```
delete(Uri uri, String selection, String[] selectionArgs)
```

uri 매개 변수는 데이터베이스의 테이블(content://authority/table) 또한 테이블에서 삭제할 특정 로우(content://authority/table/id)를 가르킨다. URI가 테이블을 가리킬 때, delete() 함수는 특정 로우를 삭제하기 위해 selection, selectionArgs 매개 변수를 사용해야 한다.

ContentProvider.insert() 함수와 마찬가지로 selection, selectionArgs 매개 변수를 아무런 수정 없이 SQLiteDatabase.delete()에 전달할 수 있다.

ContentProvider.delete() 함수는 호출로 삭제된 로우의 개수를 반환한다. 이 개수는 SQLiteDatabase.delete()가 반환하는 숫자와 동일하다.

ContentProvider.delete() 함수도 아무 스레드에서 호출할 수 있으므로 스레드 안전성을 지켜야 한다. 또한 테이블의 변경을 관찰자에게 알리기 위해 ContentResolver.notifyChange()를 호출해야 한다.

## getType()

ContentProvider.getType() 함수는 주어진 URI의 MIME 형식을 반환한다.

```
getType(Uri uri)
```

이 URI가 테이블을 가르키면(content://authority/table), 이 함수는 vnd.android.cursor.dir/로 시작하는 String을 반환한다. URI가 테이블 로우 하나를 가르키면(content://authority/table/id), vnd.android.cursor.item으로 시작하는 String을 반환한다.

URI의 형태에 따른 접두어 뒤의 나머지 String은 콘텐트 프로바이더의 주소와 URI의 테이블명을 포함시켜야 한다. 예를 들어, URI가 content://myAuthority/tableName/32면, MIME 형식은 vnd.android.cursor.item/myAuthority.

tableName이 된다.

이 함수는 여러 스레드에서 호출할 수 있고, 스레드 안전을 보장해야 한다.

📝 **노트**

MIME 형식은 오직 데이터베이스에서 데이터를 반환하는 콘텐트 프로바이더에만 해당한다. 콘텐트 프로바이더가 클라이언트에게 파일을 공개하면, getType() 함수는 파일의 MIME 형식을 반환해야 한다.

### query()

query() 함수는 콘텐트 프로바이더에 질의하기 위해 사용한다.

```
query(Uri uri,
String[] projection,
String selection,
String[] selectionArgs,
String sortOrder)
```

매개 변수 중에서 URI는 질의할 테이블을 정한다. 나머지 다른 매개 변수는 SQLiteDatabase.query() 함수의 매개 변수로 전달할 수 있고, 질의를 만들기 위해 SQLiteQueryBuilder를 사용할 수도 있다. SQLiteDatabase.query()나 SQLite-QueryBuilder의 결과로 나온 커서는 ContentProvider.query()와 같아야 한다.

ContentProvider.query() 함수는 아무 스레드에서 호출할 수 있다.

### update()

update() 함수는 URI가 정한 테이블에 수정 연산을 위해 사용한다.

```
update(Uri uri,
ContentValues values,
String selection,
String[] selectionArgs)
```

ContentValues 매개 변수는 테이블의 컬럼/값의 쌍을 가진다. selection, selectionArgs 매개 변수는 수정해야 할 테이블에서 어떤 로우를 정할지 선택한다. values, selection, selectionArgs 매개 변수는 수정 없이 그대로 SQLiteDatabase.update() 함수의 매개 변수로 사용할 수 있다. 또한 SQLiteDatabase.update()나온 결과는 ContentProvider.update()에서 반환한 결과와 같다.

ContentProvider.update()는 ContentResolver.notifyChange() 함수를 호출해 관찰자에게 테이블의 변경을 알려야 한다. 이 함수 또한 여러 스레드에서 호출할 수 있다.

## bulkInsert()와 applyBatch()

지금까지 설명한 함수(onCreate(), insert(), delete(), getType(), query(), update())는 android.content.ContentProvider의 추상 함수이기 때문에 반드시 구현해야 한다. 그렇지 않으면 컴파일 시 에러가 난다. 하지만 추가로 오버라이드<sup>override</sup>할 두 가지 함수가 있다.

- int bulkInsert(Uri uri, ContentValues[] values)
- ContentProviderResult ap-plyBatch(ArrayList<ContentProviderOperations operations)

두 함수는 데이터베이스에서 복수 연산을 할 때 사용한다. 이 두 함수의 디폴트 구현의 문제점은 연산들이 하나의 트랜잭션으로 구성되지 않았다는 것이다. 이 말은 두 함수가 원자성을 가지지 않았다는 뜻이다(각 연산이 실패할 수 있다). 게다가 5장에서 하나의 트랜잭션으로 구성하지 않으면, 모든 SQLiteDatabase의 연산은 각 연산을 위해 새로운 트랜잭션을 시작한다고 설명했다. 이렇게 되면 런타임 성능에 심각한 영향을 미치고 모든 연산을 하나의 트랜잭션으로 그룹핑하는 것보다 호출이 더욱 느려진다.

super의 호출을 하나의 트랜잭션으로 설정하기 위해 각 함수를 오버라이드해야 한다. 코드 6.1은 오버라이드한 두 함수를 보여준다.

**코드 6.1** bulkInsert()와 applyBatch()에 트랜잭션 추가

```java
@Override
public int bulkInsert(Uri uri, ContentValues[] values) {
    final SQLiteDatabase db = helper.getWritableDatabase();

    db.beginTransaction();
    try {
        final int count = super.bulkInsert(uri, values);
        db.setTransactionSuccessful();

                return count;
    } finally {
        db.endTransaction();
    }
}


@Override
public
ContentProviderResult[]
applyBatch(ArrayList<ContentProviderOperation> operations)
        throws OperationApplicationException {
    final SQLiteDatabase db = helper.getWritableDatabase();

    db.beginTransaction();

        try {

        final ContentProviderResult[] results =
                super.applyBatch(operations);
        db.setTransactionSuccessful();

        return results;
    } finally {
        db.endTransaction();
    }
}
```

android.content.ContentProvider의 상속과 추상 함수의 구현과 더불어, 앱의 매니페스트 <application> 엘리먼트 내부에 콘텐트 프로바이더를 등록해야 한다. 코드 6.2는 외부 앱이 접근할 수 없는 콘텐트 프로바이더의 등록을 보여준다.

**코드 6.2** 콘텐트 프로바이더 매니페스트 등록

```
<provider
    android:name=".provider.MyProvider"
    android:authorities="com.example.provider"
    android:exported="false" />
```

코드 6.2의 <provider> 엘리먼트는 MyProvider라는 이름의 클래스를 정의하고, <provider> 엘리먼트의 android:name 속성과 함께 앱은 콘텐트 프로바이더를 사용할 수 있다. android:authorities 속성은 콘텐트 프로바이더에 접근할 수 있는 주소를 기입한다. 콘텐트 주소는 URI에서 사용하는데, 콘텐트 프로바이더에 요청할 때 이 URI을 콘텐트 리졸버에 전달한다. android:authorities는 주소에 맞는 콘텐트 프로바이더를 대응시킨다.

<provider> 엘리먼트의 세 번째 속성은 android:exported 속성이다. 이 속성은 콘텐트 프로바이더를 다른 앱에 공개할지의 여부를 정한다. 코드 6.2에서 콘텐트 프로바이더는 오직 내부 앱에서만 사용할 수 있다. 콘텐트 프로바이더 공개의 세부 사항은 뒤에서 설명한다.

android.content.ContentProvider를 구현하고 매니페스트에 등록했다면, 앱은 콘텐트 프로바이더의 사용 준비가 된 것이다. 앱은 콘텐트 프로바이더를 사용하기 위해 가장 먼저 콘텐트 리졸버에 접근해야 한다.

## 콘텐트 리졸버

일반적으로 콘텐트 프로바이더를 직접적으로 사용해 연산(삽입, 수정, 삭제, 질의)을 요청하지 않는다. 그 대신, 앱은 콘텐트 리졸버를 사용해 콘텐트 프로바이더에 요청을 전달한다. 콘텐트 리졸버는 개념적으로 콘텐트 프로바이더를 위임하는 함수를 제공한다. 콘텐트 리졸버를 참조하려면 앱은 `Context.getResolver()`를 호출해야 한다. 앱이 콘텐트 리졸버의 참조를 가지면, 앱은 콘텐트 프로바이더와 유사한 함수를 콘텐트 리졸버에서 호출할 수 있다. 다음은 클라이언트에서 사용할 수 있는 콘텐트 리졸버의 함수를 보여준다.

- `Uri insert(Uri uri, ContentValue values)`
- `int delete(Uri uri, String selection, String[] selectionArgs)`
- `String getType(Uri uri)`
- `Cursor query(Uri uri, String[] projection, String selection, String[] selectionArgs, String sortOrder)`
- `int update(Uri uri, ContentValues values, String selection, String[] selectionArgs)`
- `int bulkInsert(Uri uri, ContentValues[] values)`
- `ContentProviderResult[] applyBatch(String authority, ArrayList<ContentProviderOperation> operations)`

콘텐트 리졸버의 함수가 콘텐트 프로바이더의 함수와 동일한 것에 주목하자. 함수에 전달되는 매개 변수를 콘텐트 리졸버 함수를 사용해 콘텐트 프로바이더에 전달할 수 있다.

콘텐트 프로바이더를 직접 호출하지 않고 콘텐트 리졸버를 통해 콘텐트 프로바이더를 요청하는 것이 좋은 이유는 콘텐트 리졸버는 안드로이드 프로세스 간에 함수를 마샬링<sup>mashaling</sup>할 수 있기 때문이다. 이 방법을 사용하면 앱은 데이터 직렬화/역직렬화에 신경 쓰지 않고 프로세스 간 통신을 할 수 있다. 하나의 앱이 콘텐트 프로바이더를 구현하고 다른 앱이 반복적으로 사용함으로써 프로세스 간 통신을 할 수 있다. 게다가 이 기능으로 하나의 앱을 2개의 독립적인 프로세스에서 실행시켜 데이터를 쉽게 읽고, 쓰고, 조작할 수 있다.

## 원격 콘텐트 프로바이더를 외부 앱에 공개하기

지금까지 소개한 코드는 콘텐트 프로바이더의 기초적인 사용법이었다. 하지만 콘텐트 프로바이더의 데이터를 다른 앱에 공개하기 위해서는 무언가를 설정해야 한다. 코드 6.2의 매니페스트에서 콘텐트 프로바이더를 다른 안드로이드 앱에 공개하지 않도록 설정했다(android:exported를 false로 설정했다). 다른 앱이 콘텐트 프로바이더에 접근하기 위해서는 exported를 true로 설정해야 하고 앱이 외부 데이터에 접근하기 위해서는 매니페스트에 권한을 할당해야 한다.

콘텐트 프로바이더의 exported가 true이면, 앱 매니페스트의 <provider> 엘리먼트에 권한을 정의하지 않는 이상, 다른 앱은 기본적으로 콘텐트 프로바이더의 읽기/쓰기를 할 수 있다. 앱 개발자는 권한을 선언하기 전에 콘텐트 프로바이더의 다른 앱에 어떤 권한의 종류가 필요한지 선택해야 한다. 콘텐트 프로바이더의 권한은 권한이 제공하는 제어에 따라 바뀔 수 있다. 권한은 콘텐트 프로바이더의 최고 수준부터 콘텐트 프로바이더의 데이터에 우선순위를 주면서, 그 데이터의 개별적인 부분까지 범위를 설정할 수 있다.

이와 같은 권한을 통해 사용자는 한 앱이 어느 데이터에 접근을 시도할지 알 수 있다. 사용자에게 외부 앱이 요청하는 데이터가 어떤 권한이 있는지 UI로 표시되고, 사용자는 외부 앱이 사용하는 데이터에 접근을 허용할 수 있는지 선택할 수 있다.

### 프로바이더 수준 권한

제공자 앱은 콘텐트 프로바이더 전체에 읽기/쓰기 권한을 선언할 수 있다. 외부 앱이 이 권한을 가진다면, 그 외부 앱은 콘텐트 프로바이더가 제공하는 모든 데이터를 읽고 쓸 수 있다. 이 최고 수준 권한은 앱 매니페스트의 <provider> 엘리먼트의 속성인 android:permission으로 설정한다.

## 개별적인 읽기/쓰기 권한

콘텐트 프로바이더에 읽기/쓰기 권한을 따로 부여하면, 데이터의 접근을 유연하게 통제할 수 있다. 콘텐트 프로바이더에 한 번에 읽기/쓰기 권한을 추가하지 않고, 매니페스트에 읽기/쓰기 연산의 권한을 따로 지정할 수 있다.

매니페스트의 <provider> 속성에 android:readPermission를 추가하면 앱은 읽기 권한을 할당할 수 있다. <provider> 속성에 android:writePermission를 추가하면 앱은 쓰기 권한을 할당할 수 있다. 2개의 권한을 사용하면, 데이터 쓰기보다 데이터 읽기가 먼저 수행된다. android:readPermission, android:writePermission은 android:permission보다 우선순위가 높다.

## URI 위치 권한

위치 권한을 사용하면 URI의 위치에 개별적인 권한을 할당할 수 있고, 콘텐트 프로바이더가 공개하는 데이터의 각 영역에 접근할 수 있다. <provider> 엘리먼트의 자식 엘리먼트인 <path-permission>을 사용해 위치 권한을 지정할 수도 있다. 다음은 <path-permission> 엘리먼트의 속성을 설명한다.

- android:path: 권한을 설정할 URI의 위치
- android:pathPrefix: 엘리먼트에 영향을 받을 위치의 첫부분. 여러 가지 URI 위치의 첫 부분이 동일하면 이 속성이 유용하다.
- android:pathPattern: 엘리먼트에 영향을 받을 위치에 대응하는 패턴
- android:permission: 전체 위치에 부여할 권한. 읽고 쓰려는 위치에 모두 적용된다. android:readPermission, android:writePermission이 오버라이드 할 수 있다.
- android:readPermission: 읽을 위치의 권한
- android:writePermission: 쓸 위치의 권한

## 콘텐트 프로바이더 권한

콘텐트 프로바이더의 특정 동작에 권한을 부여하는 것뿐만 아니라 앱은 콘텐트 프로바이더의 권한을 선언할 수 있다. 앱에 맞춘 권한을 생성하면 콘텐트 프로바이더는 데이터 접근의 모든 통제를 가질 수 있다. 왜냐하면 콘텐트 프로바이더의 요구에 맞는 권한이 이미 존재하기 때문이다.

콘텐트 프로바이더를 사용하기 위해 새로운 권한을 정의하려면, 매니페스트 `<manifest>` 엘리먼트 아래에 `<permission>`을 추가해야 한다. `<permission>` 엘리먼트는 다음과 같은 요소를 가질 수 있다.

- `android:description`: 사용자에게 권한을 설명한다. 라벨보다 더 길 수 있고, 사용자에게 무슨 동작이 활성화되는지 설명해야 한다.
- `android:icon`: 권한을 나타내는 아이콘이다.
- `android:label`: 사용자에게 보여줄 간략한 권한의 이름이다.
- `android:name`: 권한에 주어진 이름이다. 이 이름은 매니페스트에서 콘텐트 프로바이더에 접근할 때 사용한다. 이름은 안드로이드에서 유일해야 한다. 좋은 권한명의 패턴은 앱 패키지명에 권한을 붙이는 것이다(`com.example.myapp.mypermission`).
- `android:permissionGroup`: 권한이 구성원으로 속해 있는 그룹이다. 권한을 그룹에 추가하는 것은 의무가 아니다.
- `android:protectionLevel`: 권한을 받아들일 위험도를 표시한다. 어떤 앱이 권한을 승인할 수 있는지 지시한다.
  - `normal`: 시스템, 사용자, 다른 앱에 낮은 수준의 위험도를 알린다. 이는 기본 값이다.
  - `dangerous`: 사용자의 개인 정보를 다른 앱에 공개하는 것처럼 높은 수준의 위험도를 나타낸다.
  - `signature`: 권한을 만든 앱과 동일한 인증서로 사인된 앱만 이 권한을 받을 수 있다.

☐ signatureOrSystem: 권한을 만든 앱과 동일한 인증서로 사인된 앱이거나 권한을 요청하는 앱이 시스템 앱(디바이스의 /system에 위치해 있다)이면 권한을 받을 수 있다. 이 권한은 일반적으로 디바이스 제조사가 이용한다.

코드 6.3은 2개의 권한을 선언하고, 그 권한의 사용법을 보여준다.

**코드 6.3** 콘텐트 프로바이더 권한 정의

```
<permission
    android:name="me.adamstroud.devicedatabase.provider.READ_DEVICES"
    android:description="@string/permission_description_read_devices" />
<permission
    android:name="me.adamstroud.devicedatabase.provider.WRITE_DEVICES"
    android:description="@string/permission_description_write_devices" />

<application
    android:name=".DeviceDatabaseApplication"
    android:allowBackup="true"
    android:icon="@mipmap/ic_launcher"
    android:label="@string/app_name"
    android:supportsRtl="true"
    android:theme="@style/AppTheme">

    <provider
        android:name=".provider.DevicesProvider"
        android:authorities="${applicationId}.provider"
        android:exported="false"
        android:syncable="true"
        android:readPermission=
            "me.adamstroud.devicedatabase.provider.READ_DEVICES"
android:writePermission=
            "me.adamstroud.devicedatabase.provider.WRITE_DEVICES" />
```

## 콘텐트 프로바이더 계약

앱은 콘텐트 프로바이더의 데이터를 공개하기 위해 계약[contract]을 정의해야 한다. 외부 앱에서 데이터를 접근할 때 콘텐트 프로바이더의 계약은 특히 중요하다. 왜냐하면 계약은 콘텐트 프로바이더가 사용하는 테이블과 로우를 정의하기 때문이다.

콘텐트 프로바이더는 질의를 만들 때 사용하는 URI와 컬럼을 지정해야 한다. 데이터베이스 기반의 콘텐트 프로바이더에서 데이터베이스 구조와 특히 테이블, 컬럼명은 콘텐트 프로바이더와 밀접한 관계가 있고, 외부 컴포넌트는 이 관계를 알 필요가 없다.

콘텐트 프로바이더의 계약 클래스는 콘텐트 프로바이더에서 데이터를 구조화한 방법과 URI를 정의한다. 계약 클래스는 외부 앱에 공개하는 콘텐트 프로바이더의 외부 API라고 생각하면 될 것이다. 계약 클래스에 상수를 정의하면 외부 앱은 콘텐트 프로바이더의 API를 쉽게 사용할 수 있다.

로컬 앱의 컴포넌트와 외부 앱 모두 접근할 수 있는 위치에 상수를 저장하면 계약 클래스를 쉽게 정의할 수 있다.

코드 6.4는 계약 클래스의 예제를 보여준다.

**코드 6.4** 계약 클래스 구현하기

```
public final class DevicesContract {
    public static final String AUTHORITY =
            String.format("%s.provider", BuildConfig.APPLICATION_ID);

    public static final Uri AUTHORITY_URI = new Uri.Builder()
            .scheme(ContentResolver.SCHEME_CONTENT)
            .authority(AUTHORITY)
            .build();

    public interface Device extends BaseColumns {
        /* default */ static final String PATH = "device";
        public static final String MODEL = "model";
        public static final String NICKNAME = "nickname";
        public static final String MEMORY_MB = "memory_mb";
```

```
        public static final String DISPLAY_SIZE_INCHES =
                "display_size_inches";

        public static final String MANUFACTURER_ID = "manufacturer_id";

        public static final Uri CONTENT_URI =
                Uri.withAppendedPath(AUTHORITY_URI, PATH);
    }

    public interface Manufacturer extends BaseColumns {
        /* default */ static final String PATH = "manufacturer";
        public static final String SHORT_NAME = "short_name";
        public static final String LONG_NAME = "long_name";

        public static final Uri CONTENT_URI =
                Uri.withAppendedPath(AUTHORITY_URI, PATH);
    }

    public interface DeviceManufacturer extends Device, Manufacturer {
        /* default */ static final String PATH = "device-manufacturer";
        public static final String DEVICE_ID = "device_id";
        public static final String MANUFACTURER_ID = "manufacturer_id";

        public static final Uri CONTENT_URI =
                Uri.withAppendedPath(AUTHORITY_URI, PATH);
    }
}
```

　　코드 6.4의 계약 클래스에는 콘텐트 프로바이더를 사용하기 위해 필요한 모든 정보가 나타나 있다. 이 클래스는 콘텐트 프로바이더의 주소 URI뿐만 아니라 데이터의 논리적인 구조를 나타내는 내부적인 구조(코드 6.4의 인터페이스)도 포함한다.

　　이 콘텐트 프로바이더는 데이터베이스의 데이터를 공개하기 위해 각 내부 인터페이스는 데이터베이스의 테이블을 나타내고, 테이블 콘텐트 URI와 테이블의 컬럼을 상수로 가진다. 클라이언트는 콘텐트 리졸버에서 함수를 호출할 때 이 클래스를 사용한다.

코드 6.5는 콘텐트 프로바이더를 통해 데이터를 데이터베이스에 삽입할 때 계약 클래스의 사용법을 보여준다. 계약 클래스의 사용은 굵은 글씨로 표시해두었다.

**코드 6.5** 계약 클래스를 사용해 데이터 삽입하기

```
final ContentValues contentValues = new ContentValues();

final String modelValue =
        modelView.getEditText().getText().toString();

final String nicknameValue =
        nicknameView.getEditText().getText().toString();

contentValues.put(DevicesContract.Device.MODEL, modelValue);
contentValues.put(DevicesContract.Device.NICKNAME, nicknameValue);

getContentResolver().insert(DevicesContract.Device.CONTENT_URI,
                            contentValues);
```

계약 클래스는 콘텐트 프로바이더의 API의 역할을 하기 때문에 변경사항이 생기면 심각해진다. 모든 API에 변경사항이 생기면 다른 개발자가 힘든 상황이 생길 수 있다.

## 외부 앱에서 접근 허용하기

지금까지 콘텐트 프로바이더로 외부 클라이언트에게 데이터를 공개하고, 권한을 설정하고 다른 앱이 사용할 계약 클래스까지 정의했다. 데이터를 외부에 공개하기 위해 한 가지 더 추가로 설정해야 할 사항이 있다.

코드 6.2에서 매니페스트의 `<provider>`에 콘텐트 프로바이더를 외부에 접근을 허용할지 결정하는 설정 사항이 있었다. 코드 6.2는 콘텐트 프로바이더를 외부 앱에 공개하지 않도록 설정했다. 다른 앱에 콘텐트 프로바이더를 공개하고 싶다면, 코

드 6.6처럼 android:exported를 true로 설정하면 된다.

**코드 6.6** 콘텐트 프로바이더 공개하기

```
<provider
    android:name=".provider.MyProvider"
    android:authorities="com.example.provider"
    android:exported="true" />
```

지금까지 콘텐트 프로바이더를 외부 앱에 공개하기 위한 모든 부분을 살펴보았다. 콘텐트 프로바이더를 로컬 앱에서만 공개하고 싶으면, 앱 개발자는 추가 API를 사용해야 한다.

## 콘텐트 프로바이더 구현하기

지금까지 콘텐트 프로바이더의 API, 매니페스트 설정과 그리고 어떻게 접근하는지 알아보았다. 이제 이 절에서는 콘텐트 프로바이더를 실제로 구현해보고, 콘텐트 프로바이더의 예제 앱을 분석할 것이다.

DevicesProvider는 "4장, 안드로이드 SQLite"에서 소개한 디바이스 데이터베이스 앱에서 사용할 콘텐트 프로바이더다. 이 앱은 2개의 테이블 device, manufacturer을 가지며, DevicesProvider를 통해 기능을 구현할 것이다. 그리고 디바이스 데이터베이스의 어떤 액티비티는 device, manufacturer 두 테이블의 모든 정보가 필요하다. 이 부분은 테이블에 따로 질의를 하는 대신 INNER JOIN을 구현할 것이다.

### android.content.ContentProvider 상속하기

이 전에 언급했듯이 콘텐트 프로바이더를 구현하기 위해 수행해야 할 첫 단계는 android.content.ContentProvider를 상속하고, 추상 함수를 오버라이드해야 한다. 코드 6.7은 클래스 정의와 콘텐트 프로바이더의 상수, 멤버 변수 정의를 보여준다.

**코드 6.7** 콘텐트 프로바이더 선언

```java
public class DevicesProvider extends ContentProvider {
    private static final String TAG =
            DevicesProvider.class.getSimpleName();

    private static final int CODE_ALL_DEVICES = 100;
    private static final int CODE_DEVICE_ID = 101;
    private static final int CODE_ALL_MANUFACTURERS = 102;
    private static final int CODE_MANUFACTURER_ID = 103;
    private static final int CODE_DEVICE_MANUFACTURER = 104;

    private static final SparseArray<String> URI_CODE_TABLE_MAP =
            new SparseArray<>();

    private static final UriMatcher URI_MATCHER =
            new UriMatcher(UriMatcher.NO_MATCH);

    static {
        URI_CODE_TABLE_MAP.put(CODE_ALL_DEVICES,
                DevicesOpenHelper.Tables.DEVICE);

        URI_CODE_TABLE_MAP.put(CODE_DEVICE_ID,
                DevicesOpenHelper.Tables.DEVICE);

        URI_CODE_TABLE_MAP.put(CODE_ALL_MANUFACTURERS,
                DevicesOpenHelper.Tables.MANUFACTURER);

        URI_CODE_TABLE_MAP.put(CODE_MANUFACTURER_ID,
                DevicesOpenHelper.Tables.MANUFACTURER);

        URI_MATCHER.addURI(DevicesContract.AUTHORITY,
                DevicesContract.Device.PATH,
                CODE_ALL_DEVICES);

        URI_MATCHER.addURI(DevicesContract.AUTHORITY,
                DevicesContract.Device.PATH + "/#",
```

```
                CODE_DEVICE_ID);

        URI_MATCHER.addURI(DevicesContract.AUTHORITY,
                DevicesContract.Manufacturer.PATH,
                CODE_ALL_MANUFACTURERS);

        URI_MATCHER.addURI(DevicesContract.AUTHORITY,
                DevicesContract.Manufacturer.PATH + "/#",
                CODE_MANUFACTURER_ID);

        URI_MATCHER.addURI(DevicesContract.AUTHORITY,
                DevicesContract.DeviceManufacturer.PATH,
                CODE_DEVICE_MANUFACTURER);
    }

    private DevicesOpenHelper helper;

    public DevicesProvider() {
        // no-op
    }
```

예상했듯이 DevicesProvider는 ContentProvider를 상속한다. 코드 6.7의 상수
는 요청으로 들어온 URI를 처리하기 위해 사용한다. 요청된 URI에 대응하는 정확한
테이블을 찾기 위해 콘텐트 프로바이더가 할 일을 생각해보자. DevicesProvider의
int 상수는 URI를 테이블에 매핑하기 위해 사용한다. int 상수는 URI_MATCHER에
등록하고, 후에 URI를 찾기 위해 사용한다.

URI_CODE_TABLE_MAP은 URI를 테이블명에 매핑하기 위해 사용한다. 요청된 URI
에 맞는 테이블명을 쉽게 찾기 위해 이 코드를 추가했다. insert()와 같은 콘텐트
프로바이더의 함수는 단지 연산이 행해지는 테이블만 달라진다. URI_CODE_TABLE_
MAP을 사용하면 테이블에 따라 동일한 코드도 달라진다.

그리고 URI_CODE_TABLE_MAP을 초기화하는 static 블럭은 URI_MATCHER도 초기화
한다. URI_MATCHER는 URI에 맞는 테이블에 연산을 할 때 사용한다.

URI_MATCHER는 생성자에 UriMatcher.NO_MATCH를 전달해 생성한다. URI_MATCHER는 단순히 URI를 매칭하기 위해 사용하고, URI나 URI 패턴을 정수에 매핑한다. UriMatcher.NO_MATCH를 전달하면 주어진 URI에 대한 URI_MATCHER가 없을 경우 UriMatcher.NO_MATCH를 반환한다. UriMatcher.NO_MATCH의 값은 디바이스 프로바이더가 제공하지 않는 URI를 나타낸다.

URI_MATCHER 객체의 인스턴스를 생성한 후 addUri() 함수를 호출해 URI를 int 값으로 매핑할 수 있다. 또한 UriMatcher.addUri()는 URI나 URI 패턴을 int 값에 매핑하면, 콘텐트 프로바이더에서 테이블을 참조하는 URI(content://authority/path), 테이블에서 하나의 아이템을 참조하는 URI(content://authority/path/id)를 지원할 수 있다. 코드 6.7의 static 블럭에서 이러한 URI 포맷을 매핑한다.

코드 6.8은 device 테이블 URI를 하나의 테이블에 매핑하는 코드를 보여준다.

**코드 6.8** UriMacher 매핑하기

```
URI_MATCHER.addURI(DevicesContract.AUTHORITY,
        DevicesContract.Device.PATH,
        CODE_ALL_DEVICES);

URI_MATCHER.addURI(DevicesContract.AUTHORITY,
        DevicesContract.Device.PATH + "/#",
        CODE_DEVICE_ID);
```

첫 번째 UriMatcher.addUri() 호출은 device 테이블 전체를 참조하는 URI를 등록한다. 예를 들어, addUri() 함수에 주소, 위치, 매핑된 정수를 전달해 모든 디바이스를 질의할 때 이 URI를 사용할 것이다. 세 번째 매개 변수의 매핑된 정숫값은 URI가 일치할 때 UriMatcher가 반환하는 값이다.

두 번째 UriMatcher.addUri() 호출은 device 테이블에서 개별적인 로우를 참조하는 URI를 등록한다. addUri() 함수는 다음과 같은 형태의 URI 패턴으로 등록한다.

content://authority/path/#

URI의 마지막 부분에 # 표시는 아무 숫자가 올 수 있다. device 테이블의 기본 키는 숫자(_id 컬럼)이기 때문에 위치의 마지막 부분에 디바이스의 ID를 채운다면, 이 URI 패턴은 항상 하나의 디바이스를 참조할 것이다.

> **노트**
>
> 또한 UriMatcher.addUri()는 content://authority/path/* 패턴을 사용해 위치(path)의 뒷자리에 문자열을 쓸 수 있다. 그렇지만 이 앱에서는 이 패턴을 사용하지 않았다.

helper 멤버 변수는 DevicesOpenHelper 객체의 참조를 가지고 SQLiteDatabase 객체로 데이터베이스 연산을 수행하기 위해 사용한다.

**코드 6.9** DevicesProvider.onCreate() 구현하기

```
@Override
public boolean onCreate() {
    helper = DevicesOpenHelper.getInstance(getContext());
    return true;
}
```

onCreate() 함수는 앱이 시작할 때 UI 스레드가 호출하기 때문에 긴 작업을 해선 안 된다. DevicesProvider.onCreate()에서 해야 할 유일한 작업은 helper에 DevicesOpenHelper의 싱글톤<sup>singleton</sup> 인스턴스를 할당하는 것이다. 이 작업은 실제로 데이터베이스를 연결하지 않고 시간이 많이 걸리지 않기 때문에 UI 스레드에서 실행해도 안전하다.

지금까지 DevicesProvider를 생성하고 초기화하는 코드를 살펴보았으니 삽입, 삭제, 수정, 질의 연산이 구현된 DevicesProvider의 다른 부분으로 초점을 되돌리겠다.

## insert()

코드 6.10은 insert() 함수를 구현해놓았다.

**코드 6.10** insert() 구현하기

```
@Override
public Uri insert(@NonNull Uri uri, ContentValues values) {
    long id;
    final int code - URI_MATCHER.match(uri);
    switch (code) {
        case CODE_ALL_DEVICES:
        case CODE_ALL_MANUFACTURERS:
            id = helper
                    .getWritableDatabase()
                    .insertOrThrow(URI_CODE_TABLE_MAP.get(code),
                            null,
                            values);
            break;
        default:
            throw new IllegalArgumentException("Invalid Uri: " + uri);
    }

    getContext().getContentResolver().notifyChange(uri, null);
    return ContentUris.withAppendedId(uri, id);
}
```

데이터베이스를 읽고 쓰는 함수라면 첫 번째 할 작업은 uri 매개 변수를 테이블에 매핑하는 것이다. 이 시점에서 처음에 초기화한 URI_MATCHER를 사용해야 한다. UriMatcher.match()는 addUri() 함수에서 등록한 정수를 반환한다. 따라서 일치하는 URI를 수동으로 찾는 코드를 작성하지 않고 UriMatcher.match()의 한 번 호출로 URI와 일치하는 테이블을 찾을 수 있다. 데이터베이스를 읽고 쓰는 연산을 하는 함수는 반드시 이 과정을 거쳐야 하기 때문에 이 방법은 매우 편리하다.

insert() 함수는 match() 함수의 결과로 받은 값을 사용해 연산할 어떤 테이블을 정한다. 두 테이블이 지원하는 연산은 오직 삽입 연산이므로 다른 URI는 유효하

지 않다. insert() 함수는 URI가 유효하지 않을 경우 사용자에게 알리기 위해 예
외를 발생시킨다. 만약 URI가 device, manufacturer 테이블과 매핑돼 있다면, URI_
CODE_TABLE_MAP에서 테이블명을 찾을 수 있을 것이다. insert() 함수에 전달한 값
을 insertOrThrow()를 호출해 전달할 수 있다.

삽입 연산이 완료되면, 데이터베이스의 변경사항을 리스닝하고 있는 콘텐트 관
찰자에게 변경사항을 알려야 한다. 이 동작은 ContentResolver.notifyChange()
함수에 변경한 테이블의 uri와 관찰자 매개 변수에 null 값을 전달해 호출한다.

5장에서 SQLiteDatabase.insertOrThrow() 함수는 새롭게 추가한 로우의 ID의
long 값을 반환했다. 그 ID는 새로운 로우를 참조하는 URI의 한 부분으로 사용할
수 있다. ContentProvider.insert()도 ContentUris.withAppendedId()를 호출해
그 URI를 생성할 수 있다. withAppendedId()는 기본 URI와 ID인 long값을 전달하
면 추가된 로우의 URI를 반환하는 편리한 함수다. insert() 함수로 생성된 URI를
반환하고 실행을 종료한다.

## delete()

delete()함수는 또한 UriMatcher()가 필요하다. 하지만 이 함수는 테이블
URI(content://authority/path)와 특정 로우의 URI(content://authority/path/id) 모두
필요하다. 코드 6.11은 delete() 함수를 구현했다.

**코드 6.11** delete() 구현하기

```
@Override
public int delete(@NonNull Uri uri,
                  String selection,
                  String[] selectionArgs) {
    int rowCount;

    final int code = URI_MATCHER.match(uri);
    switch (code) {
        case CODE_ALL_DEVICES:
        case CODE_ALL_MANUFACTURERS:
```

```
                    rowCount = helper
                            .getWritableDatabase()
                            .delete(URI_CODE_TABLE_MAP.get(code),
                                    selection,
                                    selectionArgs);
                    break;
            case CODE_DEVICE_ID:
            case CODE_MANUFACTURER_ID:
                if (selection == null && selectionArgs == null) {
                    selection = BaseColumns._ID + " = ?";

                    selectionArgs = new String[] {
                        uri.getLastPathSegment()
                    };

                    rowCount = helper
                            .getWritableDatabase()
                            .delete(URI_CODE_TABLE_MAP.get(code),
                                    selection,
                                    selectionArgs);
                } else {
                    throw new IllegalArgumentException("Selection must be +
                            "null when specifying ID as part of uri.");
                }
                break;
        default:
            throw new IllegalArgumentException("Invalid Uri: " + uri);
        }

        getContext().getContentResolver().notifyChange(uri, null);
        return rowCount;
}
```

ContentProvider.delete() 함수는 ContentProvider.insert() 함수와 비슷하다. 이 함수는 URI_MATCHER를 사용해 테이블을 찾고, 그 테이블에 동작을 수행한다.

또한 테이블의 로우를 삭제하기 위해 테이블 전체를 가르키는 URI와 로우 개별을 가르키는 URI를 지원한다.

코드 6.11은 switch문을 사용해 동일한 URI 형태를 처리한다. 왜냐하면 URI의 연산이 동일한 경우 단지 테이블명만 바뀌기 때문이다. SQLiteDatabase.delete() 함수가 selection 매개 변수를 받지 않으면, URI가 지정한 테이블의 모든 로우를 삭제할 것이다. 콘텐트 프로바이더의 삭제 함수에 전달되는 값을 SQLiteDatabase.delete()에 전달한다.

URI가 특정 로우를 가르키면, 로우를 삭제하기 위해 추가해야 할 몇 가지 작업이 더 있다. 그 작업은 Uri.getLastPathSegment()를 호출하는 것인데, 이 함수는 URI에서 가장 오른쪽에 위치한 값을 반환한다. 특정 로우를 삭제하는 코드는 URI가 content://authority/path/id 패턴에서만 동작하기 때문에 위치의 마지막 부분은 ID가 될 것이다.

다음은 URI의 한 부분인 ID를 사용해 selection절을 만들고, 이를 SQLiteDatabase.delete()에 전달하는 것이다. 삭제된 로우의 개수를 나타내는 SQLiteDatabase.delete() 함수의 반환 값을 변수에 저장하고, 그 변수를 ContentProvider.delete()의 반환 값으로 사용한다.

그리고 코드 6.11은 특정 로우의 URI를 처리할 때, selection과 selectionArgs가 null인지 확인한다. 왜냐하면 URI의 ID와 selection 매개 변수가 다른 로우를 참조하면, 예상치 못한 결과가 발생하기 때문이다. 예외를 발생시키는 이유는 데이터를 보호하고, 이러한 삭제 문제를 방지하기 위해서다.

delete() 함수의 마지막 작업은 ContentResolver.notifyChange()를 호출한다. 이 함수는 데이터베이스의 변경사항을 콘텐트 관찰자에게 알리고, 그 관찰자는 변경사항에 맞춰 처리한다.

## update( )

코드 6.12는 `ContentProvider.update()` 함수를 구현한 것이다.

**코드 6.12** update() 구현하기

```
@Override
public int update(@NonNull Uri uri,
                  ContentValues values,
                  String selection,
                  String[] selectionArgs) {
    int rowCount;

    final int code = URI_MATCHER.match(uri);
    switch (code) {
        case CODE_ALL_DEVICES:
        case CODE_ALL_MANUFACTURERS:
            rowCount = helper
                    .getWritableDatabase()
                    .update(URI_CODE_TABLE_MAP.get(code),
                            values,
                            selection,
                            selectionArgs);
          break;
        case CODE_DEVICE_ID:
        case CODE_MANUFACTURER_ID:
            if (selection == null
                    && selectionArgs == null) {
                selection = BaseColumns._ID + " = ?";

                selectionArgs = new String[] {
                        uri.getLastPathSegment()
                };
            } else {
                throw new IllegalArgumentException("Selection must+be" +
                        null when specifying ID as part of uri.");
            }
            rowCount = helper
```

```
                        .getWritableDatabase()
                        .update(URI_CODE_TABLE_MAP.get(code),
                                values,
                                selection,
                                selectionArgs);
            break;
        default:
            throw new IllegalArgumentException("Invalid Uri: " + uri);
    }

    getContext().getContentResolver().notifyChange(uri, null);
    return rowCount;
}
```

ContentProvider.update() 함수는 ContentProvider.delete() 함수와 비슷하다. 두 함수 모두 UriMatcher.match()에 uri를 전달해 테이블을 선택한다. 그리고 delete, update 연산은 테이블의 여러 로우와 작업하기 때문에 두 함수는 테이블 전체와 개별적인 로우의 URI를 다룬다.

ContentProvider.delete()과의 유일한 차이점은 SQLiteDatabase.delete() 대신에 SQLiteDatabase.update()를 호출하는 것이다.

SQLiteDatabase.update() 호출 후 ContentResolver.notifyChange()를 호출하고 SQLiteDatabase.update()가 적용된 로우의 개수를 호출자에게 반환한다.

### query()

DevicesProvider에서 설명할 마지막 부분은 코드 6.13에 나온 query() 함수다.

**코드 6.13** query() 구현하기

```
@Override
public Cursor query(@NonNull Uri uri,
                    String[] projection,
                    String selection,
                    String[] selectionArgs,
                    String sortOrder) throws IllegalArgumentException {
```

```java
Cursor cursor;
if (projection == null) {
    throw new IllegalArgumentException("Projection can't be null");
}

sortOrder = (sortOrder == null ? BaseColumns._ID: sortOrder);

SQLiteDatabase database = helper.getReadableDatabase();

final int code = URI_MATCHER.match(uri);
switch (code) {
    case CODE_ALL_DEVICES:
    case CODE_ALL_MANUFACTURERS:
        cursor = database.query(URI_CODE_TABLE_MAP.get(code),
                projection,
                selection,
                selectionArgs,
                null,
                null,
                sortOrder);
        break;
    case CODE_DEVICE_ID:
    case CODE_MANUFACTURER_ID:
        if (selection == null) {
            selection = BaseColumns._ID
                    + "="
                    + uri.getLastPathSegment();
        } else {
            throw new IllegalArgumentException("Selection must " +
                    "be null when specifying ID as part of uri.");
        }
        cursor = database.query(URI_CODE_TABLE_MAP.get(code),
                projection,
                selection,
                selectionArgs,
                null,
                null,
```

```
            sortOrder);
    break;
case CODE_DEVICE_MANUFACTURER:
    SQLiteQueryBuilder builder = new SQLiteQueryBuilder();

    builder.setTables(String
            .format("%s INNER JOIN %s ON (%s.%s=%s.%s)",
            DevicesOpenHelper.Tables.DEVICE,
            DevicesOpenHelper.Tables.MANUFACTURER,
            DevicesOpenHelper.Tables.DEVICE,
            DevicesContract.Device.MANUFACTURER_ID,
            DevicesOpenHelper.Tables.MANUFACTURER,
            DevicesContract.Manufacturer._ID));

final Map<String, String> projectionMap = new HashMap<>();
projectionMap.put(DevicesContract.DeviceManufacturer.MODEL,
        DevicesContract.DeviceManufacturer.MODEL);

projectionMap
        .put(DevicesContract.DeviceManufacturer.SHORT_NAME,
        DevicesContract.DeviceManufacturer.SHORT_NAME);

projectionMap
        .put(DevicesContract.DeviceManufacturer.DEVICE_ID,
        String.format("%s.%s AS %s",
            DevicesOpenHelper.Tables.DEVICE,
            DevicesContract.Device._ID,
            DevicesContract.DeviceManufacturer.DEVICE_ID));

projectionMap.put(DevicesContract.
        DeviceManufacturer.MANUFACTURER_ID,
        String.format("%s.%s AS %s",
            DevicesOpenHelper.Tables.MANUFACTURER,
            DevicesContract.Manufacturer._ID,
            DevicesContract
                .DeviceManufacturer.MANUFACTURER_ID));
```

```
    builder.setProjectionMap(projectionMap);

  cursor = builder.query(database,
        projection,
        selection,
        selectionArgs,
        null,
        null,
        sortOrder);


    break;
  default:
    throw new IllegalArgumentException("Invalid Uri: " + uri);
  }
}
```

첫째, DevicesProvider.query() 함수는 sortOrder 매개 변수가 null인지 확인한다. query() 함수는 SQLite의 기본적인 정렬 순서 대신, 호출자가 sortOrder 매개 변수를 전달하지 않으면 ID를 기준으로 결과를 정렬한다.

그 다음 query() 함수는 uri, URI_MATCHER 멤버 변수를 사용해 질의할 테이블을 정한다. 이 과정은 전에 설명했던 insert(), update(), delete()와 비슷하다. URI가 테이블을 가리킨다면, DeivcesProvider.query()에 전달한 값을 SQLiteDatabase.query()에 전달해 호출한다. uri가 하나의 로우를 가르키면 selection, selectionArgs가 null인지 확인한다.

로우를 특정지은 URI와 selection 매개 변수가 null이 아니면, query() 함수는 충돌하는 매개 변수로 인해 예외를 발생시킨다. 이를 방지하기 위해 특정 로우의 URI와 null이 아닌 selection이 전달되면, update(), delete() 함수와 동일하게 예외를 발생시키도록 설계한다.

SQLiteDatabase.query()가 반환하는 커서는 Cursor.setNotificationUri()의 호출 뒤에 호출된다. Cursor.setNotificationUri()를 호출하면 커서는 매개 변수로

전달된 URI의 변경사항을 관찰한다. 그래서 `DevicesProvider.query()`의 호출자는 데이터베이스의 변경이 생겨도 다시 질의할 필요 없이 변경사항을 처리할 수 있다.

`DevicesProvider.query()` 함수는 `insert()`, `update()`, `delete()` 함수에 사용한 알고리즘을 적용하고, 그 알고리즘은 `uri` 매개 변수와 `URI_MATCHER` 멤버 변수를 사용해 수행할 테이블을 정했다. `switch`문 안에서 `update()`, `insert()`, `delete()` 함수 모두 `URI_MATCHER`를 초기화했던 상수로 최종 목적지 테이블을 정했다.

`query()` 함수가 다른 함수와 다른 점은 `device`, `manufacturer` 테이블을 `INNER JOIN`으로 사용한다는 것이다. 그래서 클라이언트는 단 한 번의 질의로 두 테이블의 데이터를 받을 수 있다. `INNER JOIN`은 URI가 `CODE_DEVICE_MANUFACTURER` 상수와 일치했을 때 발생한다.

계약 클래스를 설명할 때, 계약 클래스는 위치를 테이블명과 매핑하는 URI를 정했다. `device` 계약인 경우, 계약 클래스는 여러 테이블과 조인할 수 있는 URI를 정했다. 계약 클래스는 콘텐트 프로바이더가 제공할 URI만 정의한 것이므로 전혀 문제될 게 없다.

이러한 수준의 추상화 작업은 콘텐트 프로바이더가 때에 따라 여러 테이블에 걸쳐 복잡한 질의를 해야 할 경우도 가능하게 한다. 디바이스 프로바이더는 `DevicesContract.DeviceManufacturer.CONTENT_URI`를 사용해 `device`, `manufacturer` 테이블에 조인 연산을 수행하고 커서 객체를 반환 받는다. 코드 6.14는 `DevicesContrct` 클래스의 내부 클래스인 `DevicesContract.DeviceManufacturer`를 보여준다.

**코드 6.14** DevicesContract.DeviceManufacturer

```java
public interface DeviceManufacturer extends Device, Manufacturer {
    /* default */ static final String PATH = "device-manufacturer";
    public static final String DEVICE_ID = "device_id";
    public static final String MANUFACTURER_ID = "manufacturer_id";

public static final Uri CONTENT_URI =
        Uri.withAppendedPath(AUTHORITY_URI, PATH);
}
```

코드 6.14에서 DeviceManufacturer가 Device와 Manufacturer를 상속했다는 것에 주목하자. 이 말은 질의문에 사용할 컬럼을 두 테이블에서 선택할 수 있고, 두 테이블에 동일한 이름의 컬럼(ID)이 존재할 수 있기 때문에 컬럼명이 충돌할 수 있다는 뜻이다.

query() 함수에서 중요한 점은 SQLiteQueryBuilder()를 사용한다는 것이다. SQLiteDatabase.query()는 간단한 질의에는 편리하지만, 이 함수는 더 수준 높은 질의를 할 때 많은 양의 문자열이 필요하기 때문에 쉽지 않을 수 있다. SQLiteQueryBuilder()는 자바 코드로 복잡한 질의를 더 쉽게 작성할 수 있게 해준다.

DevicesProvider.query()의 경우, INNER JOIN의 질의를 만들기 위해 SQLite-QueryBuilder() 객체를 사용한다. 다음의 코드는 코드 6.14의 SQLiteQueryBuilder 객체의 생성과 초기화 과정을 보여준다.

```
SQLiteQueryBuilder builder = new SQLiteQueryBuilder();

builder.setTables(String.format("%s INNER JOIN %s ON (%s.%s=%s.%s)",
        DevicesOpenHelper.Tables.DEVICE,
        DevicesOpenHelper.Tables.MANUFACTURER,
        DevicesOpenHelper.Tables.DEVICE,
        DevicesContract.Device.MANUFACTURER_ID,
        DevicesOpenHelper.Tables.MANUFACTURER,
        DevicesContract.Manufacturer._ID));
```

SQLiteQueryBuilder를 인스턴스화한 후 setTables()를 호출한다. setTables() 함수에 단순히 테이블명만 전달함으로써 단지 하나의 질의를 하기 위해 사용할 수도 있다. 하지만 INNER JOIN 연산을 하기 위해서는 setTables()에 INNER JOIN SQL 문을 전달해야 한다. String.format() 함수의 결과는 다음과 같다.

```
device INNER JOIN manufacturer ON (device.manufacturer_id=manufacturer._
id)
```

이 형식은 `SELECT`의 기본 형식을 따른다. `setTables()` 호출 후 프로젝션<sup>projection</sup> 맵을 만들어 `SQLiteQueryBuilder.setProjectionMap()`에 전달한다. 그러면 맵에 전달된 컬럼명을 질의문에 나타낼 컬럼명으로 매핑시켜준다. 프로젝션 맵을 만들 때 중요한 점은 `SQLiteQueryBuilder.setProjectionMap()`를 호출하려면, 클라이언트가 정한 모든 컬럼을 맵에 저장해야 한다는 것이다. 심지어 자기자신의 컬럼명을 키와 값으로 매핑할 수 있다. 다음의 코드는 코드 6.13에서 프로젝션 맵을 만드는 과정이다.

```java
final Map<String, String> projectionMap = new HashMap<>();
projectionMap.put(DevicesContract.DeviceManufacturer.MODEL,
        DevicesContract.DeviceManufacturer.MODEL);

projectionMap.put(DevicesContract.DeviceManufacturer.SHORT_NAME,
        DevicesContract.DeviceManufacturer.SHORT_NAME);

projectionMap.put(DevicesContract.DeviceManufacturer.DEVICE_ID,
        String.format("%s.%s AS %s",
                DevicesOpenHelper.Tables.DEVICE,
                DevicesContract.Device._ID,
                DevicesContract.DeviceManufacturer.DEVICE_ID));

projectionMap.put(DevicesContract.DeviceManufacturer.MANUFACTURER_ID,
        String.format("%s.%s AS %s",
                DevicesOpenHelper.Tables.MANUFACTURER,
                DevicesContract.Manufacturer._ID,
                DevicesContract.
                        DeviceManufacturer.MANUFACTURER_ID));

builder.setProjectionMap(projectionMap);
```

`DevicesContract.DeviceManufacturer.MODEL` 컬럼이 자기 자신을 매핑한 것에 주목하자. 다시 한 번 언급하지만, 질의에서 나타낼 모든 컬럼은 프로젝션 맵에 있어야 한다.

이 코드에서 굵은 글씨로 주의깊게 살펴볼 부분을 표시했다. `device`,

manufacturer 테이블 모두 id 컬럼을 가지고 있기 때문에 애매모호한 컬럼명을 확실히 구분짓기 위해 프로젝션 맵을 사용해야 한다. 테이블 이름을 컬럼명 앞에 덧붙여 device_id, manufacturer_id 컬럼을 구분한다. 이렇게 하면 다음과 같은 SQL문을 얻을 수 있다.

```
SELECT device._id, manufacturer._id
```

프로젝션 맵은 덧붙인 문자열 이름을 device 계약에서 정의한 컬럼명으로 매핑할 수 있는데, 이 컬럼명은 DevicesProvider.query()를 호출한 클라이언트가 사용할 수 있다.

프로젝션 맵을 생성한 후 SQLQueryBuilder.setProjectionMap() 함수의 매개 변수로 전달한다.

프로젝션 맵을 설정한 후 SQLiteQueryBuilder.query()를 호출해 데이터베이스에 질의를 할 수 있다. SQLiteQueryBuilder.query()는 SQLiteDatabase.query()와는 달리, 첫 번째 매개 변수로 SQLiteDatabase 객체를 받는다. 다음 코드는 코드 6.13에서 SQLiteQueryBuilder.query() 함수를 호출하는 부분이다.

```
cursor = builder.query(database,
        projection,
        selection,
        selectionArgs,
        null,
        null,
        sortOrder);
```

SQLiteQueryBuilder.query()는 첫 번째 매개 변수 외에 SQLiteDatabase.query()와 동일한 매개 변수를 받고 커서 객체를 반환한다. 그리고 콘텐트 프로바이더가 클라이언트에게 이 커서 객체를 반환한다.

## getType()

DevicesProvider에서 마지막으로 구현할 함수는 getType()이다. 코드 6.15는
getType()을 보여준다.

**코드 6.15** getType() 구현하기

```java
@Override
public String getType(@NonNull Uri uri) {

    final int code = URI_MATCHER.match(uri);
    switch (code) {
        case CODE_ALL_DEVICES:
            return String.format("%s/vnd.%s.%s",
                    ContentResolver.CURSOR_DIR_BASE_TYPE,
                    DevicesContract.AUTHORITY,
                    DevicesContract.Device.PATH);
        case CODE_ALL_MANUFACTURERS:
            return String.format("%s/vnd.%s.%s",
                    ContentResolver.CURSOR_DIR_BASE_TYPE,
                    DevicesContract.AUTHORITY,
                    DevicesContract.Manufacturer.PATH);
        case CODE_DEVICE_ID:
            return String.format("%s/vnd.%s.%s",
                    ContentResolver.CURSOR_ITEM_BASE_TYPE,
                    DevicesContract.AUTHORITY,
                    DevicesContract.Device.PATH);
        case CODE_MANUFACTURER_ID:
            return String.format("%s/vnd.%s.%s",
                    ContentResolver.CURSOR_ITEM_BASE_TYPE,
                    DevicesContract.AUTHORITY,
                    DevicesContract.Manufacturer.PATH);
        default:
            return null;
    }
}
```

다른 함수와 마찬가지로, getType() 함수도 처음에 URI_MATCHER로 정보를 얻어 URI를 알아낸다. UriMacher.match()의 반환값으로 매핑된 int를 반환 받으면, 다른 함수처럼 getType() 함수도 switch문을 사용해 각각의 URI를 처리한다.

getType() 함수는 다른 함수와 달리 데이터베이스를 호출할 필요가 없다. 그 대신 uri 매개 변수의 위치에 대응하는 MIME 형식의 문자열을 반환한다. 6장의 초반에 테이블, 아이템 URI에 대한 MIME 형식의 접두사를 설명했다. 이 접두사 중 아이템 URI의 접두사는 ContentResolver.CURSOR_ITEM_BASE_TYPE에, 테이블 URI의 접두사는 ContentResolver.CURSOR_DIR_BASE_TYPE에 저장돼 있다.

getType() 함수는 String.format()을 사용해 MIME 문자열을 만들고 호출자에게 반환한다.

이제, 완벽한 기능을 갖춘 콘텐트 프로바이더를 완성했고, 내부 앱 컴포넌트나 외부 앱에 디바이스 데이터베이스를 공개할 수 있다. 다음 절에서는 앱이 과연 콘텐트 프로바이더가 필요한지 논의한다.

## 콘텐트 프로바이더를 언제 사용해야 하는가?

앱에 콘텐트 프로바이더의 추가하는 것은 조금 생각해볼 문제라고 할 수 있다. 콘텐트 프로바이더는 사용자, 액티비티, 프래그먼트와 같이 데이터를 보여주는 안드로이드 컴포넌트간에 추상화 계층을 제공하지만, 콘텐트 프로바이더를 작성하고 사용하는 것은 복잡하다. 결론적으로 이 질문에 맞고 틀린 답은 없다. 왜냐하면 콘텐트 프로바이더의 추가는 언제나 개발하는 앱의 주변 환경 요소에 의해 결정되기 때문이다. 이 절에서는 콘텐트 프로바이더의 장단점을 알아보고, 콘텐트 프로바이더의 사용을 결정해보자.

### 콘텐트 프로바이더의 단점

콘텐트 프로바이더를 사용하면 데이터베이스 접근과 관련한 문제들을 줄일 수 있지만, 결점이 없는 것은 아니다. 다음 절에서는 콘텐트 프로바이더의 단점을 설명했다.

## 추가적인 코드의 작성

콘텐트 프로바이더를 사용하는 데 있어 가장 부정적인 측면 중 하나는 추가로 작성해야 할 보일러플레이트^boilerplate, 반복 사용되는 코드^ 코드의 양이다. SQLiteOpenHelper, SQLiteDatabase 객체와 직접 비교했을 때, 콘텐트 프로바이더를 사용하려면 더 많은 코드를 작성해야 한다. 이 말은 URI에 따라 테이블을 선택하는 코드를 작성하고 저수준 데이터베이스 접근 객체에 연산의 호출을 위임해야 한다는 뜻이다. 또한 새로운 테이블과 추가적인 INNER JOIN 질의를 위해 최소한 switch문을 확장해야 한다.

콘텐트 프로바이더와 함께, 데이터베이스가 점점 확장될수록, 계약 클래스를 작성하고 유지해야 한다. 앱이 다른 앱에 데이터를 공개한다면 특히 이 부분이 중요할 수밖에 없다. 하지만 내부 앱의 컴포넌트만이 데이터를 사용한다고 하더라도 계약 클래스를 만드는 것은 결코 나쁘지 않다.

콘텐트 프로바이더를 사용하는 데 필요한 보일러플레이트 코드의 양을 줄일 수 있는 해결책은 안드로이드 커뮤니티가 발표하는 프로젝트일 것이다. 신속한 구글 검색이 콘텐트 프로바이더를 만드는 데 도움을 주는 코드나 프로젝트를 결과로 내놓을 것이다.

## URI와 커서의 사용

콘텐트 프로바이더를 사용할 경우, 앱의 모델 데이터를 나타내기 위해 컴포넌트는 자바 클래스를 사용하는 대신 URI와 커서를 사용해야 한다. 특히 POJO^Plain Old Java Ob-ject^에 익숙하고, 콘텐트 프로바이더와 친숙하지 않은, 안드로이드 개발이 처음인 개발자에게는 쉽지 않다.

또한 이 책을 집필할 때, 안드로이드 데이터 바인딩^binding^ 라이브러리는 커서를 지원하지 않았다. 이 말은 앱이 콘텐트 프로바이더에게 질의를 해야 하고, 반환하는 커서의 외부에 자바 객체를 만들어야만 데이터 정보를 URI로 표현할 수 있다는 뜻이다. 커서를 객체로 변환하는 이러한 새로운 계층은 새로운 메모리 변동^memery churn^을 일으킨다. 왜냐하면 OS는 객체에 대해 메모리를 할당하고 가비지 콜렉터는 객체가 더 이상 사용되지 않으면 메모리를 회수해야 하기 때문이다.

## 데이터베이스를 종료할 장소의 부재

데이터베이스 작업을 할 때, 데이터베이스와의 연결이 필요하다. 여러 가지 작업을 할 때마다 새로운 데이터베이스를 연결할 때 발생하는 오버헤드를 피하기 위해, 일반적으로 데이터베이스 연결을 유지하는 것이 좋다.

앱의 코드로 데이터베이스를 연결하기 때문에 동일한 앱의 코드로 데이터베이스를 종료해야 하는 것은 당연한 말이다. 이 작업은 콘텐트 프로바이더에서 조금 번거로운 부분이 될 수 있다. 일반적으로 데이터베이스의 모든 연산은 동일한 SQLiteDatabase 객체를 이용해 단 한 번만 연결한다. SQLiteOpenHelper.getWritable() 함수를 여러 번 호출하더라도, 이 함수는 여러 번의 연결을 생성하는데, 이때 오버헤드를 줄이기 위해 내부적으로 SQLiteDatabase 인스턴스를 캐시cache한다. 콘텐트 프로바이더의 생명주기에 처음에 호출되는 함수는 있어도 (ContentProvider.onCreate()) 콘텐트 프로바이더가 종료될 때 호출되는 함수는 없다. 이 말은 데이터베이스가 연결되면 이 연결을 종료할 마땅한 장소가 insert()/update()/delete()/query() 외에는 없다는 뜻이다(각 함수는 오버헤드가 생겨도 데이터베이스를 다시 연결해야 한다).

이 부분은 소수의 사람들에게 문제가 될 수 있다. 안드로이드 플랫폼 엔지니어들은 안드로이드가 프로세스를 정리할 때 데이터베이스를 종료한다고 발표했다. 그러나 여전히 앱을 종료하기 전에 데이터베이스의 연결을 끊어야 확실한 일 처리라고 생각하는 사람들이 있다.

## 콘텐트 프로바이더의 장점

콘텐트 프로바이더가 단점을 가지고 있지만, 장점도 가지고 있다. 다음 절에서는 왜 콘텐트 프로바이더를 쓰면 유리한지 설명한다.

## 구조화 데이터의 추상화 계층

콘텐트 프로바이더는 데이터 저장소와 앱에서 데이터를 검색하는 방법을 숨길 수 있는 좋은 수단이다. 왜냐하면 콘텐트 프로바이더는 실제로 구조화된 데이터의 인 터페이스이기 때문에 다른 앱 컴포넌트는 데이터 저장소의 실제 메커니즘을 알 필 요가 없다. 예를 들어, 콘텐트 프로바이더는 데이터베이스에 저장돼 있거나, 디스크 의 파일, 심지어 웹 서비스를 이용해 원격 시스템의 데이터를 공개할 수 있다. 컴포 넌트는 데이터의 저장 방식을 전혀 모르기 때문에 콘텐트 프로바이더를 사용하는 클라이언트와 상관 없이 데이터 저장 메커니즘을 바꿀 수 있다(계약 클래스는 바뀌지 않는다고 가정하자).

그리고 콘텐트 프로바이더를 사용하면 데이터를 접근하는 클라이언트가 내부 컴포넌트이든, 외부 앱이든 동일한 방법으로 데이터 저장 정보에 접근할 수 있다. 하나의 인터페이스로 모든 데이터를 내부나 원격에 제공하면 복잡하지 않게 데이 터에 접근할 수 있다.

데이터베이스에 데이터를 저장하는 앱은 대부분 데이터베이스와 비즈니스 로직 간에 상호작용하는 계층이 필요하다. 안드로이드에서는 콘텐트 프로바이더가 그 계 층의 역할을 하며, 이 계층은 여러 가지 장점을 가지고 있다.

## 다른 안드로이드 컴포넌트의 든든한 지원군

콘텐트 프로바이더는 안드로이드 SDK(데이터 바인딩 API의 예외와 함께)에서 다른 안 드로이드 컴포넌트를 도와주는 든든한 지원군이다. 콘텐트 프로바이더에서 가장 편 리한 것 중 하나가 커서 로더다. 안드로이드 문서에는 커서 로더를 사용할 때 콘텐 트 프로바이더를 사용하라고 권고하고 있다. 콘텐트 프로바이더 없이도 커서를 사 용할 수 있지만, 구현이 더 어려울 수 있다.

액티비티, 프래그먼트의 구성 변경 후에 재생성된 경우, 마지막 로더의 커서로 자동으로 다시 연결되기 때문에 데이터를 다시 질의하지 않아도 된다. 또한 로더는 UI 스레드가 아닌 다른 스레드에서 비동기 방식으로 데이터베이스의 데이터를 가 져오고, 메인 스레드로 그 결과(일반적으로 질의)를 UI로 나타낸다. 5장의 커서 로더 설명에서 커서 로더를 사용할 때 커서 로더, 액티비티는 명시적으로 콘텐트 리졸버나 콘텐트 프로바이더를 호출할 필요가 없었다. 왜냐하면 커서 로더는 자신만의 고유한 작업을 처리하기 때문이다.

콘텐트 프로바이더를 구현해 커서 로더를 사용하면 데이터를 불러와서 UI로 표현하기까지 어렵지 않으며, 많은 양의 코드도 필요하지 않다. 게다가 액티비티 생명주기 이벤트는 커서 객체와 관련돼 있기 때문에 안드로이드 시스템이 액티비티 생명주기를 관리하더라도 개발자는 종료하지 않은 커서로 발생하는 메모리 누수에 대해 전혀 신경 쓸 필요가 없다.

커서 로더와 더불어, 동기 어댑터<sup>adapter</sup>와 검색 API 또한 콘텐트 프로바이더를 사용한다. 경우에 따라 어떤 API는 콘텐트 프로바이더를 사용하기도 한다.

## 프로세스 간 대화

콘텐트 프로바이더의 핵심 장점 중 하나는 프로세스 간에 데이터를 쉽게 전달할 수 있다는 것이다. 콘텐트 프로바이더로 다른 2개의 앱간 대화를 할 수 있고, 심지어 다른 두 프로세스에서 동작하는 하나의 앱 내에서도 가능하다. 6장의 초반에 언급했듯이, 콘텐트 리졸버와 콘텐트 프로바이더 간에 상호작용을 하면, 앱 간에 프로세스 대화를 할 수 있다.

안드로이드는 다른 두 프로세스에서 동작하는 컴포넌트 간에 데이터를 전달하기 위해 다른 메커니즘을 제공한다. 그중 하나는 바운드 서비스<sup>bound service</sup>를 사용하고 안드로이드 인터페이스 정의 언어<sup>AIDL</sup>를 정의하는 것이다. 이 방법으로 대화는 할 수 있지만, 앱의 요구에 맞지 않을 수 있다.

서비스는 UI 없이 백그라운드에서 긴 작업을 수행하는 데 매우 용이하다. 프로세스 간 데이터를 전달하는 데 서비스를 사용하지만, 그 작업이 길지 않다면 서비스를 이용하지 않는 것이 좋다. 게다가 서비스는 데이터를 조회하기 위해 데이터베이스를 호출해야 하고, 수동으로 데이터를 조작해야 한다. 그래야만 다른 프로세스에 데이터를 넘겨줄 수 있다.

## 요약

콘텐트 프로바이더는 내부 데이터를 외부 앱에 공개하고, 앱 데이터베이스와 UI 로직 간에 추상화 계층을 제공한다. 콘텐트 프로바이더를 콘텐트 리졸버와 함께 사용하면, 개발자는 하나의 프로세스에서 다른 프로세스에 데이터 전달 방법의 세부사항에 대해 걱정할 필요 없다.

앱은 권한을 설정해 콘텐트 프로바이더가 제공하는 데이터에 접근하는 외부 앱의 접근을 통제할 수 있다. 이렇게 하면 외부 앱이 내부 데이터베이스에 접근을 허용해야 할 때, 유연하게 처리할 수 있다.

콘텐트 프로바이더를 커서 로더와 같이 사용하면, 콘텐트 프로바이더는 안드로이드에서 데이터 접근과 관련된 일반적인 작업을 할 수 있다.

다음 장에서는 커서 로더를 사용해 사용자에게 보여줄 뷰에 데이터를 불러오는 과정을 좀 더 자세히 알아본다.

# 7

# 데이터베이스와 UI

앱이 점점 복잡해질수록 데이터베이스의 데이터 저장 필요성도 점점 증가한다. 지금까지는 데이터의 저장에 대해 논의했지만, 데이터베이스에서 불러온 데이터를 사용자에게 보여주는 방법은 설명하지 않았다. 이 주제는 일반적인 패턴이기 때문에 매우 중요하다. 이 장에서는 안드로이드 데이터베이스 API를 사용해 사용자에게 데이터를 보여주는 전략을 몇 가지 소개한다.

## 데이터베이스의 데이터를 UI로 보여주기

사용자에게 UI로 데이터를 보여주기 전에, UI는 데이터베이스로 불러온 데이터를 얻어야 한다. 이 부분은 안드로이드 스레드가 주목해야 할 부분이다. 데이터베이스를 읽는 것은 내부 앱 저장소를 읽는 것이기 때문에 메인 스레드에서 이 작업을 해선 안 된다. 일반적으로 데이터베이스의 접근은 빠르지만, 메인 스레드는 블러킹 block될 수 있기 때문에 메인 스레드로 내부 저장소를 읽는 것은 좋은 생각이 아니다. 게다가 멀티 스레드 데이터베이스 접근을 수용해야 하기 때문에 데이터베이스를 연결하는 스레드가 블러킹될 수 있다.

안드로이드에서는 백그라운드 스레드로 데이터베이스 읽기 연산을 수행해야 하고, 항상 메인 스레드로 UI를 수정해야 한다. 메인 스레드가 아닌 스레드에서 뷰를 수정하면 런타임 예외runtime exception가 발생할 것이다.

"5장, 안드로이드에서 데이터베이스와 작업하기"에서 언급했듯이, 커서 로더는 백그라운드 스레드로 데이터베이스를 접근하고 메인 스레드로 UI를 수정할 수 있다.

## 커서 로더로 스레드 다루기

로컬 데이터베이스의 데이터를 읽기 위해 커서 로더를 사용한다. 액티비티, 프래그먼트는 로더 프레임워크를 사용해 원하는 프로젝션, 선택자 매개 변수로 나온 커서 로더를 생성한다. 로더 프레임워크는 자기 스스로 스레드를 관리한다. 이 말은 백그라운드 스레드로 데이터베이스를 읽고, 메인 스레드로 `LoaderManager.LoaderCallbacks.onLoadFinished()`를 호출을 한다는 의미다. `onLoadFin-ished()`에 전달된 커서는 데이터를 담은 UI를 수정하기 위해 사용한다.

커서 로더를 사용할 때 기억해야 할 사항은 커서 로더는 기본적으로 콘텐트 프로바이더를 사용해 데이터에 접근한다는 것이다. 앱이 콘텐트 프로바이더를 가지지 않으면, 커서 로더를 사용할 수 없다.

## 커서 데이터를 UI에 바인딩하기

커서를 `LoaderManager`로 반환 받으면, UI를 수정하기 위해 커서를 사용할 수 있다. UI에 따라 작업을 할 수 있는 방법은 여러 가지다. 간단한 UI는 커서의 결과에 단 하나의 로우만 필요할 수 있다. 이 경우, `onLoadFinished()` 함수에서 바로 커서 데이터를 읽고, 뷰를 수정하면 된다. 코드 7.1은 뷰를 수정하기 위해 커서의 로우 하나를 사용한 예제를 보여준다.

**코드 7.1** 커서에서 로우 하나를 사용해 뷰 수정하기

```
@Override
public void onLoadFinished(Loader<Cursor> loader, Cursor data) {
    if (data != null && data.moveToFirst()) {
        String model =
                data.getString(data.getColumnIndexOrThrow(DevicesContract
                    .DeviceManufacturer.MODEL));
```

```
modelView.setText(model);

String nickname =
        data.getString(data.getColumnIndexOrThrow(DevicesContract
                                          .DeviceManufacturer
                                          .NICKNAME));

nicknameView.setText(nickname);

String manufacturerShortName =
        data.getString(data.getColumnIndexOrThrow(DevicesContract
                                          .DeviceManufacturer
                                          .LONG_NAME));
manufacturerShortNameView.setText(manufacturerShortName);
}
```

코드 7.1은 사용자가 목록에서 하나의 아이템을 선택하고, 그 아이템을 보여줄 때 사용할 수 있다.

커서를 사용해 데이터베이스 아이템의 목록을 보여주는 것은 조금 복잡하다. 왜냐하면 아이템 목록을 나타내는 방법이 종류별로 다르기 때문이다. 안드로이드는 아이템 목록을 효과적으로 보여주기 위해 2개의 뷰를 제공한다. 그 뷰는 ListView와 RecyclerView다.

## ListView

ListView는 어댑터<sup>adapter</sup>를 사용해 데이터 목록을 UI에 바인딩한다. 안드로이드 SDK는 커서를 ListView에 바인딩하기 위해 사용하는 클래스를 제공한다. 그중 하나는 SimpleCursorAdapter이다. SimpleCursorAdapter는 커서의 컬럼명을 ListView 목록 아이템의 TextView에 매핑할 때 사용하는 클래스다. 코드 7.2는 액티비티에서 SimplelCursorAdapter를 사용해 반환된 커서를 ListView에 연결하는 코드다.

**코드 7.2** SimpleCursorAdapter를 이용해 커서 연결하기

```
private simpleCursorAdapter SimpleCursorAdapter;

@Override
protected void onCreate(Bundle savedInstanceState) {
    super.onCreate(savedInstanceState);

    String[] columnNames = {
            DevicesContract.Device.MODEL,
            DevicesContract.Device.NICKNAME
    };

    int[] viewNames = {
            R.id.modelView,
            R.id.nicknameView
    };

    simpleCursorAdapter = new SimpleCursorAdapter(this,
            R.layout.list_item,// 레이아웃
            null, // 커서
            columnNames, // 컬럼명
            viewNames, // 뷰 이름
            0);

    listView.setAdapter(simpleCursorAdapter);

    getLoaderManager().initLoader(LOADER_ID_DEVICES, null, this); }
}

@Override
public void onLoaderReset(Loader<Cursor> loader) {
    simpleCursorAdapter.changeCursor(null);
}

@Override
public void onLoadFinished(Loader<Cursor> loader, Cursor data) {
```

```
    simpleCursorAdapter.changeCursor(data);
}
```

---

　　코드 7.2의 SimpleCursorAdapter는 액티비티의 onCreate()에서 생성된다. 생성자는 커서의 로우를 위한 레이아웃, 데이터가 저장된 커서, 컬럼명의 배열, 커서의 데이터를 보여주기 위한 레이아웃 내 뷰 ID의 배열을 매개 변수로 받는다. 컬럼명의 배열과 뷰 ID의 배열은 동일한 순서를 사용해 뷰 ID와 컬럼명을 매핑한다.

　　컬럼명의 배열은 DevicesContract에 있는 값을 원소로 가진다. 뷰 ID는 레이아웃에 모두 포함돼 있고, SimpleCursorAdapter의 생성자에 전달된다.

　　SimpleCursorAdapter 생성자에 커서 대신 null 값을 전달하는 것에 주목하자. 왜냐하면 onCreate()가 호출되는 동안, 데이터를 받을 커서가 아직 사용 불가능하기 때문이다. SimpleCursorAdapter의 생성자는 null 값을 받을 수 있고, 커서가 사용 가능해질 때, 액티비티가 어댑터를 수정할 수 있다.

　　onCreate() 함수는 끝으로 어댑터를 ListView에 전달하고, 데이터베이스의 데이터를 읽기 위해 LoaderManager를 호출해 종료한다.

　　데이터베이스의 질의가 끝나고 결과를 사용할 수 있으면, LoaderManager는 onLoadFinished()를 호출한다. 코드 7.2의 onLoadFinished()은 단지 SimpleCursorAdapter.changeCursor()만 호출한다. 이렇게 하면, 어댑터는 새로운 커서를 입력 데이터로 사용하고, 과거의 커서가 존재하면 그 커서를 종료한다.

　　코드 7.2의 마지막 함수는 onLoaderReset()다. 이 함수는 로더가 리셋됐거나 데이터를 더 이상 사용하지 않을 때 LoaderManager를 호출한다. SimpleCursorAdapter는 로더가 제공한 커서 데이터를 참조하기 때문에 changeCursor() 함수에 null 값을 전달한다. 이렇게 하면 어댑터와 ListView가 데이터를 사용하지 않는다는 것을 보장할 수 있다.

　　SimpleCursorAdapter는 사용하기 쉽지만, 유연하게 사용할 수는 없다. SimpleCursorAdapter는 충분히 유연하지 않기 때문에 CursorAdapter를 대신 사용할 수 있다.

　　CursorAdapter는 SimpleCursorAdapter의 일반적인 형태다. SimpleCursorAdapter

는 실제로 CursorAdapter를 상속하고, 추상 함수를 구현한다. CursorAdapter를 사용하기 위해서는 추상 함수를 구현해야 한다. 코드 7.3은 커서를 액티비티의 뷰에 바인딩하기 위해 CursorAdapter의 사용 예제를 보여준다.

**코드 7.3** CursorAdapter를 이용해 커서 연결하기

```java
public class DeviceAdapter extends CursorAdapter {
    public DeviceAdapter() {
        super(DeviceListActivity.this, null, 0);
    }

    @Override
    public View newView(Context context, Cursor cursor, ViewGroup parent) {
        View view
            = LayoutInflater.from(context).inflate(R.layout.list_item,
                                                    parent,
                                                    false);

        Holder holder = new Holder(view);
        view.setTag(holder);

        return view;
    }

@Override
public void bindView(View view, Context context, Cursor cursor) {
    String model =
        cursor.getString(cursor
        .getColumnIndexOrThrow(DevicesContract.Device.MODEL));
    String nickname =
        cursor.getString(cursor
            .getColumnIndexOrThrow(DevicesContract.Device.NICKNAME));

    Holder holder = (Holder) view.getTag();
    holder.modelView.setText(model);
    holder.nicknameView.setText(nickname);
}
```

어떤 클래스가 CursorAdapter를 상속하면, 추상 함수인 newView(), bindView()를 구현해야 한다. 코드 7.3에서 newView()는 단순히 레이아웃을 인플레이트(inflate:xml의 레이아웃 뷰의 정의를 실제 뷰 객체로 만드는 과정)하고, findViewById()의 불필요한 호출을 방지하기 위해 뷰 홀더<sup>view holder</sup>에 인플레이트한 뷰 객체를 추가하며, 그 뷰를 반환한다.

bindView() 함수는 커서 매개 변수를 사용해 데이터를 읽고 뷰 매개 변수에 데이터를 추가한다. 함수 내에 Cursor.moveToFirst(), Cursor.moveToPosition() 같은 함수의 호출 없이 커서의 내부 위치를 수정하는 것에 주목하자. 왜냐하면 CursorAdapter는 관련 있는 로우를 가르키기 위해 내부적으로 커서를 수정하는 작업을 하기 때문이다.

## RecyclerView

RecyclerView는 사용자에게 아이템의 목록을 보여주기 위한 ListView의 새로운 대안법이다. ListView처럼, RecyclerView도 커서의 각 로우를 뷰에 바인딩하기 위해서 어댑터가 필요하다. 하지만 ListView와 달리, 현재 RecyclerView를 커서에 바인딩하기 위해 미리 정의된 어댑터가 없다. 이 말은 RecyclerView를 사용하기 위해 커서를 지원하는 어댑터를 하나 만들어야 한다는 뜻이다.

RecyclerView 모든 어댑터는 RecyclerView.Adapter를 상속한다. 커서를 지원하는 RecyclerView의 구현은 6장의 후반에 나와 있다.

### 객체 관계 매핑

객체 관계 매핑(ORM, Object-Relational Mapping)은 자바 객체를 관계형 데이터베이스에 매핑하는 과정이다. 이 매핑은 애플리케이션 모델 객체를 쉽게 관계형 데이터베이스에 저장할 수 있다. 왜냐하면 ORM 소프트웨어가 데이터베이스를 읽고/쓰는 세부사항을 관리하기 때문이다. ORM은 객체를 관계형 데이터베이스에 저장할 때 각광 받는 패러다임이다.

안드로이드 SDK는 ORM에 대한 지원이 없다. 하지만 ORM 기능을 지원하는 서드파티 라이브러리는 많다. 커서 로더와 같은 컴포넌트를 사용하는 대신 이러한 라이브러리를 사용해 안드로이드 앱을 개발하면 편리할 수 있지만, 그 기능에 대한 희생은 감수해야 한다.

안드로이드 표준 데이터베이스 툴을 사용하면 안드로이드의 모든 데이터 접근은 커서 클래스와 함께 발생한다. 커서는 실제 데이터베이스 상위의 추상화 계층을 제공하고 결과를 메모리에 기억해 두어 애플리케이션 코드가 쉽게 데이터에 접근할 수 있다.

ORM 라이브러리를 사용하면 커서를 자바 객체에 매핑하기 위해 라이브러리가 안드로이드 커서 상위에 또 다른 추상화 계층을 만든다. 이 말은 새로운 객체가 생성되고, 결국 가비지 콜렉터의 대상이 된다는 뜻이다.

객체의 생성과 가비지 콜렉션이 사소해 보이지만, 그런 불필요한 것조차 논쟁이 될 수 있다. 왜냐하면 커서는 자바 객체처럼 매우 쉽게 UI에 바인딩되기 때문이다.

## 관찰자 역할의 커서

커서를 이용해 안드로이드 관계형 데이터베이스에 접근하면 커서가 데이터베이스의 관찰자가 될 수 있다는 장점이 있다. 안드로이드 컴포넌트가 커서를 가지면, 컴포넌트는 커서의 데이터가 변경됐을 때 알아차릴 수 있는 관찰자를 등록할 수 있다. 이 기능은 데이터베이스에 변경사항이 생기면 UI를 항상 최신으로 유지할 수 있기 때문에 유용하다.

커서 클래스는 관찰자 패턴을 사용하도록 다음과 같은 함수를 제공한다.

- `Cursor.registerContentObserver()`
- `Cursor.registerDataSetObserver()`
- `Cursor.unregisterContentObserver()`
- `Cursor.unregisterDataSetObserver()`
- `Cursor.setNotificationUri()`

데이터베이스의 변경사항을 폴링<sup>polling, 상태를 주기적으로 검사</sup>하는 것보다 위의 함수를 사용해 관찰자 패턴을 사용하면 데이터의 변경사항에 쉽게 반응할 수 있다.

### registerContentObserver(ContentObserver)

데이터 소스에 변경사항이 생기면 콜백을 받기 위해 `registerContentObserver` 함수를 사용해 관찰자를 등록한다. 데이터 소스가 변경되더라도 변경사항을 반영하기 위해 커서의 데이터는 갱신되지 않는다. 사실 데이터 소스의 변경사항이 생기면 커서를 수정하기 위해 `ContentObserver`를 사용한다. `Cursor.requery()`를 호출해 커서를 갱신할 수도 있지만, 백그라운드 스레드로 데이터 소스의 데이터를 나타내는 새로운 커서를 얻는 것이 일반적으로 바람직하다.

관찰자를 등록하기 위해 `registerContentObserver()` 함수를 사용한다. 관찰자는 `ContentObserver`를 상속해야 하고 다음의 함수 중 아무나 오버라이드해야 한다.

- `public boolean deliverSelfNotification()`: 관찰자가 데이터 소스를 변경했을 때 그 변경의 알림을 받아야 할지를 나타낼 때 사용한다.
- `public void onChange(boolean selfChange, Uri uri)`: 데이터 소스의 변경이 일어났을 때 호출된다.
- `public void onChange(boolean selfChange)`: 이 오버로드된 `onChange()` 함수는 API 16에 추가됐다. 다른 오버로드된 `onChange()` 함수와 비슷한 기능을 가진다. 두 함수 모두 데이터 소스가 변경됐을 때 호출되고, 만약 변경사항이 자체 변경사항<sup>self-change</sup>인지 나타내기 위해 `boolean` 매개 변수를 사용한다. 또한 이 함수는 변경된 데이터의 URI인 `Uri` 매개 변수를 받는다. 안드로이드 16 버전 이하의 호환성을 위해 코드 7.4처럼 두 `onChange()` 함수를 묶어서 호출하는 것이 좋다.

**코드 7.4** onChange() 함수 호출 묶기

```
public void onChange(boolean selfChange, Uri uri) {
// 변경사항의 알림을 받는다
}

public void onChange(boolean selfChange) {
onChange(selfChange, null);
}
```

ContentProvider는 Handler 객체를 받는 생성자 하나를 가진다. 이 Handler 인
스턴스는 데이터 변경사항의 콜백 응답으로 사용한다.

### registerDataSetObserver(DataSetObserver)

커서 내부의 데이터에서 변경사항 알림을 받기 위해서는 registerDataSetObserver
함수를 사용한다. 이 함수와 registerContentObserver()의 차이는 register
ContentObserver()는 데이터 소스의 변경사항을 관찰하고, registerData
SetObserver()는 데이터 소스를 나타내는 커서의 변경사항을 관찰한다.

registerDataSetObserver() 함수는 커서 데이터의 변경사항이 생기면 사용할
DataSetObserver 타입의 매개 변수를 받는다. DataSetObserver를 상속하는 클래
스는 다음 함수 중 1개 또는 2개를 오버라이드해야 한다.

- public void onChange(): 커서의 데이터가 변경되면 이 함수를 호출한다. 이
  함수는 일반적으로 requery()의 호출에 응답한다.
- public void onInvalidate(): 커서의 데이터가 유효하지 않고 더 이상 사용
  하지 않을 때 이 함수가 호출된다. 커서가 닫힐 때 onInvalidate() 함수가 호
  출된다.

### unregisterContentObserver(ContentObserver)

더 이상 콜백을 받지 않으려면 이 함수를 사용해 ContentObserver를 해지해야 한
다. 메모리 누수를 방지하기 위해 등록된 관찰자도 해지해야 한다.

## unregisterDataSetObserver(DataSetObserver)

이 함수를 사용해 DataSetObserver를 해지한다.

## setNotificationUri(ContentResolver, Uri)

setNotificationUri 함수는 변경사항을 감시할 URI를 등록한다. 이 URI는 콘텐트 리졸버의 1개 아이템이거나 아이템의 테이블 전체일 수 있다.

## 액티비티에서 콘텐트 프로바이더 접근하기

지금까지 콘텐트 프로바이더를 사용해 액티비티 UI를 수정하는 여러 가지 방법을 알아보았다. 이제 한 가지 예제를 살펴보자. 이 예제는 지금까지 설명했던 예제인 모바일 디바이스 데이터에 관한 것이다. 앱에서 처음 나오는 액티비티(DeviceListActivity)는 데이터베이스에 저장된 디바이스의 목록을 제조사 정보와 함께 보여준다.

### 액티비티 레이아웃

DeviceListActivity는 RecyclerView를 사용해 사용자에게 디바이스 목록을 보여준다. 이제 데이터베이스의 데이터를 조회해 사용자에게 보여주는 코드를 살펴보자.

코드 7.5는 DeivceListActivity의 XML 레이아웃이다.

**코드 7.5** DeviceListActivity 레이아웃

```
<android.support.design.widget.CoordinatorLayout
    xmlns:android="http://schemas.android.com/apk/res/android"
    xmlns:app="http://schemas.android.com/apk/res-auto"
    xmlns:tools="http://schemas.android.com/tools"
    android:layout_width="match_parent"
    android:layout_height="match_parent"
    android:fitsSystemWindows="true"
    tools:context=".device.DeviceListActivity">
```

```
<include layout="@layout/appbar" />

<android.support.v7.widget.RecyclerView
    android:id="@+id/recycler_view"
    android:layout_width="match_parent"
    android:layout_height="match_parent"
    app:layout_behavior="@string/appbar_scrolling_view_behavior"
    android:paddingTop="8dp"
    android:paddingBottom="8dp"/>

<TextView
    android:id="@+id/empty"
    android:layout_width="match_parent"
    android:layout_height="match_parent"
    android:text="@string/no_devices_message"
    android:gravity="center"/>

<android.support.design.widget.FloatingActionButton
    android:id="@+id/fab"
    android:layout_width="wrap_content"
    android:layout_height="wrap_content"
    android:layout_margin="@dimen/fab_margin"
    android:src="@drawable/ic_add_white_24dp"
    android:layout_gravity="bottom|end" />
</android.support.design.widget.CoordinatorLayout>
```

DeviceListActivity 레이아웃은 디바이스 정보를 보여주는 RecyclerView와 데이터베이스에 디바이스 정보가 없을 때 보여주는 뷰를 가진다. 이 2개의 뷰는 코드 7.5에서 굵은 글씨로 표시했다.

RecyclerView를 통해 디바이스를 보여주기 위해 디바이스의 요약 정보를 보여주기 위한 레이아웃이 하나 필요하다. 그 레이아웃은 CardView를 사용하고, 하나의 TextView로 디바이스 정보를 보여준다. 코드 7.6은 사용자에게 디바이스 요약 정보를 보여주기 위해 사용하는 list_item_device.xml을 보여준다.

**코드 7.6** list_item_device.xml 정의

```xml
<android.support.v7.widget.CardView
    xmlns:android=http://schemas.android.com/apk/res/android
    xmlns:tools="http://schemas.android.com/tools"
    android:layout_width="match_parent"
    android:layout_height="wrap_content"
    android:layout_marginStart="16dp"
    android:layout_marginEnd="16dp"
    android:layout_marginTop="8dp"
    android:layout_marginBottom="8dp">
    <TextView android:id="@+id/name"
        android:layout_width="match_parent"
        android:layout_height="wrap_content"
        android:padding="16dp"
        tools:text="model"/>
</android.support.v7.widget.CardView>
```

## 액티비티 클래스 정의

지금까지 정의한 레이아웃과 함께 이제 DeviceListActivity를 알아볼 차례다. 코드 7.7은 DeviceListActivity 클래스를 정의한다.

**코드 7.7** DeviceListActivity 클래스 정의

```java
public class DeviceListActivity extends BaseActicity
        implements LoaderManager.LoaderCallbacks<Cursor> {
```

DeviceListActivity 클래스는 BaseActivity를 상속하고, LoaderManager. LoaderCallbacks<Cursor> 인터페이스를 구현한다. BaseActivity는 프로젝트의 모든 액티비티가 상속하는 일반적인 기본 클래스다.

DeviceListActivity는 LoaderManager.LoaderCallbacks<Cursor>를 구현했기 때문에 LoaderManager의 콜백 객체로 사용할 수 있다. 이렇게 하면, 데이터베이스와 상호작용할 수 있고, 데이터 소스의 변경에 응답할 수 있다.

DeviceListActivity.onCreate() 함수는 약간 심심하다. 이 함수는 뷰를 초기화하고 LoaderManager.initLoader()를 호출해 데이터베이스의 디바이스 정보를 읽어오기 시작한다. 코드 7.8은 onCreate()를 보여준다.

**코드 7.8** onCreate() 함수 구현

```
@Override
protected void onCreate(Bundle savedInstanceState) {
    super.onCreate(savedInstanceState);
    setContentView(R.layout.activity_device_list);

    Toolbar toolbar = (Toolbar) findViewById(R.id.toolbar);
    toolbar.setTitle(getTitle());

    // 추가적인 초기화 작업...

    recyclerView = (RecyclerView) findViewById(R.id.recycler_view);
    empty = (TextView) findViewById(R.id.empty);

    recyclerView.setLayoutManager(new LinearLayoutManager(this));
    recyclerView.setAdapter(new DeviceCursorAdapter());
    getLoaderManager().initLoader(LOADER_ID_DEVICES, null, this);
}
```

## 커서 로더 생성

DeviceListActivity는 다른 안드로이드 생명주기 함수(onStart(), onResume() 등)를 구현하지 않는다. LoaderManager.initLoader() 함수를 호출하면 커서 로더가 생성되고 LoaderManager에게 반환하는 onCreateLoader()를 실행한다. 코드 7.9는 onCreateLoader()의 구현을 보여준다.

**코드 7.9** onCreateLoader()에서 로더 생성

```
@Override
public Loader<Cursor> onCreateLoader(int id, Bundle args) {
    Loader<Cursor> loader = null;
    String[] projection = {
            DevicesContract.DeviceManufacturer.MODEL,
            DevicesContract.DeviceManufacturer.DEVICE_ID,
            DevicesContract.DeviceManufacturer.SHORT_NAME
    };

    switch (id) {
        case LOADER_ID_DEVICES:
            loader = new CursorLoader(this,
                    DevicesContract.DeviceManufacturer.CONTENT_URI,
                    projection,
                    null,
                    null,
                    DevicesContract.DeviceManufacturer.MODEL);
            break;
    }

    return loader;
}
```

onCreateLoader()의 구현은 "6장, 콘텐트 프로바이더"에서 커서 로더를 소개한 예재와 비슷하다. 질의의 프로젝션을 정하기 위해 DeivcesContract.DeviceManufacturer 계약 클래스를 사용한다. DeviceListActivity는 데이터베이스에 저장된 모든 디바이스를 보여줘야 하기 때문에 커서 로더 생성자의 selection 매개 변수에 아무것도 전달하지 않는다. 프로젝션과 조회할 데이터의 URI을 제외한, 다른 null이 아닌 다른 매개 변수는 정렬 순서를 정하는 마지막 매개 변수다. DevicesContract.DeviceManufacturer.MODEL 값을 전달하면 콘텐트 프로바이더는 질의의 결과를 모델 이름으로 정렬한다. 이렇게 하면 디바이스 목록이 액티비티에서 알파벳순으로 정렬된다.

## 반환된 데이터 처리

onCreateLoader()가 생성된 커서 로더를 반환하면, DeviceListActivity는 onLoadFinished()에서 콘텐트 프로바이더가 반환하는 데이터를 기다려야 한다. LoaderManager는 백그라운드 스레드로 데이터베이스 조회 연산을 수행하기 때문에 메인 스레드는 블러킹되지 않는다. 그래서 액티비티가 반환되는 데이터를 기다리는 동안 애플리케이션 무응답 에러[ANR]에 대해 염려할 필요가 없다.

코드 7.10은 콘텐트 프로바이더가 반환하는 데이터와 상호작용하기 위해 준비하는 onLoadFinished()의 구현을 보여준다.

**코드 7.10** onLoadFinished()에서 커서 전달

```
@Override
public void onLoadFinished(Loader<Cursor> loader, Cursor data) {
    if (data == null || data.getCount() == 0) {
        empty.setVisibility(View.VISIBLE);
        recyclerView.setVisibility(View.GONE);
    } else {
        empty.setVisibility(View.GONE);
        recyclerView.setVisibility(View.VISIBLE);
        (DeviceCursorAdapt er)recyclerView.getAdapter()).swapCursor(data);
    }
}
```

onLoadFinished()가 호출되면, 가장 먼저 커서가 결과를 가지고 있는지 확인한다. 반환된 커서가 null이거나 로우를 가지고 있지 않다면 RecyclerView를 숨기고 데이터가 없다고 나타내는 뷰를 보여준다. 그림 7.1은 데이터가 없을때 DeviceListActivity를 보여준다.

액티비티가 빈 목록을 가지고 있으면 액티비티는 사용자에게 데이터를 추가할 수 있는 기회를 준다. DeviceListActivity는 디바이스 목록을 채우기 위해 사용자에게 "+" 버튼을 보여준다.

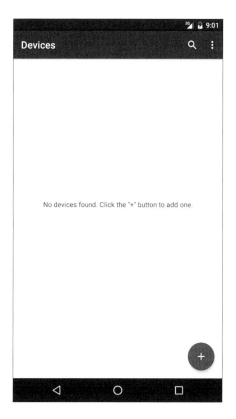

**그림 7.1** 빈 상태인 디바이스 목록

onLoadFinished()에서 콘텐트 프로바이더가 반환한 커서가 데이터를 가지고 있다면, 빈 목록 상태의 뷰를 숨기고 RecyclerView를 보여준다. 그러면 데이터를 사용자에게 보여줄 수 있다. 그리고 RecyclerView에서 RecyclerView의 어댑터(onCreate()에서 설정했던)를 가져온 후 swapCursor()에 콘텐트 프로바이더의 커서를 전달한다. 어댑터가 새로운 커서로 수정되면, 커서를 처리해 사용자에게 커서의 데이터를 보여준다.

DeviceCursorAdapter의 구현을 보기 전에, LoaderManager.Loader Callbacks<Cursor> 인터페이스에서 구현해야 할 onLoaderReset() 함수를 잠깐 살펴보자. 코드 7.11은 onLoaderReset() 함수의 구현을 보여준다.

**코드 7.11** onLoaderReset()으로 새로운 커서 불러오기

```
@Override
public void onLoaderReset(Loader<Cursor> loader) {
    ((DeviceCursorAdapter) recyclerView.getAdapter()).swapCursor(null);
}
```

onLoaderReset() 함수의 구현은 다소 간단하다. 이 함수는 RecyclerView가 유효하지 않은 커서에 대해 어떠한 추가 처리를 할지 모르기 때문에 RecyclerView의 어댑터를 가져와서 커서 값에 null을 전달한다.

DeviceCursorAdapter의 생성자 호출을 제외하고 swapCursor()는 onLoadFinished()에서 DeviceCursorAdapter에서 처음 하는 상호작용하는 함수다. 코드 7.12는 DeviceCursorAdapter.swapCursor()의 구현을 보여준다.

**코드 7.12** DeviceCursorAdapter.swapCursor() 구현

```
private class DeviceCursorAdapter
        extends RecyclerView.Adapter<DeviceViewHolder> {
    public void swapCursor(Cursor newDeviceCursor) {
        if (deviceCursor != null) {
            deviceCursor.close();
        }

        deviceCursor = newDeviceCursor;

        notifyDataSetChanged();
    }
}
```

DeviceCursorAdapter.swapCursor() 함수는 ListView에 사용하는 CursorAdapter 클래스와 비슷하다. swapCursor() 함수는 이미 가지고 있는 커서가 null이 아니면 close()하고 새로운 커서를 사용할 상태로 전환한 후 DeviceCursorAdapter.notifyDataSetChanged() 함수를 호출한다.

RecyclerView가 DeviceCursorAdapter.notifyDataSetChanged()에 응답해 수

정되는 동안, RecyclerView는 DeviceCursorAdapter.getItemCount()를 호출해 아이템의 개수를 받는다. 어댑터는 커서를 추상화했기 때문에 어댑터의 아이템 개수는 커서가 가지는 로우의 개수와 동일하다. 그리고 커서가 null이면, 개수는 0이다. 코드 7.13은 getItemCount()을 구현하였다.

**코드 7.13** 아이템 개수 반환하기

```
@Override
public int getItemCount() {
    return (deviceCursor == null ? 0: deviceCursor.getCount());
}
```

아이템의 개수를 반환하면, RecyclerView는 DeviceCursorAdapter.onBindViewHolder()를 호출할 준비를 갖춘다. 이 함수는 어댑터의 데이터를 이용해 뷰를 채운다. 코드 7.14는 onBindViewHolder()을 구현한 코드다.

**코드 7.14** onBindViewHolder()에서 UI 수정

```
@Override
public void onBindViewHolder(DeviceViewHolder holder, int position) {
    if (deviceCursor != null && deviceCursor.moveToPosition(position)) {
        String model = deviceCursor
                .getString(deviceCursor
                        .getColumnIndexOrThrow(DevicesContract
                                .DeviceManufacturer.MODEL));

        int deviceId = deviceCursor
                .getInt(deviceCursor
                        .getColumnIndexOrThrow(DevicesContract
                                .DeviceManufacturer.DEVICE_ID));

        String shortName = deviceCursor
                .getString(deviceCursor
                        .getColumnIndexOrThrow(DevicesContract
                                .DeviceManufacturer
                                .SHORT_NAME));
```

```
        holder.name.setText(getString(R.string.device_name,
                shortName,
                model,
                deviceId));
        holder.uri = ContentUris
                .withAppendedId(DevicesContract.Device.CONTENT_URI,
                        deviceId);
    }
}
```

onBindViewHolder() 함수는 RecyclerView 아이템의 뷰를 가지는 DeviceViewHolder, 현재 아이템의 오프셋offset인 위치 값을 매개 변수로 받는다. 가장 먼저 이 함수는 deviceCursor가 null인지 확인하고 그렇지 않을 경우, 커서 포인트를 주어진 위치 값으로 옮길 수 있을지 확인한다. 두 확인사항이 모두 true라면, 커서 정보를 읽은 후, 읽은 데이터를 holder의 뷰에 채운다.

DeviceListActivity를 위한 ViewHolder는 디바이스 모델, 디바이스 ID, 제조사명을 표현할 뷰를 가진다. 또한 holder는 DeviceContentProvider에서 디바이스를 조회하기 위해 URI를 저장한다. 그래서 사용자가 디바이스를 클릭하면, 그 URI가 DeviceDetailsActivity에 전달돼 데이터베이스에서 해당 디바이스를 읽은 후 정보를 사용자에게 보여준다.

코드 7.15는 DeviceCursorAdapter, DeviceViewHolder 클래스를 구현한 코드를 보여준다.

**코드 7.15** DeviceCursorAdapter, DeviceViewHolder 구현하기

```
private class DeviceCursorAdapter
        extends RecyclerView.Adapter<DeviceViewHolder> {
    private Cursor deviceCursor;

    @Override
    public DeviceViewHolder onCreateViewHolder(ViewGroup parent,
                                        int viewType) {
```

```java
            View view = LayoutInflater.from(parent.getContext())
                    .inflate(R.layout.list_item_device, parent, false);

            return new DeviceViewHolder(view);
    }

@Override
public void onBindViewHolder(DeviceViewHolder holder,
                                int position) {
    if (deviceCursor != null
            && deviceCursor.moveToPosition(position)) {
        String model = deviceCursor
                .getString(deviceCursor
                        .getColumnIndexOrThrow(DevicesContract
                                .DeviceManufacturer
                                .MODEL));

            int deviceId = deviceCursor
              .getInt(deviceCursor
                        .getColumnIndexOrThrow(DevicesContract
                                .DeviceManufacturer
                                .DEVICE_ID));

            String shortName = deviceCursor
              .getString(deviceCursor
                        .getColumnIndexOrThrow(DevicesContract
                                .DeviceManufacturer
                                .SHORT_NAME));

        holder.name.setText(getString(R.string.device_name,
                shortName,
                model,
                deviceId));
        holder.uri = ContentUris
                .withAppendedId(DevicesContract.Device.CONTENT_URI,
                                deviceId);
}
```

```java
    }

    @Override
    public int getItemCount() {
        return (deviceCursor == null ? 0: deviceCursor.getCount());
    }

    public void swapCursor(Cursor newDeviceCursor) {
        if (deviceCursor != null) {
            deviceCursor.close();
        }

        deviceCursor = newDeviceCursor;

        notifyDataSetChanged();
    }

    private class DeviceViewHolder
            extends RecyclerView.ViewHolder implements View.OnClickListener {
        public TextView name; public Uri uri;
        public DeviceViewHolder(View itemView) {
            super(itemView);

                itemView.setOnClickListener(this);
            name = (TextView) itemView.findViewById(R.id.name);
        }

        @Override
        public void onClick(View view) {
            Intent detailIntent =
                    new Intent(view.getContext(),
                            DeviceDetailActivity.class);

            detailIntent.putExtra(DeviceDetailActivity.EXTRA_DEVICE_URI, uri);
            startActivity(detailIntent);
        }
    }
}
```

## 데이터 변경에 반응하기

DeviceListActivity는 커서 로더를 사용해 데이터베이스의 데이터를 읽기 때문에 액티비티 내부에 데이터베이스의 변경사항을 관찰하는 커서와 함께 콘텐트 관찰자를 등록한다. 커서 로더는 내부적으로 콘텐트 관찰자를 생성하고 관찰자를 콘텐트 프로바이더와 함께 등록한다. 그래서 데이터의 변경에 반응한 후 LoaderManager에게 알린다. 이 말은 데이터베이스에 변경이 생기면 DeviceListAcitivity는 onCreate()에서 생성한 관찰자를 초기화할 때 사용한 API를 이용해 자동으로 반응하고 자기자신을 수정한다는 뜻이다. 데이터베이스의 변경이 발생하면 onLoadFinished()가 호출된다. 그리고 어댑터를 수정하고 RecyclerView를 새로운 데이터로 채운다.

지금 설명한 부분은 직접적으로 데이터베이스에 접근하는 것(메인 스레드를 쓰지 않고)보다 커서 로더를 사용한 접근으로 얻어지는 장점 중 하나다. 커서 로더는 콘텐트 관찰자를 등록, 해지하는 데 관여한다.

커서 로더는 콘텐트 관찰자의 등록/해지만 할 뿐, 콘텐트 관찰자에게 데이터베이스의 변경사항을 알리는 작업은 하지 않는다. 데이터베이스의 변경을 콘텐트 관찰자에게 알리기 위해서는 setNotificationUri()가 필요하다고 설명했다. 이 함수는 DevicesProvider에서 query() 함수가 커서를 반환할 때 호출한다.

코드 7.16은 DevicesProvider.query() 함수다.

**코드 7.16** DevicesProvider.query() 함수

```
@Override
public Cursor query(@NonNull Uri uri,
                    String[] projection,
                    String selection,
                    String[] selectionArgs,
                    String sortOrder) throws IllegalArgumentException {
    Cursor cursor;
    if (projection == null) {
        throw new IllegalArgumentException("Projection can't be null");
    }
```

```
sortOrder = (sortOrder == null ? BaseColumns._ID: sortOrder);

SQLiteDatabase database = helper.getReadableDatabase();

final int code = URI_MATCHER.match(uri);
switch (code) {
    case CODE_ALL_DEVICES:
    case CODE_ALL_MANUFACTURERS:
        cursor = database.query(URI_CODE_TABLE_MAP.get(code),
                projection,
                selection,
                selectionArgs,
                null,
                null,
                sortOrder);
        break;
    case CODE_DEVICE_ID:
    case CODE_MANUFACTURER_ID:
        if (selection == null) {
            selection = BaseColumns._ID
                    + " = "
                    + uri.getLastPathSegment();
        } else {
            throw new IllegalArgumentException("Selection must " +
                    "be null when specifying ID as part of uri.");
        }
        cursor = database.query(URI_CODE_TABLE_MAP.get(code),
                projection,
                selection,
                selectionArgs,
                null,
                null,
                sortOrder);
        break;
    case CODE_DEVICE_MANUFACTURER:
        SQLiteQueryBuilder builder = new SQLiteQueryBuilder();
```

```java
builder.setTables(String
        .format("%s INNER JOIN %s ON (%s.%s=%s.%s)",
        DevicesOpenHelper.Tables.DEVICE,
        DevicesOpenHelper.Tables.MANUFACTURER,
        DevicesOpenHelper.Tables.DEVICE,
        DevicesContract.Device.MANUFACTURER_ID,
        DevicesOpenHelper.Tables.MANUFACTURER,
        DevicesContract.Manufacturer._ID));

final Map<String, String> projectionMap = new HashMap<>();
projectionMap.put(DevicesContract.DeviceManufacturer.MODEL,
        DevicesContract.DeviceManufacturer.MODEL);

projectionMap
        .put(DevicesContract.DeviceManufacturer.SHORT_NAME,
        DevicesContract.DeviceManufacturer.SHORT_NAME);

projectionMap
        .put(DevicesContract.DeviceManufacturer.DEVICE_ID,
        String.format("%s.%s AS %s",
                DevicesOpenHelper.Tables.DEVICE,
                DevicesContract.Device._ID,
                DevicesContract.DeviceManufacturer.DEVICE_ID));

projectionMap.put(DevicesContract
        .DeviceManufacturer.MANUFACTURER_ID,
        String.format("%s.%s AS %s",
                DevicesOpenHelper.Tables.MANUFACTURER,
                DevicesContract.Manufacturer._ID,
                DevicesContract
                        .DeviceManufacturer.MANUFACTURER_ID));

builder.setProjectionMap(projectionMap);

cursor = builder.query(database,
        projection,
```

```
                    selection,
                    selectionArgs,
                    null,
                    null,
                    sortOrder);

            break;
        default:
            throw new IllegalArgumentException("Invalid Uri: " + uri);
    }

    cursor.setNotificationUri(getContext().getContentResolver(), uri);
    return cursor;
}
```

DevicesProvider.query() 함수가 데이터베이스의 커서를 반환 받은 후 마지막으로 호출하는 함수는 setNotificationUri()다. 이 함수는 호출자가 전달한 URI를 매개 변수로 받는다. setNotificationUri()를 DeviceCursorAdapter 대신 콘텐트 프로바이더에 위치시키면 데이터베이스의 변경사항이 생겼을 경우, 콘텐트 프로바이더가 반환하는 모든 커서가 변경사항의 알림을 받을 수 있다.

게다가 DevicesProvider는 삽입, 수정, 삭제 연산을 수행할 때, ContentResolver.notifyChange() 함수를 호출해야 한다.

ContentResolver.notifyChange()는 주어진 URI에 변경이 발생하면 등록된 모든 관찰자에게 알림을 보낸다. 모든 관찰자에게 알림을 보내기 위해 DevicesProvider는 데이터베이스의 쓰기 연산이 수행되면 이 함수를 호출해야 한다.

**코드 7.17** insert(), update(), delete() 함수

```
@Override
public Uri insert(@NonNull Uri uri, ContentValues values) {
    // 삽입 연산
    notifyUris(uri);
    // uri 반환
}
```

```
@Override
public int delete(@NonNull Uri uri,
                  String selection,
                  String[] selectionArgs) {
  // 삭제 연산
  notifyUris(uri);
  // 삭제된 로우 개수 반환
}


@Override
public int update(@NonNull Uri uri,
                  ContentValues values,
                  String selection,
                  String[] selectionArgs) {
  // 수정 연산
  notifyUris(uri);
  // 수정된 로우 개수 반환
}
```

ContentResolver.notifyChange()을 device, manufacturer 테이블 간 JOIN 연산에서 직접적으로 호출하면 복잡해질 수 있다. DevicesContract. DeviceManufacturer는 DevicesContract.Device, DevicesContract. Manufacturer와 다른 URI를 가지기 때문에 두 테이블 중 하나라도 변경이 발생하면 DevicesContract.DeviceManufacturer에 알려야 한다. insert(), update(), delete() 함수에서 공통적으로 필요한 기능이기 때문에 이 부분은 notifyUris() 함수로 따로 구현해 각 함수가 이 함수를 호출하게 해야 한다. 코드 7.18은 notifyUris()의 구현을 보여준다.

**코드 7.18** notifyUris() 구현

```
private void notifyUris(Uri affectedUri) {
  final ContentResolver contentResolver =
          getContext().getContentResolver();
```

```
    if (contentResolver != null) {
        contentResolver.notifyChange(affectedUri, null);

        contentResolver
                .notifyChange(DevicesContract
                        .DeviceManufacturer.CONTENT_URI, null);
    }
}
```

notifyUris() 함수는 insert(), update(), delete() 함수 중 하나가 사용한 URI를 affectedUri의 매개 변수로 받는다. notifyUris()는 모든 콘텐트 관찰자에게 변경 사실을 알리기 위해 연산이 적용된 URI와 조인된 테이블의 URI에 알림을 보낸다.

## 요약

데이터를 데이터베이스에 저장하면, 자주 그 데이터를 조회하고 사용자에게 보여준다. 안드로이드는 이러한 작업을 도와주는 클래스를 제공한다. 커서 로더를 사용하면 데이터를 읽고 UI를 수정할 때 스레드에 관한 걱정을 덜어준다.

커서 로더와 콘텐트 프로바이더는 콘텐트 관찰자를 통해 데이터 소스의 변경을 알아차릴 수 있다.

애플리케이션 코드에서 RecyclerView를 사용하려면 RecyclerView의 어댑터와 UI를 바인딩해야 한다. 7장에서는 ListView와 함께 사용한 CursorAdapter와 비슷한 방식으로 사용된 어댑터의 예제를 살펴보았다.

# 8

# 인텐트로 데이터 공유하기

안드로이드는 내부 앱 컴포넌트뿐만 아니라 외부 앱 컴포넌트 간에 데이터를 주고받을 수도 있다. 7장에서는 내부적/외부적으로 데이터 공유를 실현시켜 주는 콘텐트 프로바이더에 대해 설명했다. 콘텐트 프로바이더는 안드로이드에서 데이터를 공유해주는 편리한 매커니즘이기는 하지만 그 방법이 유일하지 않다.

8장에서는 안드로이드 인텐트<sup>intent</sup> API를 사용해 데이터를 공유하는 다른 방법에 대해 알아본다.

## 인텐트 전송

인텐트는 안드로이드 컴포넌트 간에 데이터를 전송하는 방식 중 하나다. 인텐트는 액티비티나 서비스가 시작할 때 하나의 액티비티에서 다른 액티비티로 데이터를 전달하기도 한다.

## 명시적 인텐트

코드 8.1은 일반적으로 액티비티를 시작하고 인텐트를 명시적으로 생성해 정보를 전달하는 방법이다.

**코드 8.1** 명시적 인텐트 생성하기

```
Intent intent = new Intent(CurrentClass.this, TagetClass.class)
        .putExtra("NameOfExtra1", payload);
```

코드 8.1에서 생성된 인텐트는 명시적 인텐트<sup>explicit intent</sup>라 부른다. 왜냐하면 인
텐트를 받을 안드로이드 컴포넌트를 분명하고 확실하게 정의하기 때문이다. 코드
8.1에서 `TargetClass`가 인텐트를 받는 대상이고, 인텐트의 생성자에 그 클래스를
전달한다. 또한 인텐트는 `Intent.putExtra()`의 함수로 데이터를 저장하고, 인텐트
를 받을 액티비티가 그 데이터에 접근하고 처리할 수 있다.

앱 내부 컴포넌트 간 데이터 공유를 위해 명시적 인텐트는 유용하지만, 외부 컴
포넌트 간에 데이터 공유는 그렇지 않다. 데이터를 외부적으로 공유하기 위해서는
암시적 인텐트<sup>implicit intent</sup>를 사용해야 한다.

## 암시적 인텐트

명시적 인텐트와 암시적 인텐트의 유일한 차이점은 각 인텐트가 가지는 데이터다.
암시적 인텐트를 사용하기 위해 명시적 인텐트와 동일한 클래스를 사용해 암시적
인텐트를 생성한다. 코드 8.2는 암시적 인텐트의 생성을 보여준다.

**코드 8.2** 암시적 인텐트 생성하기

```
Intent intent = new Intent(Intent.ACTION_SEND)
        .setType("text/plain")
        .putExtra("Intent.EXTRA_TEXT", payload);
```

코드 8.2는 코드 8.1에 생성한 명시적 인텐트와 달리 대상이 되는 액티비티를
정하지 않고 인텐트를 생성한다. 그 대신 안드로이드가 인텐트를 정확한 액티비티
에 전달할 수 있도록 인텐트에 액션, MIME 형식을 정한다. 전달 받을 액티비티는
동일한 앱의 컴포넌트거나 다른 앱일 수 있다. 액션은 인텐트의 생성자에 전달하고,
MIME 형식은 `Intent.setType()`의 호출로 정한다. 그뿐만 아니라 인텐트의 MIME
형식은 인텐트가 가지는 데이터의 종류를 말해준다.

인텐트를 생성하고 MIME 형식을 정했으면, `Intent.putExtra()`를 호출해 실질적인 데이터를 인텐트에 추가한다. 인텐트 엑스트라<sup>extra</sup>는 키/값의 쌍인 데이터의 집합으로 생각할 수 있다. 코드 8.2에서 인텐트에 전달되는 데이터(`payload` 변수에 저장)는 `Intent.EXTRA_TEXT`의 키로 인텐트에 추가한다.

인텐트를 생성하면, 액티비티를 시작해 데이터를 처리할 수 있다.

## 인텐트로 액티비티 시작하기

암시적 인텐트와 명시적 인텐트의 중요한 차이점은 암시적 인텐트를 처리하는 액티비티는 다수일 수 있다는 것이다. 왜냐하면 암시적 인텐트의 액티비티는 인텐트의 액션, MIME 형식에 따라 정해지기 때문이다. 여러 개의 액티비티가 암시적 인텐트를 처리할 때, 안드로이드는 사용자에게 인텐트를 어떤 액티비티로 처리할지를 선택할 수 있는 다이얼로그를 보여준다. 그림 8.1이 설명한 다이얼로그다.

암시적 인텐트로 액티비티를 시작하기 위해 인텐트를 `Context.startActivity()`에 직접 전달하거나 `Intent.createChooser()`를 호출해 인텐트를 한 번 감싼<sup>wrap</sup> 후 그 결과로 나온 인텐트를 `Context.startActivity()` 함수에 전달한다. `Context.startActivity()`에 직접 전달하는 첫 번째 방식은 그림 8.1의 액티비티를 선택할 수 있는 다이얼로그를 보여주는데, 오직 사용자가 안드로이드에게 항상 물어볼지를 설정했을때만 보여준다. 사용자는 이 기능을 끌 수 있다.

게다가 주어진 액션, MIME 형식에 해당하는 액티비티가 없다면 런타임 예외를 발생시킨다. 이때 예외를 방지하기 위해 `resolveActivity()`를 호출하는 것이 좋다. 코드 8.3은 `Intent.createChooser()` 없이 방어적인 `Context.startActivity()` 호출을 보여준다.

**그림 8.1** 액티비티 선택 다이얼로그

**코드 8.3** Context.startActivity()의 방어적인 호출

```
if (intent.resolveActivity(this.getPackageManager()) == null) {
    // Show user something
} else {
    startActivity(intent);
}
```

Intent.createChooser()를 사용해 인텐트를 생성하면 액티비티 선택 다이얼로그를 항상 보여준다. 게다가 선택 다이얼로그의 제목을 정해 사용자의 선택에 도움을 줄 수 있다. 또한 안드로이드가 인텐트를 받을 액티비티를 찾지 못할 때 발생하는 런타임 예외도 예방할 수 있다. 다수 앱이 구현한 ACTION_SEND와 같은 액션을 사용할 때 앱은 사용자에게 선택 다이얼로그를 보여줘야 한다. 그리고 1개나 2개 이상의 앱이 구현한 액션을 기본 값으로 설정해야 한다. 코드 8.4는 Intent.createChooser() 함수의 사용법을 보여준다.

**코드 8.4** Intent.createChooser() 호출하기

```
startActivity(intent.createChooser(intent, "Custom Title"));
```

사용자가 다이얼로그에서 액티비티를 선택하면, 선택된 액티비티가 시작되고 인텐트를 처리한다. 다음은 암시적 인텐트에서 데이터를 받는 방법에 대해 알아본다.

## 암시적 인텐트 받기

암시적 인텐트는 시작할 컴포넌트를 지정하지 않기 때문에 안드로이드가 여러 가지 인텐트를 처리할 수 있는 컴포넌트의 목록을 저장해야 한다. 인텐트를 처리할 액티비티를 정하기 위해서는 인텐트 필터intent filter를 AndroidManifest.xml 파일에 추가해야 한다. 인텐트 필터는 액티비티가 처리할 수 있는 액션, 즉 MIME 형식을 나타낸다. 그러면 암시적 인텐트를 사용할 때, 사용자는 액티비티 선택 다이얼로그에서 그 액티비티를 볼 수 있다. 코드 8.5는 액티비티와 인텐트 필터를 선언한 AndroidManifest.xml 파일의 일부를 보여준다.

**코드 8.5** 액티비티와 인텐트 필터

```
<activity
    android:name=".MyActivity">
    <intent-filter>
        <action android:name="android.intent.action.SEND"/>
```

```
    </intent-filter>
</activity>
```

코드 8.5에서 `android.intent.action.SEND` 액션을 처리하기 위해 `MyActivity` 클래스를 등록한다. 이 말은 다른 어떤 액티비티가 `android.intent.action.SEND` 액션의 인텐트를 전달해 `startActivity()`를 호출하면, 안드로이드는 전달된 인텐트를 처리할 수 있는 액티비티의 목록에 `MyActivity`를 추가한다는 뜻이다.

> **노트**
>
> android.intent.action.SEND는 Intent.ACTION_SEND와 동일하다. Intent.ACTION_SEND는 자바 코드에서 사용하는 상수이며, XML에서 사용하는 android.intent.action.SEND 값을 가지고 있다.

인텐트 필터는 액션뿐만 아니라 MIME 형식에 따라 필터할 수 있다. 그래서 확실히 정해진 형식의 데이터만 암시적 인텐트를 통해 액티비티에 전달할 수 있다. 예를 들어 인텐트 필터에 `image/png` MIME 형식을 추가하면, 액티비티는 이미지 데이터의 인텐트만 처리할 수 있다.

암시적 인텐트에 의해 액티비티가 시작되면, 액티비티는 `Activity.getIntent()`를 호출해 전달받은 암시적 인텐트를 가져올 수 있다. 인텐트를 받으면, 액티비티는 액션, MIME 형식뿐만 아니라 인텐트의 데이터에도 접근할 수 있다.

인텐트 필터는 인텐트로 의도한 액티비티를 일치시켜주는 역할을 하지만, 액티비티가 액션, MIME 형식을 확인해야 하는 상황도 있다. 왜냐하면 인텐트 필터는 복수 개의 액션, MIME 형식을 가질 수 있기 때문이다. 이러한 상황이 발생하면, 액티비티는 데이터의 액션, MIME 형식에 따른 데이터 처리를 분기해야 한다. 예를 들어 어떤 액티비티가 문자 데이터의 URI와 바이너리 이미지 데이터를 모두 다룬다면, 그 액티비티는 각 인텐트 MIME 형식에 따라 기능을 나눠야 한다.

코드 8.6은 `onCreate()` 함수에서 인텐트를 받아 데이터를 확인하는 코드다.

**코드 8.6** 암시적 인텐트 검사하기

```
Intent intent = getIntent();
if (intent != null) {
    if (Intent.ACTION_SEND.equals(intent.getAction())
        && "text/plain".equals(intent.getType())) {
        String htmlPayload = intent.getStringExtra(Intent.EXTRA_TEXT);

        //....htmlPayload를 처리한다.
    }
}
```

　지금까지 암시적 인텐트를 사용해 데이터를 주고받는 방법에 대해 알아보았다. 이러한 방법도 중요하지만, 더욱 중요한 것은 실제적으로 전송하는 데이터일 것이다. 다음은 암시적 인텐트와 함께 전달되는 데이터 형식, 여러 가지 액션, MIME 형식에 대해 알아본다.

## 인텐트 생성하기

암시적 인텐트를 전송하기 전에 액션, MIME 형식, 데이터를 인텐트에 추가해야 한다. 이전의 예제에서 문자열 데이터를 전송하기 위해 ACTION_SEND 액션, text/plain MIME 형식을 사용했다. 인텐트 API를 사용하면 여러 가지 액션을 추가하고, 액티비티에 바이너리binary 데이터를 전송할 수 있다.

### 액션

인텐트를 사용할 때는 복수 개의 액션을 정할 수 있다. 일반적으로 액션의 이름은 Intent.ACTION_SEND, Intent.ACTION_SEND_MULTIPLE로 정하고, 암시적 인텐트를 통해 데이터를 하나의 액티비티에서 다른 액티비티로 전송한다.

### Intent.ACTION_SEND

`ACTION_SEND`는 문자나 바이너리 데이터 하나만 다른 안드로이드 컴포넌트에 보낼 때 사용한다. 데이터의 형식은 문자거나 바이너리일 수 있지만, 데이터는 하나만 보낼 수 있다.

하나의 데이터만 전송할 때는 콜렉션<sup>collection</sup> 데이터를 받지 않는 `Intent.putExtra()` 함수를 사용해 인텐트에 데이터를 저장한다.

지금까지 살펴본 예제는 모두 `Intent.ACTION_SEND`를 사용했다.

### Intent.ACTION_SEND_MULTIPLE

인텐트로 복수 개의 데이터를 전송할 때는 `ACTION_SEND_MULTIPLE`을 사용한다. 인텐트는 배열이나 콜렉션 데이터를 매개 변수로 받는 `Intent.putExtra()` 함수를 사용한다. 코드 8.7은 `ACTION_SEND_MULITIPLE` 액션의 사용법이다.

**코드 8.7** ACTION_SEND_MULTIPLE 액션 사용하기

```
String[] urls = {
        "URL1",
        "URL2",
        "URL3"
};

new Intent(Intent.ACTION_SEND_MULTIPLE)
        .setType("text/plain")
        .putExtra(Intent.EXTRA_TEXT, urls);
```

액티비티가 코드 8.7의 인텐트를 받으면, 엑스트라 데이터를 문자열 배열로 읽고, 배열의 원소대로 처리할 수 있다.

액션을 정하면 인텐트를 받을 액티비티는 암시적 인텐트에 몇 개의 데이터가 들어 있는지 알 수 있다. MIME 형식을 정하면 인텐트 데이터의 형식을 나타낸다. 지금까지 문자 데이터만 처리하는 예제를 보여줬다. 이제 바이너리 데이터에 대해 알아보자.

## 엑스트라

인텐트에 사용하는 엑스트라는 실제 데이터를 저장한다. 앞에서 언급했듯이, 인텐트 엑스트라 데이터는 키/값 쌍의 구조라고 생각할 수 있다. 암시적 인텐트는 문자와 바이너리 데이터를 보낼 때 두 가지 키를 사용한다. 문자 데이터는 `Intent.EXTRA_TEXT`, 바이너리 데이터는 `Intent.EXTRA_STREAM`를 사용한다.

2개의 키를 이용해 데이터를 저장하기 때문에 인텐트를 받는 액티비티 역시 데이터를 읽기 위해 어떤 키를 사용할지 알아야 한다. MIME 형식은 이러한 상황에서 매우 좋은 도구다. 예를 들어 `text/*` MIME 형식의 인텐트는 `Intent.EXTRA_TEXT`의 키로 데이터를 저장하고, 반면 `image/*`의 MIME 형식은 `Intent.EXTRA_STREAM` 키로 데이터를 저장한다.

### EXTRA_TEXT

암시적 인텐트에 문자 데이터를 저장하기 위해 `EXTRA_TEXT`를 사용한다. 대체적으로 인텐트 데이터의 형식은 `text/plain`이거나 문자가 HTML이라면 `text/html`이다. 코드 8.2에서 이미 인텐트를 생성해 문자 데이터의 전송을 보았다. `Intent.putExtra()`에 전달하는 `payload`는 액티비티에 보낼 문자 데이터를 포함한다.

### EXTRA_STREAM

암시적 인텐트에 바이너리 데이터를 저장하기 위해 `EXTRA_STREAM`를 사용한다. 데이터를 그림, 사운드 또는 바이너리로 표현할 수 있다면 어떠한 것도 될 수 있다. `EXTRA_STREAM`을 사용할 때, MIME 형식은 인텐트를 받을 액티비티가 MIME 형식에 따라 바이너리 데이터를 다르게 처리하기 때문에 인텐트에 MIME 형식을 올바르게 설정해야 한다. 예를 들어 인텐트로 JPEG를 전송한다면, 코드 8.8과 같을 수 있다.

**코드 8.8** JPEG 엑스트라 전송하기

```
Intent intent = new Intent(Intent.ACTION_SEND)
        .setType("image/jpeg")
        .putExtra(Intent.EXTRA_STREAM, payload);
```

코드 8.8의 인텐트를 받는 액티비티는 실제 그림 데이터에 접근할 수 있다.

## 엑스트라 데이터 형식

인텐트는 여러 형식의 데이터를 엑스트라 필드로 가질 수 있다. Intent 클래스는 엑스트라명의 문자열과 두 번째 매개 변수인 데이터를 받는 putExtra() 함수를 오버로드해 여러 형식의 데이터를 지원한다. 오버로드된 putExtra() 함수들은 자바 기본형 데이터 형식(byte, short, int, long, float, double, boolean, char)뿐만 아니라 자바 기본형 배열까지 지원한다. 또한 Intent 클래스는 String, String[] 형식도 지원한다.

인텐트 엑스트라는 다른 객체를 추가해야 할 때 조금 복잡해질 수 있다. Intent 클래스는 Serializable을 구현한 클래스를 지원하지만, 이는 자바 직렬화/역직렬화를 사용하기 때문에 비효율적일 수 있다. 그 대신 안드로이드는 객체를 인텐트에 추가해야 할 때 Parcelable 인터페이스를 제공한다.

## Parcelable 구현하기

Parcelable 인터페이스를 사용하면 클래스를 인텐트에 사용하기 위해 직렬화/역직렬화할 수 있다. 코드 8.9는 Parcelable 인터페이스를 구현한 클래스의 예제다.

**코드 8.9** Parcelable 구현

```
public class ParcelableClass implements Parcelable {
    private String stringField;
    private int intField;
    private float floatField;
    private boolean booleanField;

    public String getStringField() {
        return stringField;
    }

    public void setStringField(String stringField) {
```

```
        this.stringField = stringField;
    }

    public int getIntField() {
        return intField;
    }

    public void setIntField(int intField) {
        this.intField = intField;
    }

    public float getFloatField() {
        return floatField;
    }

    public void setFloatField(float floatField) {
        this.floatField = floatField;
    }

    protected ParcelableClass(Parcel in) {
        this.stringField = in.readString();
        this.intField = in.readInt();
        this.floatField = in.readFloat();
        this.booleanField = in.readInt() == 1;
    }

    @Override
    public int describeContents() {
        return 0;
    }

    @Override
    public void writeToParcel(@NonNull Parcel dest, int flags) {
        dest.writeString(stringField);
        dest.writeInt(intField);
        dest.writeFloat(floatField);
        dest.writeInt(booleanField ? 1: 0);
```

```
    }

    public static final Creator<ParcelableClass> CREATOR =
            new Creator<ParcelableClass>() {
        @Override
        public ParcelableClass createFromParcel(Parcel in) {
            return new ParcelableClass(in);
        }

        @Override
        public ParcelableClass[] newArray(int size) {
            return new ParcelableClass[size];
        }
    };
}
```

코드 8.9의 클래스는 멤버 변수에 접근하거나 설정할 수 있는 함수(getter, setter)를 가지는 자바 빈bean 클래스다. 코드 8.9에서 protected 생성자를 포함해 굵은 글씨로 처리한 Parcelable은 describeContents(), writeToParcel(), CREATOR 멤버 변수를 구현한다.

## Parcel에 쓰기

Parcelable.writeToParcel 함수는 클래스를 안드로이드 SDK가 사용하는 Parcel 객체로 변환한다. 생성된 Parcel 객체는 결국 클래스로 다시 생성된다.

코드 8.9에서 writeToParcel() 함수는 오버로드된 write 함수를 사용해 ParcelableClass의 멤버 변수를 Parcel 객체에 추가한다. Parcel 클래스는 여러 가지 데이터 형식을 지원해 타입 안전성을 보장한다. 코드 8.9에는 boolean 값을 추가하는 함수가 없다. 그 대신 boolean 값을 저장하기 위해 int 값을 사용한다.

## CREATOR

CREATOR 멤버 변수는 Parcelable를 구현한 클래스에 반드시 필요한 요소다. 안드로이드 SDK는 Parcelable API를 사용하기 위해 CREATOR에게 명령한다. 클래스는 "CREATOR"라는 이름의 필드를 가져야 하고, 그 값은 Parcelable.Creator 인터페이스를 구현한 static이어야 한다. Parcelable.Creator 인터페이스의 함수는 클래스의 새로운 배열을 생성하고(예제 8.9에서는 ParcelableClass에 해당), Parcel 객체에서 ParcelableClass 인스턴스를 생성한다. Parcel 객체는 ParcelableClass 인스턴스를 재생성하기 위한 데이터를 가지고 있다. CREATOR.createFromParcel() 함수에 전달된 Parcel 객체는 ParcelableClass.writeToParcel()이 반환하는 Parcel 객체와 동일한 값을 가진다.

## Parcel 읽기

Parcel 객체에서 ParcelableClass 객체를 재생성하기 위해서는 protected ParcelableClass() 생성자를 이용해야 한다. 코드 8.9의 생성자는 Parcel 객체를 읽고, 읽은 값을 ParcelableClass 인스턴스 멤버 변수에 대입한다.

코드에서 Parcel 객체 내부 값과 관련된 필드명이 없다는 것에 주목하자. 왜냐하면 Parcel 클래스는 내부적으로 데이터가 저장됐던 순서를 사용하기 때문이다. 이 말은 Parcel 객체에 데이터가 쓰인 순서대로 값을 읽어야 한다는 뜻이다.

## 인텐트에 추가하면 안 되는 것

Parcelable을 이용하면 거의 모든 형식의 데이터를 인텐트에 추가해 다른 안드로이드 컴포넌트나 심지어 프로세스 간 전송이 가능하다. 하지만 데이터를 옮기기 위해 모든 클래스가 인텐트에 추가되지는 않는다.

데이터베이스의 데이터를 읽기 위해 8장 초반에 Cursor 클래스를 소개했다. 이 커서를 표준 자바 직렬화나 Parcelable를 사용해 인텐트에 추가하면, 문제가 생길 수 있다. 커서는 저수준에서 데이터베이스와 연결하는데, 데이터베이스의 변경이 생기면 안드로이드가 커서를 수정하도록 한다. 커서 객체를 분해해 인텐트에 추가하고 다른 컴포넌트에서 재생성하게 되면 테이터베이스의 연결이 끊어지고, 더 이상 데이터베이스의 변경사항에 반응할 수 없게 된다. 또한 인텐트가 사용할 수 있는 데이터의 양도 한정돼 있다. 인텐트에서 큰 용량을 가지는 커서를 사용하면 런타임 예외가 발생한다.

## ShareActionProvider

인텐트로 데이터를 공유하기 위해 `ShareActionProvider`를 사용하면 액티비티가 앱바를 사용할 수 있다. 이전 예제의 코드는 버튼의 클릭으로 암시적 인텐트를 생성해 액티비티를 시작했다. 인텐트 필터에 액션, MIME 형식을 정의해 놓으면, 사용자는 안드로이드에게 인텐트를 어떻게 처리할지 액티비티 선택 다이얼로그로 선택할 수 있다.

　　`ShareActionProvider`는 암시적 인텐트를 전송하는 코드를 제거하고, 여러 액티비티가 인텐트에 반응할 수 있도록 처리한다. 액티비티 선택 다이얼로그를 보여줬던 그림 8.1을 다시 살펴보자. 사용자가 앱바의 "공유" 버튼을 클릭했을 때 이 다이얼로그를 보여줬다. 그에 반해 그림 8.2는 사용자가 앱바의 "공유" 버튼을 클릭했을 때, 공유 액션 메뉴를 보여준다.

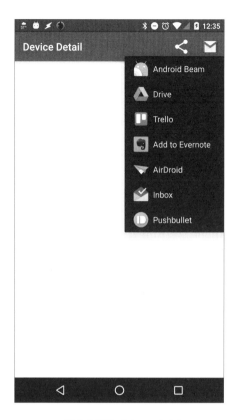

**그림 8.2 공유** 액션 프로바이더

그림 8.2는 인텐트를 처리할 수 있는 액티비티의 목록을 앱바에서 스피너<sup>spinner</sup>로 보여준다. 또한 사용자가 마지막으로 선택한 항목을 스피너의 오른쪽에 나타낸다. 이렇게 하면 사용자는 별다른 클릭 없이 마지막에 선택한 항목을 그대로 재사용할 수 있다.

`ShareActionProvider`는 액티비티의 메뉴 추가, 액티비티를 시작하기 위한 `ShareActionProvider`가 사용하는 인텐트 설정, 앱바 아이콘의 클릭 이벤트에 응답하는 코드를 구현해야 한다.

## 공유 액션 메뉴

ShareActionProvider를 사용하기 전에, 액티비티가 인플레이트할 메뉴를 추가해야 한다. 코드 8.10은 ShareActionProvider에 추가할 버튼을 나타내는 메뉴 리소스다.

**코드 8.10** 공유 액션 프로바이더 메뉴 아이템

```xml
<menu xmlns:android=http://schemas.android.com/apk/res/android
    xmlns:app="http://schemas.android.com/apk/res-auto">
    <item android:id="@+id/action_share"
            android:title="@string/action_share"
            app:showAsAction="always"
            app:actionProviderClass="android.support.v7.widget.ShareAction
            ➥Provider"/>
</menu>
```

> **노트**
>
> ShareActionProvider는 API 14에 소개됐기 때문에 14 이하 버전을 지원하기 위해 지원 라이브러리를 사용한다.

ShareActionProvider는 일반적인 ActionProvider 클래스의 특수한 클래스다. 메뉴에서 ShareActionProvider를 사용하기 위해 메뉴 아이템을 위한 ShareProvider로 선언해야 한다. 이 작업은 코드 8.10에서 다음과 같은 속성을 이용한다.

```
app:actionProviderClass="android.support.v7.widget.ShareActionProvider"
```

ActionProvider를 메뉴 리소스 파일에 선언하면, 액티비티는 메뉴를 클릭했을 때 암시적 인텐트를 전송하기 위해 ShareActionProvider를 설정해야 한다. 코드 8.11은 ShareActionProvider를 설정하는 Activity.onCreateOptionMenu()를 보여준다.

**코드 8.11**  onCreateOptionMenu로 프로바이더 설정하기

```
@Override
public boolean onCreateOptionsMenu(Menu menu) {
    MenuInflater inflater = getMenuInflater();
    inflater.inflate(R.menu.activity_details, menu);

    MenuItem menuItem = menu.findItem(R.id.action_share);
    shareIntent = new Intent(Intent.ACTION_SEND)
                        .setType("text/plain")
                        .putExtra(Intent.EXTRA_TEXT, payload);
    ShareActionProvider provider =
            (ShareActionProvider)
                MenuItemCompat.getActionProvider(menuItem);
    provider.setShareIntent(shareIntent);

    return true;
}
```

코드 8.11은 가장 먼저 ShareActionProvider와 연관된 MenuItem을 찾는다. 이 MenuItem은 코드 8.10의 메뉴 리소스에 선언했던 MenuItem이다. 정확한 MenuItem 을 찾은 후 MenuItem의 ActionProvider를 가져올 수 있다. ShareActionProvider 는 앱바 액션 아이템을 클릭했을 때 액티비티를 시작하기 위해 사용할 암시적 인텐 트를 제공 받는다.

ShareActionProvider에 전달하는 인텐트는 8장에서 설명한 인텐트와 동일한 형태를 따른다. 왜냐하면 ShareActionProvider는 인텐트가 정보를 공유하는 방법 에 대해서는 아무런 간섭을 하지 않기 때문이다. 그 대신 데이터 공유를 위한 UI만 추가해주는 방법만 제공한다.

## 요약

이전까지 다른 장에서 `ContentProvider`를 사용해 다른 앱의 액티비티 간 데이터를 공유하는 방법에 대해 설명했다. 또한 이는 안드로이드의 암시적 인텐트를 사용해 공유할 수 있다.

암시적 인텐트는 시작할 안드로이드 컴포넌트를 지정하지 않는다. 하지만 데이터를 받을 액티비티를 찾기 위해 사용하는 액션, MIME 형식을 정한다.

암시적 인텐트는 문자나 바이너리 데이터를 가지고 인텐트에서 다른 키를 사용해 여러 가지 형식의 데이터를 설정한다. MIME 형식을 이용하면 암시적 인텐트에 어떤 데이터가 포함돼 있는지 정의할 수 있다.

`ShareActionProvider`를 사용하면 액티비티에서 데이터를 공유할 수 있다. `ShareActionProvider`는 암시적 인텐트를 사용해 데이터를 공유하고 인텐트를 전송하기 위해 필요한 코드의 양을 제한한다.

# 9

# 웹 API와 통신하기

모바일 애플리케이션이 점점 복잡해지고 모바일 디바이스의 역량이 증가할수록, 앱은 웹 API와 통신해야 하는 상황이 자주 생긴다. 통신을 하면 앱이 여러 가지 기능을 갖출 수 있지만, 사용자 경험과 기술적 관점 또한 복잡해진다. 9장은 앱-서버 간 통신을 할 때 일반적으로 발생하는 문제와 앱-서버 통신을 좀 더 쉽게 할 수 있도록 도와주는 도구와 가이드라인을 소개한다.


## REST와 웹 서비스

모바일 디바이스와 백엔드<sup>back-end</sup> 서버가 통신하는 시스템의 일반적인 구조는 REST 구조의 웹 서비스다. REST 구조의 웹 서비스를 이용하면 모바일 앱이 서버에서 데이터를 읽거나 수정할 수 있다. REST 구조는 이러한 문제의 일반적인 해결책이며, 여러 플랫폼, 언어로 구현한 백엔드를 지원한다.


## REST 개요

REST는 로이 토마스 필딩<sup>Roy Thomas Fielding</sup>이 2000년에 소개한 소프트웨어 구조다. REST는 공식적인 사양은 아니지만, 진정한 RESTful 웹 서비스가 지켜야 할 제약사항을 제공한다. 많은 웹 서비스가 RESTful이라고 주장하지만, 실제로 일부는 제약사항을 따르지 않는다. REST의 공식적인 제약사항은 다음과 같다.

- 클라이언트-서버: 클라이언트와 서버는 시스템에서 각자의 역할이 있고, 일관적인 인터페이스로 두 역할이 구분돼야 한다. 클라이언트는 데이터 저장소에 대해 알 필요가 없고, 서버는 데이터를 어떻게 사용자에게 보여주는지 신경 쓸 필요가 없다. REST API는 클라이언트와 서버 간의 인터페이스다.
- 무상태$^{stateless}$: 서버는 각 요청 간에 클라이언트의 어떠한 정보도 저장하지 않는다. 각 요청은 완전히 독립적이고 서버가 요구된 연산을 수행하도록 필요한 데이터만 제공한다.
- 캐시 처리 기능$^{cacheable}$: 서버의 응답을 캐시$^{cache}$할 수 있기 때문에 시스템의 컴포넌트를 재사용할 수 있다.
- 계층화: 시스템의 모든 계층은 독립적이므로 다른 계층의 세부 구현 사항을 알 수 없다. 따라서 필요할 때마다 계층을 추가하거나 시스템에서 제거할 수 있다.
- 코드온디맨드$^{code\ on\ demand}$: 서버가 서버 기능의 변경 없이 적절한 시점에 클라이언트 기능을 수정할 수 있다.
- 인터페이스 일관성: REST 인터페이스는 모든 서버 클라이언트 시스템에서 동일하다.

웹 서비스가 모든 REST 제약사항을 지키지는 않지만, 대부분 전체 중 일부는 따른다. 그리고 비슷한 구조를 가지고 비슷한 방식으로 접근한다. 이러한 종류의 웹 리소스는 웹 서비스라기보다 웹 API라 부르는 것이 더 적절할 수 있다. 왜냐하면 이러한 웹 리소스의 목적은 원격 머신이 접근할 수 있는 API를 제공하기 때문이다.

## REST와 유사한 웹 API 구조

많은 웹 API는 REST와 비슷한 구조를 따른다. 모든 웹 API가 모든 제약사항을 구현하지 않지만, 대부분은 어느 정도 구현한다. 왜냐하면 모두 구현하지 않는 것이 편리하기 때문이다. 대부분의 시스템이 모든 REST 제약사항을 구현할 필요는 없다.

9장에서 배운 웹 API 접근은 데이터 교환 포맷인 JSON과 함께 HTTP 프로토콜을 통해 원격 API와 통신하는 것을 의미한다. 원격 서비스가 원격 클라이언트에게 가벼운 인터페이스를 제공해야 하기 때문에 이러한 구조가 점차 일반화되고 있다.

API를 REST처럼 만드는 것은 API에 접근하는 방법을 말한다. 일반적으로 API 접근은 표준 HTTP 메서드 중 하나를 사용하고, 특정 URL에 요청을 보내는 것을 의미한다. URL의 위치 부분은 대부분 연산이나 접근, 조작하려는 데이터를 정의한다.

예를 들어, 트위터는 원격 클라이언트에게 데이터의 일부에 접근할 수 있는 REST API를 제공한다. 이를 통해 사용자 트위터 피드의 콘텐츠에 접근하고 글을 포스팅할 수 있다. 사용자의 피드에 나타나는 트윗 목록은 HTTP GET 메서드를 https://api.twitter.com/1.1/statuses/home_timeline.json에 전송해 접근할 수 있다. 요청이 올바른 인증 정보를 가지고 있다고 가정하면, 트위터 API는 사용자의 트위터 피드를 나타내는 JSON을 응답으로 보내줄 것이다.

이 API 구조를 이용하면 웹 API에 쓸 수도 있다. 트위터 웹 API의 경우, 클라이언트는 HTTP POST 메서드로 https://api.twitter.com/1.1/statuses/update.json에 보내 트윗을 포스팅할 수 있다. HTTP POST 메서드는 일반적으로 페이로드payload를 실어 보낸다. 이 경우에는 트윗의 콘텐츠이고, 요청을 만족시키기 위해 필요한 다른 변수도 함께 보낸다. 또한 POST 요청의 페이로드는 JSON 형태다.

REST나 REST와 같은 API가 원격 클라이언트가 데이터에 접근하는 유일한 방법은 아니지만, 쓰기가 간단하기 때문에 점점 퍼지고 있다. API를 발표하면 그 API의 요청을 처리하기 위해 HTTP 서버를 설정하고, API를 공개적으로 이용할 수 있도록 문서를 수정해야 한다.

9장의 나머지 부분에서는 웹 API와 웹 서비스의 용어를 상호 교환해 이 REST 패턴을 따르는 원격 웹 리소스를 정의해본다.

# 원격 웹 API 접근하기

9장의 초반에 언급했듯이, 안드로이드에서 웹 서비스로의 접근은 복잡할 수 있다. 표준 안드로이드 SDK는 웹 서비스에 접근할 수 있는 도구를 제공하지만, 구현해야 할 부분이 많다. 안드로이드 SDK는 여러 가지 HTTP 클라이언트 뿐만 아니라 JSON을 읽고 쓰는 데 필요한 클래스를 제공한다. 이 절에서는 HTTP/JSON 웹 서비스에 접근하는 데 필요한 API와 그에 따른 문제점을 설명한다.

## 표준 안드로이드 API로 웹 서비스 접근하기

앱은 HTTP 프로토콜과 JSON 포맷을 이용하는 웹 서비스와 통신하고, 요청을 보내고, 응답을 받기 위해 HTTP 클라이언트를 사용해야 한다. 지금까지 안드로이드는 여러 가지 HTTP 클라이언트를 제공했다. 그러나 진저브레드(2.3)부터 HTTP 클라이언트로 `HttpURLConnection`을 좀 더 비중 있게 사용할 수 있게 됐고, 다른 웹 클라이언트는 디프리케이트<sup>deprecated</sup>됐다.

## 웹 서비스와 통신하기

웹 서비스에 HTTP를 요청하기 전에, HTTP 서버와의 연결이 이루어져야 한다. 코드 9.1은 HTTP 서버에 연결한 후 HTTP GET 메서드를 전송하는 코드다.

**코드 9.1** HttpURLConnection 연결하기

```
HttpURLConnection connection = null;
StringBuffer buffer = new StringBuffer();
BufferedReader reader = null;

try {
    connection = (HttpURLConnection) new URL(params[0]).openConnection();
    InputStream input =
        new BufferedInputStream(connection.getInputStream());

    reader = new BufferedReader(new InputStreamReader(input));
    String line;
```

```
    while ((line = reader.readLine()) != null) {
        buffer.append(line);
    }

    // 데이터 처리
} catch (IOException | JSONException e) {
    // 로그 에러
} finally {
    if (connection != null) {
        connection.disconnect();
    }

    if (reader != null) {
        try {
            reader.close();
        } catch (IOException e) {
            // do something meaningless
        }
    }
}
```

코드 9.1은 웹 서비스에 요청할 뿐만 아니라 응답을 읽고 안드로이드에 포함된 JSON API를 사용해 응답을 파싱<sup>parse</sup>한다.

코드 9.1이 복잡하지는 않지만, 앱 요청의 수가 많아질수록 복잡해질 것이다. 예를 들어 코드는 에러 발생에 대비해야 하는데, 이 에러는 디바이스가 현재 네트워크에 연결할 수 없거나, 느린 네트워크 연결로 인한 타임아웃, 웹 서비스의 에러 응답일 수 있다. 개발자는 이러한 상황들을 좋은 사용자 경험을 제공하는 방식으로 처리해야 한다.

또한 코드 9.1에서 고려해야 할 사항은 코드 9.1을 메인 스레드에서 실행하면 안 된다는 것이다. 왜냐하면 네트워크에 접속하기 때문이다. 허니콤 이상의 디바이스에서 메인 스레드에 네트워크를 접속하면 NetworkOnMainThreadException이 발생한다. 안드로이드 구버전에서는 메인 스레드가 잠시 멈췄고, 이로 인해 ANR이 발생했다. 앱은 메인 스레드가 아닌 다른 스레드에서 요청하고, UI를 메인 스레드로 수정해야 한다. 메인 스레드로 뷰를 수정하는 데 실패하면 안드로이드에서 앱을 크래시crash하는 런타임 예외가 발생한다.

여러 스레드를 다루기 위해 일반적으로 사용하는 방식은 AsyncTask와 같은 안드로이드 스레드 API를 사용하는 것이다. 코드 9.2는 AsyncTask를 사용해 실행하는 코드 9.1을 수정한 코드다.

**코드 9.2** AsyncTask를 사용해 요청하기

```
public class NetworkCallAsyncTask
    extends AsyncTask<String, Void, JSONObject> {
    @Override
    protected JSONObject doInBackground(String... params) {
        HttpURLConnection connection = null;
        StringBuffer buffer = new StringBuffer();
        BufferedReader reader = null;
        JSONObject response = null;

        try {
            connection =
                    (HttpURLConnection) new URL(params[0])
                            .openConnection();

            InputStream input =
                    new BufferedInputStream(connection.getInputStream());

            reader = new BufferedReader(new InputStreamReader(input));
            String line;

            while ((line = reader.readLine()) != null) {
                buffer.append(line);
            }

            response = new JSONObject(buffer.toString());

        } catch (IOException | JSONException e) {
```

```
        // 로그 에러
} finally {
    if (connection != null) {
                connection.disconnect();
        }

        if (reader != null) {
            try {
                reader.close();
            } catch (IOException e) {
                // 의미 있는 작업
            }
        }
    }

    return response;
}

@Override
protected void onPostExecute(JSONObject response) {
    super.onPostExecute(response);

    // 뷰 수정
}
}


// NetworkCallAsyncTask를 사용할 액티비티
public class NetworkActivity extends Activity {
    @Override
    protected void onStart() {
        super.onStart();
        new NetworkCallAsyncTask().execute("http://remote-web-server");
    }
}
```

수정된 코드 9.2를 살펴보면, 백그라운드 스레드에서 요청을 보내고, UI 스레드에서 JSON 응답을 처리한다는 것을 알 수 있다. 그리고 onPostExecute() 에서 UI가 수정된다. 웹 서비스 요청은 액티비티의 onStart() 함수에서 NetworkCallAsyncTask.execute()의 호출로 시작한다.

코드 9.2가 스레드 이슈를 해결했지만, 여전히 문제가 될 수 있다. 네트워크 호출을 할 때, 다른 많은 요소가 디바이스에서 웹 서비스로 돌아오는 요청/응답의 전체 시간에 영향을 미칠 수 있기 때문이다. 네트워크 속도, 서버 부하, 요청 크기, 응답 크기, 응답 파싱에 소요되는 시간 등을 이용하면 요청/응답 시간을 늘릴 수 있다. 비동기 HTTP 호출이 백그라운드 스레드에서 실행되더라도(ANR을 예방할 수 있다) 사용자는 요청이 전송되거나 응답을 받기 전에 액티비티 외부로 이탈할 수 있다. 이러한 일이 발생하면 안드로이드는 액티비티를 소멸<sup>destroy</sup>시킨다. 액티비티가 소멸되면 그 액티비티의 뷰를 수정할 때 또 다른 런타임 예외가 발생한다.

이러한 상황을 방지하기 위해 AsyncTask를 시작한 액티비티는 뷰에서 분리되기 전에 AsyncTask를 취소해야 한다. 게다가 작업이 최소됐는지도 확인해야 한다. 코드 9.3은 생명주기의 변화에 맞춘 AsyncTask를 취소하는 코드다.

**코드 9.3** AsyncTask 취소 작업 추가하기

```
public class NetworkCallAsyncTask
        extends AsyncTask<String, Void, JSONObject> {
    @Override
    protected JSONObject doInBackground(String... params) {
        HttpURLConnection connection = null;
        StringBuffer buffer = new StringBuffer();
        BufferedReader reader = null;
        JSONObject response = null;

        try {
            connection =
                    (HttpURLConnection) new URL(params[0])
                            .openConnection();
```

```
        InputStream input =
                new BufferedInputStream(connection.getInputStream());

        reader = new BufferedReader(new InputStreamReader(input));
        String line;

        while ((line = reader.readLine()) != null) {
            buffer.append(line);
        }

        if (!isCancelled()) {
            response = new JSONObject(buffer.toString());
        }
    } catch (IOException | JSONException e) {
        // 로그 에러
    } finally {
        if (connection != null) {
            connection.disconnect();
        }

        if (reader != null) {
            try {
                reader.close();
            } catch (IOException e) {
                // 의미 있는 작업
            }
        }
    }

    return response;
}

@Override
protected void onPostExecute(JSONObject response) {
    super.onPostExecute(response);

    if (!isCancelled()) {
```

```
            // 뷰 수정
        }
    }
}

// NetworkCallAsyncTask를 사용할 액티비티
public class NetworkActivity extends Activity {
    private NetworkCallAsyncTask networkCallAsyncTask;

    @Override
    protected void onStart() {
        super.onStart();
        networkCallAsyncTask =
            new NetworkCallAsyncTask().execute("http://remote-web-server");
    }

    @Override
    protected void onStop() {
        super.onStop();
        networkCallAsyncTask.cancel(true);
    }
}
```

코드 9.3을 이용하면 스레드와 생명주기 문제를 해결할 수 있다.

AsyncTask는 웹 서비스와 통신하기 위해 스레드와 생명주기의 복잡한 문제를 다루는 유일한 해결책이 아니다. 또 다른 해결책으로는 IntentService를 사용하거나, 수동으로 스레드를 시작, 관리하는 것을 들 수 있다. 많은 개발자들은 복잡한 스레드 문제의 해결책을 만들기보다 RxJava와 같은 프레임워크를 이용한다. 그러나 RxJava는 안드로이드 SDK에 포함돼 있지 않고 서드파티로 추가해야 한다.

앱이 웹 서비스와 통신할 수 있다면, 앱은 웹 서비스로부터 받은 응답을 앱의 나머지 코드가 사용할 수 있게 알맞은 포맷으로 처리해야 한다. JSON을 상호 교환 포맷으로 사용하는 웹 서비스를 이용하면, 일반적으로 JSON을 앱이 사용하는 자바 객체로 변환하거나 데이터베이스에 JSON 값을 저장한다. JSON은 앱의 상태를 표

현하지만, 처리하기에는 번거로울 수 있다.

## JSON과 작업하기

코드 9.1에서 9.3에 살펴봤듯이 안드로이드 SDK는 JSON과 작업하기 위한 API를 제공한다. 코드 9.4는 기본 안드로이드 JSON API를 사용해 웹 서비스로부터 받은 JSON을 자바 객체로 변환하는 NetworkCallAsyncTask를 보여준다.

**코드 9.4** JSON을 데이터 모델로 변환하기

```
public class NetworkCallAsyncTask
        extends AsyncTask<String, Void, List<Manufacturer> {
    @Override
    protected List<Manufacturer> doInBackground(String... params) {
        HttpURLConnection connection = null;
        StringBuffer buffer = new StringBuffer();
        BufferedReader reader = null;
        List<Manufacturer> manufacturers = new ArrayList<>();

        try {
            connection =
                (HttpURLConnection) new URL(params[0])
                    .openConnection();

            InputStream input =
                new BufferedInputStream(connection.getInputStream());

            reader = new BufferedReader(new InputStreamReader(input));
            String line;

            while ((line = reader.readLine()) != null) {
                buffer.append(line);
            }

            if (!isCancelled()) {
                JSONObject response = new JSONObject(buffer.toString());
```

```java
JSONArray jsonManufacturers =
        response.getJSONArray("manufacturers");

for (int i = 0; i < jsonManufacturers.length(); i++) {
    JSONObject jsonManufacturer =
            jsonManufacturers.getJSONObject(i);
    Manufacturer manufacturer = new Manufacturer();

Manufacturer
        .setShortName(jsonManufacturer
                .getString("short_name"));

Manufacturer
        .setLongName(jsonManufacturer
                .getString("long_name"));

JSONArray jsonDevices =
        jsonManufacturer.getJSONArray("devices");

List<Device> devices = new ArrayList<>();

for(int j = 0; j < jsonDevices.length(); j++) {
    JSONObject jsonDevice =
            jsonDevices.getJSONObject(j);

    Device device = new Device();

    device.setDisplaySizeInches((float) jsonDevice
            .getDouble("display_size_inches"));

    device.setNickname(jsonDevice
            .getString("nickname"));

    device.setModel(jsonDevice.getString("model"));

    devices.add(device);
}
```

```
                    manufacturer.setDevices(devices);
                    manufacturers.add(manufacturer);
                }
            }
        } catch (IOException | JSONException e) {
            // 로그 에러
        } finally {
            if (connection != null) {
                connection.disconnect();
            }

            if (reader != null) {
                try {
                    reader.close();
                } catch (IOException e) {
                    // 의미 있는 작업
                }
            }
        }
        return manufacturers;
    }


    @Override
    protected void onPostExecute(List<Manufacturer> manufacturers) {
        super.onPostExecute(manufacturers);

        if (!isCancelled()) {
            // 뷰 수정
        }
    }
}

// NetworkCallAsyncTask를 사용할 액티비티
public class NetworkActivity extends Activity {
    private NetworkCallAsyncTask networkCallAsyncTask;
```

```
@Override
protected void onStart() {
    super.onStart();
    networkCallAsyncTask =
        new NetworkCallAsyncTask().execute("http://remote-web-server");
}

@Override
protected void onStop() {
    super.onStop();
    networkCallAsyncTask.cancel(true);
}
}
```

코드 9.4는 안드로이드 SDK에 포함된 JSON API를 사용해 웹 서비스의 JSON 응답을 자바 POJO로 변환하는 코드다. 변환 과정은 앱 개발자가 JSON의 모든 데이터를 자바 객체에 수동으로 매핑한다.

이제 우리는 원격 웹 서비스에 데이터를 주고받을 수 있고, 쓸만한 구조를 구현할 수 있게 됐다. 그러나 코드 9.4의 방법은 꽤 번거롭고, 새로운 API를 추가해 수정해야 한다. 게다가 웹 서비스로부터 받은 JSON이 커질수록, JSON을 모델 객체에 매핑하기 위해 NetworkCallAsyncTask를 수정해야 한다. 코드 9.4의 방법도 의미가 있지만, 이러한 이슈(스레드, 액티비티 생명주기, JSON 파싱)를 별도로 처리해 코드를 줄여주는 도구와 라이브러리도 있다. 다음 절에서는 이 문제에 대한 두 가지 해결책(Retrofit, Volley)을 살펴본다.

## Retrofit으로 웹 서비스 연결하기

Retrofit(https://square.github.io/retrofit/)은 HTTP를 통해 웹 서비스와 통신하기 위한 오픈소스다. Retrofit은 통신과 스레드 문제를 알아서 처리하기 때문에 원격 웹 서비스와 상호작용에 도움을 준다. 백그라운드 스레드에서 요청하고 메인 스레드에서 응답을 처리하는 데 신경 쓸 필요 없이, 앱은 단지 어떤 요청을 해야 할지

Retrofit에게 알려주면 된다. 그리고 나머지 과정은 Retrofit이 알아서 처리한다.

Retrofit은 저수준 통신과 함께 요청/응답의 직렬화/역직렬화를 위해 서드파티 라이브러리 사용을 지원한다. 이러한 라이브러리는 Retrofit을 사용하는 앱이 정한다. Retrofit은 JSON, XML, 프로토콜 버퍼 등과 같은 여러 가지 상호 교환 포맷을 지원한다. 웹 서비스 통신과 직렬화뿐만 아니라 Retrofit은 응답을 받기 전에 전송된 요청을 취소할 수도 있다. 이 기능으로 액티비티가 소멸되고, 뷰를 수정할 때 발생하는 이슈를 해결할 수도 있다.

### 안드로이드 프로젝트에 Retrofit 추가하기

Retrofit은 서드파티 라이브러리기 때문에 프로젝트에 의존성을 추가해야 한다. 그레이들Gradle 기반의 안드로이드 프로젝트에서 Retrofit을 추가하는 것은 매우 쉽다. 코드 9.5는 build.gradle에 Retrofit을 추가하는 코드다.

**코드 9.5** build.gradle에 Retrofit 추가하기

```
final RETROFIT_VERSION = '2.0.0'
compile "com.squareup.retrofit2:retrofit:${RETROFIT_VERSION}"
compile "com.squareup.retrofit2:converter-gson:${RETROFIT_VERSION}"
compile "com.squareup.okhttp3:logging-interceptor:3.2.0"
```

코드 9.5는 Retrofit을 위한 2개의 의존성을 가진다. 이는 바로 코어 Retrofit 라이브러리(com.squareup.retrofit2:retrofit)와 GSON 컨버터(com.squareup. retrofit2:converter-gson)다.

코어 Retrofit 라이브러리는 프로젝트에 기본적인 Retrofit 기능을 제공한다. 이 라이브러리에는 백그라운드 스레드에서 비동기로 웹 서비스와의 통신과 메인 스레드에서 응답을 처리하는 기능이 있다. 또한 이 라이브러리를 통해 요청을 취소할 수도 있다.

Retrofit GSON 컨버터는 GSON을 사용해 JSON 응답을 앱이 사용하는 자바 객체로 변환해준다. GSON은 구글이 만든 JSON 라이브러리다. GSON은 속성 이름이나 어노테이션annotation을 사용해 JSON 객체를 자바 객체에 바인딩해준다. GSON과

같은 라이브러리는 표준 안드로이드 JSON API로 대체할 수 있고, JSON 객체를 자바 객체로 변환하는 과정을 제공한다.

코드 9.5의 세 번째 의존성(compile "com.squareup.okhttp3:logging-interceptor:3.2.0")은 HTTP 요청/응답의 로그를 위해 추가했다. 이 부분은 다음 절에서 좀 더 자세히 살펴본다.

build.gradle을 코드 9.5처럼 수정하면, 그레이들은 자동으로 필요한 파일을 다운로드하고 프로젝트에 추가할 것이다.

### Retrofit 사용하기

Retrofit을 프로젝트에 추가하면, 원격 웹 서비스와의 통신하기가 쉬워진다. Retrofit을 사용하기 위해서는 가장 먼저 웹 서비스 호출을 선언할 자바 인터페이스를 준비해야 한다. 앱은 이 인터페이스를 사용해 웹 서비스의 호출 함수의 클래스처럼 웹 서비스에 접속한다. 이 구조는 객체지향적이다. 왜냐하면 인터페이스를 사용하는 코드는 인터페이스 구현체의 함수를 호출하면서 매개 변수로 자바 객체를 전달하고, 그 결과로 자바 객체를 반환 받기 때문이다. 실제 인터페이스의 구현체는 Retrofit이 담당한다. 코드 9.6은 인터페이스를 보여주는데, 이 인터페이스는 디바이스 데이터베이스 앱을 위한 웹 서비스 함수를 제공한다. 이 함수는 디바이스와 제조사 목록을 반환한다.

**코드 9.6** 웹 서비스 인터페이스 정의하기

```
public interface DeviceService {
@GET("v2/570bbaf6110000b003d17e3a")
Call<ManufacturersAndDevicesResponse> getManufacturersAndDevices();
}
```

코드 9.6에서 DeviceService 인터페이스는 getManufacturersAndDevices() 함수를 가진다. getManufacturersAndDevices() 함수의 @GET 어노테이션을 확인해보자. @GET 어노테이션은 Retrofit에게 HTTP GET 메서드를 사용해 요청하라는 뜻이다. 게다가 @GET 어노테이션은 웹 서비스 호출의 경로를 가진다. URL의 나머지 부분, 프로토콜, 호스트<sup>host</sup>는 Retrofit이 `DeviceService` 인터페이스의 구현체를 반환할 때 정의된다.

`getManufacturersAndDevices()` 함수는 `Call` 인터페이스의 구현체를 반환한다. 반환되는 `Call` 구현체는 웹 서비스의 동기/비동기 호출을 위해 사용한다. 웹 서비스의 동기 요청은 현재의 스레드에서 만들어지고, 비동기 요청은 백그라운드 스레드에서 만들어진다.

코드 9.7은 Retrofit을 사용해 코드 9.6에 정의한 `DeviceService` 인터페이스 구현체를 얻는 방법을 보여준다. Retrofit의 환경 설정은 앱 전체에서 동일하게 사용되기 때문에 싱글톤 패턴으로 구현하는 것이 편리하다. Retrofit의 초기화 과정 또한 성능의 관점에서 본다면 비용이 많이 든다. 따라서 `Retrofit.Builder` 함수도 싱글톤으로 호출한다.

**코드 9.7** Retrofit 설정하기

```
public class WebServiceClient {
    private static final String TAG =
            WebServiceClient.class.getSimpleName();

    private static WebServiceClient instance = new WebServiceClient();

    private final DeviceService service;

    public static WebServiceClient getInstance() {
        return instance;
    }

    private WebServiceClient() {
        final Gson gson = new GsonBuilder()
                .setFieldNamingPolicy(FieldNamingPolicy
                        .LOWER_CASE_WITH_UNDERSCORES)
                .create();

        Retrofit.Builder retrofitBuilder = new Retrofit.Builder()
                .baseUrl("http://www.mocky.io")
```

```
            .addConverterFactory(GsonConverterFactory.create(gson));

    if (BuildConfig.DEBUG) {
        final HttpLoggingInterceptor loggingInterceptor =
                new HttpLoggingInterceptor(new HttpLoggingInterceptor
                        .Logger() {
            @Override
            public void log(String message) {
                Log.d(TAG, message);
            }
        });

        retrofitBuilder.callFactory(new OkHttpClient
                .Builder()
                .addNetworkInterceptor(loggingInterceptor)
                .build());

        loggingInterceptor.setLevel(HttpLoggingInterceptor.Level.BODY);
    }

    service = retrofitBuilder.build().create(DeviceService.class);
    }

    public DeviceService getService() {
        return service;
    }
}
```

Retrofit에서 GSON을 사용하려면 GSON 인스턴스를 생성, 설정한 후 Retrofit. Builder에 전달해야 한다. 코드 9.7에서 GsonBuilder는 GSON 인스턴스를 생성하고 LOWER_CASE_WITH_UNDERSCORES로 네이밍 정책을 설정한다. 이 상수로 GSON은 JSON 필드의 이름을 자바 POJO 필드의 이름으로 매핑시키는 방법을 정한다. 좀 더 자세히 설명하면, JSON 응답을 자바 POJO 객체로 생성할 때에는 JSON 속성의 언더스코어underscore를 카멜 표기법camel-case으로 변환해야 한다.

GSON 객체를 생성해 `Retrofit.Builder`에 전달하고, `Retrofit.Builder`는 De-viceService 인터페이스를 구현한 Retrofit 기반 서비스를 생성한다. 앱이 웹 서비스에 연결할 때 이 서비스를 사용한다. `Retrofit.Builder`를 사용해 웹 서비스의 기본적인 URL을 정의하는 부분에 주목하자. 코드 9.6에서 `DeviceService` 인터페이스의 함수는 웹 서비스의 경로를 정해놓은 어노테이션을 가지고 있었다. 웹 서비스 호출의 완전한 URL 경로를 정의하기 위해 `Retrofit.Builder`에 전달한 기본 URL을 덧붙인다. 예를 들어, `getManufacturersAndDevices()` 호출의 완전한 URL은 http://www.mocky.io/v2/570bbaf6110000b003d17e3a다.

`Retrofit.Builder`를 사용해 Retrofit 서비스가 설정되면, 디버그를 위해 요청/응답 로그를 Retrofit 서비스에 추가한다.

Retrofit은 OkHttp라는 또 다른 라이브러리를 실제 HTTP 클라이언트로 사용한다. OkHttp는 9장 초반의 `HttpURLConnection` 대체물로 생각할 수 있다. OkHttp에는 강력한 인터셉터 기능이 탑재돼 있는데, 이 인터셉터 기능은 웹 서비스를 요청하거나 응답을 처리할 때 실행하는 코드를 확인시켜준다. 코드 9.7의 경우, DEBUG 빌드 시 Retrofit이 사용하는 `OkHttpClient`에 `OkHttpLoggingInterceptor`를 추가한다. `OkHttpLoggingInterceptor` 구현체는 `OkHttpClient`가 처리하는 각 요청/응답에 대한 정보를 단순히 보여줄 뿐이다. 이러한 정보는 앱과 웹 서비스 간 이슈를 통합할 때 매우 유용하다. 코드 9.8은 로그캣[LogCat]에 요청/응답의 정보를 보여주는 상황이다.

**코드 9.8** OkHttpLoggingInterceptor 출력

```
D/WebServiceClient: --> GET http://www.mocky.io/v2/570bbaf6110000b003d17e3a
➥http/1.1
D/WebServiceClient: Host: www.mocky.io
D/WebServiceClient: Connection: Keep-Alive
D/WebServiceClient: Accept-Encoding: gzip
D/WebServiceClient: User-Agent: okhttp/3.2.0
D/WebServiceClient: --> END GET
D/WebServiceClient: <-- 200 OK http://www.mocky.io/v2/570bbaf6110000b003d17
➥e3a(116ms)
```

```
D/WebServiceClient: Server: Cowboy
D/WebServiceClient: Connection: close
D/WebServiceClient: Content-Type: application/json; charset=utf-8 D/
WebServiceClient: Date: Wed, 13 Apr 2016 03:34:25 GMT D/WebServiceClient:
Via: 1.1 vegur
D/WebServiceClient: OkHttp-Sent-Millis: 1460508929836
D/WebServiceClient: OkHttp-Received-Millis: 1460508929950
D/WebServiceClient: {
                    "manufacturers": [
                      {
                        "short_name": "Samsung",
                        "long_name": "Samsung Electronics",
                        "devices": [
                          {
                            "model": "Nexus S",
                            "nickname": "Crespo",
                            "display_size_inches": 4.0,
                            "memory_mb": 512
                          },
                          {
                            "model": "Galaxy Nexus",
                            "nickname": "Toro",
                            "display_size_inches": 4.65,
                            "memory_mb": 1024
                          }
                        ]
                      },
                      {
                        "short_name": "LG",
                        "long_name": "LG Electronics",
                        "devices": [
                      {
                        "model": "Nexus 4",
                        "nickname": "Mako",
                        "display_size_inches": 4.7,
                        "memory_mb": 2048
                      }
```

```
                    ]
                  },
                  {
                    "short_name": "HTC",
                    "long_name": "HTC Corporation",
                    "devices": [
                      {
                        "model": "Nexus One",
                        "nickname": "Passion",
                        "display_size_inches": 3.7,
                        "memory_mb": 512
                      }
                    ]
                  }
                ]
              }
D/WebServiceClient: <-- END HTTP (944-byte body)
D/DeviceListActivity: Got response -> 9
```

코드 9.8에서 OkHttpLoggingInterceptor를 설정하면 요청/응답의 모든 HTTP 헤더뿐만 아니라 응답으로 받는 JSON도 출력할 수 있다.

요청 헤더에서 Accept-Encoding: gzip가 설정돼 있는 것에 주목하자. Accept-Encoding 헤더를 gzip으로 설정하면 클라이언트가 GZip으로 압축된 응답을 받을 수 있다는 사실을 HTTP 서버에 알린다. OkHttp는 GZip으로 압축된 요청을 자동으로 해제할 수 있기 때문에 이 헤더를 설정한다. 웹 서비스를 호스팅하는 HTTP 서버가 응답을 GZip으로 압축한다고 설정했다면, 이 헤더는 애플리케이션 개발자가 쉽게 인식할 수 있다.

OkHttpLoggingInterceptor는 HTTP의 요청/응답의 모든 정보를 로그로 출력하기 때문에 프로덕션 빌드^production build 시에 이 로그를 비활성화하는 것이 중요하다. 로그로 인해 발생하는 성능 저하와 용량이 큰 HTTP 요청/응답과 더불어 다른 앱들이 접근할 수 있는 안드로이드 중앙 로그 시스템에 개인 정보가 기록된다. 요청을 할 때는 웹 서비스가 인증과 관련된 정보를 요구할 수 있다. 하지만 이러한 정보는 비공개로 하고, 안드로이드 로그에 남겨서는 안 된다. 코드 9.7의 경우 OkHttpLoggingInterceptor는 BuildConfig.DEBUG의 값을 확인해 디버그 빌드 시에 활성화되도록 구현돼 있다.

OkHttpClient 설정이 완료되면 DeviceService 인터페이스의 구현체를 생성하기 위해 Retrofit.Builder를 사용한다. 이 서비스는 앱이 웹 서비스를 호출할 때 이용한다.

이제 Retrofit 기반 서비스가 완성됐으므로 앱의 이곳 저곳에서 이 서비스를 사용해 웹 서비스를 호출할 수 있다. 코드 9.9는 이 서비스의 사용법을 보여준다.

**코드 9.9** Retrofit 호출하기

```
Call<ManufacturersAndDevicesResponse> call = WebServiceClient
        .getInstance()
        .getService()
        .getManufacturersAndDevices();


call.enqueue(new Callback<ManufacturersAndDevicesResponse>() {
    @Override
    Public
    void onResponse(Response<ManufacturersAndDevicesResponse> response) {
        List<Manufacturer> manufacturerList =
        response.body().getManufacturers();
        // 응답 처리
    }

    @Override
    public void onFailure(Throwable t) {
        // 에러 처리
    }
});
```

앞에서 언급했듯이, Retrofit을 사용하면 동기/비동기로 웹 서비스 호출할 수 있다. 코드 9.9는 WebServiceClient 싱글톤을 사용해 코드 9.7에서 생성한 Retrofit 기반 서비스의 참조를 얻어 비동기 호출한다. 그 후 서비스에서

getManufacturersAndDevices()를 호출해 Call 인터페이스를 구현한 객체를 얻는다. Call 인터페이스의 구현체는 동기/비동기 호출을 위해 사용한다. 코드 9.9는 비동기 호출을 해 메인 스레드에서 안전하게 수행할 수 있게 한다. Call.enqueue()의 호출로 비동기 호출이 시작된다. Call.enqueue() 함수는 매개 변수로 Callback 인터페이스를 구현한 객체를 받고, 이 객체를 사용해 웹 서비스의 결과나 에러를 받는다.

Callback 인터페이스는 onResponse(), onFailure() 2개의 함수가 있고, 이 함수들을 구현해야 한다. onResponse()는 웹 서비스 호출이 성공적으로 이루어진 응답을 받고, onFailure()는 에러가 생기면 호출된다.

onResponse()에 전달하는 매개 변수는 Retrofit Response 객체다. 이 객체는 헤더, HTTP 응답 코드, 응답의 보디와 같은 HTTP 응답의 세부사항을 가진다. 또한 응답 데이터를 가지는 역직렬화된 자바 POJO도 포함한다. 앱은 일반적으로 JSON 응답이 아닌 자바 객체와 함께 작업한다.

코드 9.9의 웹 서비스 호출은 비동기이지만, 응답을 받기 전에 요청을 취소할 경우가 생긴다. Call 인터페이스는 여전히 계류 중인[pending] 요청을 취소하는 Call.cancel() 함수를 선언해 놓았다. 액티비티가 중지[stopped]되거나 소멸[destroyed]된 후에 응답을 받지 않으려면 이 함수를 사용하는 것이 좋다.

지금까지 간단하게 Retrofit을 알아봤다. 지금까지 나온 코드들은 Retrofit2 기반이다. Retrofit1의 API도 비슷하지만, 약간의 차이가 있다. 요청을 취소하는 Call.cancel() 함수는 Retrofit2에 소개돼 있다.

## Volley로 웹 서비스 연결하기

Volley는 원격 서비스에 접속하기 위한 구글 내부의 프로젝트에서 시작됐다. Volley는 Retrofit처럼 스레드를 관리할 필요 없이 원격 웹 서비스 요청을 쉽게 만들어준다. Volley는 백그라운드 스레드에서 HTTP 요청을 만들고, UI 스레드에서 응답을 처리한다. 또한 Volley는 요청을 취소해 중지되거나 소멸된 액티비티에 더 이상 응답을 보내지 않을 수 있다.

## 안드로이드 프로젝트에 Volley 추가하기

Volley는 안드로이드 오픈소스 프로젝트<sup>AOSP</sup>의 한 부분이고, 구글에서 공식적으로 발표하지 않았다. 그래서 AOSP 깃<sup>Git</sup> 저장소에서 Volley를 얻어야 한다. 소스 코드를 받으면, Volley 프로젝트를 안드로이드 프로젝트에 라이브러리 프로젝트로 추가하거나 JAR 파일로 만든 후 프로젝트에 추가할 수 있다.

구글의 공식적인 Volley 라이브러리 외에 공식 저장소에서 변경사항을 불러와 메이븐<sup>Maven</sup> 호환 저장소에 올린 비공식 Volley 미러<sup>mirror</sup>버전 JAR도 있다. 이 미러 버전은 다른 서드파티 라이브러리처럼 그레이들 의존성으로 추가할 수 있다. 비공식 Volley 미러 버전도 Volley 라이브러리를 변경할 수 있다. 하지만 미러 버전이 변경을 하는 것이 나쁜 것만은 아니다. 왜냐하면 AOSP Volley 저장소에서 해결하지 못한 이슈를 미러 버전이 할 수 있기 때문이다. 이 절에서는 AOSP 버전의 Volley와 API에 초점을 맞춘다.

AOSP Volley 소스 코드는 AOSP Git 저장소에서 가져올 수 있다. Git을 이용해 소스를 다운로드하려면 가장 먼저 Git을 설치하고 다음과 같은 명령어를 실행해 다운로드해야 한다.

```
git clone https://android.googlesource.com/platform/frameworks/volley
```

다운로드가 완료되면 그레이들 프로젝트에 volley 디렉터리가 서드파티 라이브러리로 추가된다. 프로젝트가 소스 제어 도구로 Git을 사용한다면 이슈 발생을 방지하기 위해 volley/.git 디렉터리를 삭제한다.

프로젝트에 volley 디렉터리를 복사하고, Volley를 사용하기 위해 그레이들을 설정하면, Volley는 라이브러리로써 추가가 완료된다. 디바이스 데이터베이스 앱 프로젝트는 모든 서드파티 라이브러리를 프로젝트 루트에서 thirdParty 이름의 디렉터리에 저장한다. 이렇게 저장하면 서드파티 소스 코드를 앱 소스 코드와 별개로 관리할 수 있다. 그림 9.1은 안드로이드 스튜디오의 Project 뷰 화면이다.

Volley 디렉터리가 프로젝트에 복사되면, Volley 소스 코드를 프로젝트에 추가하기 위해 그레이들을 설정해야 한다. 그레이들 기반의 프로젝트는 2개의 .gradle

파일을 수정해 설정한다. 이 2개의 파일은 `settings.gradle`, `build.gradle`다.

　　`settings.gradle`는 일반적으로 그레이들 프로젝트의 루트에서 찾을 수 있다. 코드 9.10은 Volley를 추가하기 위해 `settings.gradle` 파일을 어떻게 수정하는지 보여준다. 코드 9.10의 코드를 보면 그림 9.1처럼 Volley가 왜 `thirdParty/volley`에 위치하고 있는지 추측할 수 있다.

**코드 9.10** settings.gradle에 Volley 추가하기

```
include ':app', ':thirdParty:volley'
```

　　프로젝트에 Volley를 추가하면, Volley가 필요한 모든 프로젝트 모듈의 의존성에 추가해야 한다. 다른 의존성처럼, 모듈의 `build.gradle`에 추가한다. 코드 9.11은 `thirdParty/volley` 디렉터리에 Volley 프로젝트를 추가하는 그레이들을 보여준다.

**코드 9.11** Volley 의존성 추가하기

```
dependencies {
compile fileTree(dir: 'libs', include: ['*.jar'])
compile project(':thirdParty:volley')
```

　　프로젝트에 Volley를 추가했다면, 이제 앱 소스 코드에서 사용할 수 있다.

## Volley 사용하기

Volley이 구조는 Retrofit과 다르다. Retrofit은 원격 웹 서비스 호출을 매핑한 함수들의 인터페이스를 정의해야 한다. Volley는 개별적인 웹 서비스 호출을 Request 객체에 매핑해 `RequestQueue`에 넣는다. Volley가 요청에 대한 응답을 받으면, 그 응답을 콜백에 전달한다.

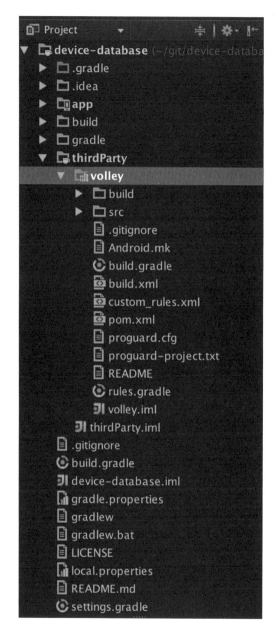

**그림 9.1** 안드로이드 스튜디오의 Volley 디렉터리

　　Volley의 RequestQueue 설정을 싱글톤으로 구현하면 앱의 모든 곳에서 동일한 RequestQueue를 사용할 수 있다. 디바이스 데이터베이스 예제 앱은 RequestQueue를 설정하기 위해 VolleyApiClient라는 이름의 싱글톤을 사용한다. 코드 9.12는 RequestQueue를 설정하는 VolleyApiClient을 구현한 것이다.

**코드 9.12** VolleyApiClient 구현하기

```java
public class VolleyApiClient {
    private static VolleyApiClient instance;

    private RequestQueue requestQueue;

    public static synchronized VolleyApiClient getInstance(Context ctx) {
        if (instance == null) {
            instance = new VolleyApiClient(ctx);
        }

        return instance;
    }

    private VolleyApiClient(Context context) {
        requestQueue =
            Volley.newRequestQueue(context.getApplicationContext());
    }

    public <T> Request<T> add(Request<T> request) {
        return requestQueue.add(request);
    }

    public void cancelAll(Object tag) {
        requestQueue.cancelAll(tag);
    }
}
```

VolleyApiClient는 Volley.newRequestQueue()에 애플리케이션 컨텍스트 application context를 매개 변수로 전달해 RequestQueue를 생성한다. 대부분의 안드로이드 개발에서 컨텍스트가 누수되지 않도록 조심해야 한다. 왜냐하면 컨텍스트가 뷰를 참조하는 액티비티일 경우, 안드로이드가 메모리가 필요할 때 그 컨텍스트를 소멸시키기 때문이다. 하지만 애플리케이션 컨텍스트는 앱의 생명주기에 관여한다.

VolleyApiClient는 RequestQueue를 생성할 뿐만 아니라 RequestQueue.add(), RequestQueue.cancelAll() 함수의 위임 함수 2개를 제공한다.

VolleyApiClient.add()는 요청을 RequestQueue에 추가하는 함수다.

RequestQueue에 요청을 추가하면 Volley는 원격 웹 서비스에 그 요청을 전송하고, 요청에 대한 응답을 처리한다.

VolleyApiClient.cancelAll()은 특정 태그의 요청을 취소할 때 사용하는 함수다. 액티비티가 여러 가지 요청을 RequestQueue에 추가하고, 액티비티가 중지되거나 그 요청을 취소했을 때 이 함수를 사용하면 유용하다. 액티비티는 동일한 태그를 각 요청에 할당해 RequestQueue에 추가하고, 액티비티가 중지될 때 VolleyApiClient.cancelAll() 함수를 호출해 그 요청을 취소할 수 있다. 요청을 취소하면 Volley는 응답을 요청의 콜백에 보내지 않는다.

RequestQueue의 초기화가 완료되면, 요청 받을 준비를 마친다. Volley Request 클래스는 우선순위 설정, 재시도 횟수 설정, 요청/응답 직렬화/역직렬화와 같은 요청에 필요한 옵션을 다룬다.

Volley는 여러 가지 형태의 데이터를 처리하는 Request의 자식 클래스를 가진다. 그 자식 클래스는 JsonObjectRequest, JsonArrayRequest다. 하지만 JsonObjectRequest, JsonArrayRequest는 안드로이드의 표준 JSON 파싱 API를 사용한다. 앞에서 언급했듯이, 이 API는 사용하기가 쉽지 않은데, 특히 직접적으로 JSON을 자바 POJO로 매핑할 때 더욱 그러하다.

디바이스 데이터베이스 앱의 Volley를 요청할 때는 Jackson JSON 파서parser를 사용한다. GSON과 같이 Jackson은 JSON을 자바 객체로 매핑할 수 있다. 코드 9.13은 Volley 응답의 JSON을 파싱하기 위해 Jackson을 사용하는 JacksonRequest을 구현한 것이다.

**코드 9.13** JacksonRequest으로 JSON 파싱하기

```java
public class JacksonRequest<T> extends Request<T> {
    private static final ObjectMapper objectMapper = new ObjectMapper()
            .setPropertyNamingStrategy(PropertyNamingStrategy.SNAKE_CASE)
            .setSerializationInclusion(JsonInclude.Include.NON_NULL);

    private final Response.Listener<T> listener;
    private final Class<T> clazz;

    public JacksonRequest(int method,
                          String url,
                          Class<T> clazz,
                          Response.Listener<T> listener,
                          Response.ErrorListener errorListener) {
        super(method, url, errorListener);
        this.listener = listener;
        this.clazz = clazz;
    }

    @Override
    protected Response<T> parseNetworkResponse(NetworkResponse response) {
        T responsePayload;

        try {
            responsePayload = objectMapper.readValue(response.data,
                    clazz);

            return Response.success(responsePayload,
                HttpHeaderParser.parseCacheHeaders(response));
        } catch (IOException e) {
            return Response.error(new ParseError(e));
        }
    }

    @Override
    protected void deliverResponse(T response) {
```

```
        listener.onResponse(response);
    }
}
```

코드 9.13에서 첫 번째로 살펴봐야 할 것은 static final ObjectMapper 상수다. ObjectMapper는 Jackson 데이터 바인딩 API의 일부분이고, JSON 데이터를 자바 객체에 바인딩하기 위해 사용하는 클래스다(Jackson은 JSON을 처리하는 다른 함수도 제공한다). 모든 JacksonRequest가 동일한 ObjectMapper를 사용하기 위해 ObjectMapper를 static으로 한다. 왜냐하면 ObjectMapper는 생성 비용이 많이 들고 직렬화/역직렬화 도구를 생성해 캐시하기 때문이다.

프로젝트에서 ObjectMapper를 사용하기 전에 Jackson 데이터 바인딩 라이브러리를 build.gradle 파일에 추가해야 한다. 코드 9.14는 build.gradle을 수정하고, 추가된 라이브러리를 굵은 글씨로 강조했다.

**코드 9.14** build.gradle에 데이터 바인딩 라이브러리 추가하기

```
final RETROFIT_VERSION = '2.0.0'
compile "com.squareup.retrofit2:retrofit:${RETROFIT_VERSION}"
compile "com.squareup.retrofit2:converter-gson:${RETROFIT_VERSION}"
compile "com.squareup.okhttp3:logging-interceptor:3.2.0"
compile 'com.fasterxml.jackson.core:jackson-databind:2.7.0'
```

JacksonRequest를 생성하기 위해서는 하나의 생성자를 사용해야 한다. 이 생성자는 다음과 같은 매개 변수를 받는다.

- int method: 요청을 위한 HTTP 메서드를 정의한다. 이 매개 변수의 int 상수는 Volley Method 클래스에 정의돼 있다.
- String url: 요청할 웹 서비스의 최종 목적지 URL을 정의한다. Retrofit과 달리 프로토콜, 호스트, 위치를 모두 포함하는 URL이다.
- Class<T> clazz: JSON 응답을 자바 POJO로 매핑하기 위해 사용하는 클래스의 타입이다. Jackson의 역직렬화를 위해 이 클래스 타입이 필요하다.

JacksonRequest는 이 클래스 타입을 사용한다.

- Response.Listener<T> listener: JacksonRequest의 응답을 처리하기 위해 이 리스너를 호출한다. Volley는 오직 비동기 HTTP 요청/응답만 지원하기 때문에 요청의 결과를 처리하기 위해 항상 콜백 리스너가 필요하다.

- Response.ErrorListener<T> errorListener: 요청할 때 에러가 발생하면 호출된다.

JacksonRequest 생성자는 매개 변수의 일부를 부모 클래스의 생성자에 전달하고 parseNetworkResponse(), deliverResult()가 사용하는 listener, clazz를 저장한다.

parseNetworkResponse() 함수는 Volley가 반환한 byte[] 데이터를 Jackson을 이용해 자바 POJO로 변환한다. 또한 ObjectMapper와 clazz 멤버 변수를 사용해 JSON을 자바 POJO로 매핑한다. JSON 응답을 역직렬화하는 과정에서 에러가 없다면, 성공 코드와 함께 자바 POJO를 반환한다. 자바 객체로 변환할 때 예외가 발생하면, 예외를 실은 에러 응답을 반환한다.

VolleyApiClient가 준비를 마치면, 앱은 Volley를 사용해 비동기 웹 서비스 요청을 할 수 있다. 이제 디바이스 데이터베이스 앱은 웹 서비스에서 제조사, 디바이스의 목록을 받을 수 있다. 코드 9.15는 디바이스 목록을 불러오기 위해 VolleyApiClient를 사용하는 DeviceListActivity 코드의 일부다.

**코드 9.15** VolleyApiClient를 사용해 디바이스 목록 불러오기

```
public class DeviceListActivity extends AppCompatActivity {
    private static final String TAG =
            DeviceListActivity.class.getSimpleName();

    private static final String VOLLEY_TAG =
            DeviceListActivity.class.getCanonicalName();

    private void loadDataUsingVolley() {
        GetManufacturersAndDevicesRequest request =
                new GetManufacturersAndDevicesRequest(VOLLEY_TAG,
```

```
                new Response.Listener<GetManufacturersAndDevicesRequest
                        .Response>() {
                    @Override
                    Public
                    void onResponse(GetManufacturersAndDevicesRequest
                                                .Response response) {
                        List<Manufacturer> manufacturersList =
                                response.getManufacturers();

                        updateDisplay(manufacturersList);
                    }
                }, new Response.ErrorListener() {
            @Override
            public void onErrorResponse(VolleyError error) {
                Log.e(TAG, "Received web API error", error);
            }
        });
        VolleyApiClient
                .getInstance(DeviceListAcitivity.this)
                .add(request);
    }

    @Override
    protected void onStop() {
        super.onStop();
        VolleyApiClient.getInstance(this).cancelAll(VOLLEY_TAG);
    }
}
```

DeviceListActivity는 RequestQueue에 전달한 요청에 태그를 달기 위해 VOLLEY_TAG를 정의한다. 또한 요청은 2개의 익명 클래스를 전달 받는다. 하나는 성공한 응답을 처리하는 Response.Listener고, 다른 하나는 에러 응답을 처리하는 Response.ErrorListener다.

Response.Listener 클래스는 onResponse() 함수를 가지는데, 이 함수는 Response 객체를 매개 변수로 받는다. 이 Response 객체는 웹 서비스에서 받은

JSON을 역직렬화한 자바 POJO를 포함하고 있다. 요청이 역직렬화를 하기 때문에 클라이언트 코드는 응답을 처리하기가 쉽다. 따라서 앱에서 정의한 모델 객체와 작업하기도 쉽다.

Volley 구현의 마지막은 코드 9.16의 GetManufacturersAndDevicesRequest 클래스다.

**코드 9.16** GetManufacturersAndDevicesRequest 구현하기

```
public class GetManufacturersAndDevicesRequest
      extends JacksonRequest<GetManufacturersAndDevicesRequest.Response> {
   public GetManufacturersAndDevicesRequest(Object tag,
                                           Listener<Response> listener,
                                           ErrorListener errorListener)
{
      super(Method.GET,
            "http://www.mocky.io/v2/570bbaf6110000b003d17e3a",
               Response.class,
               listener,
               errorListener);

      this.setTag(tag);
   }
   public static class Response {
      private List<Manufacturer> manufacturers;

      public List<Manufacturer> getManufacturers() {
         return manufacturers;
      }

      public void setManufacturers(List<Manufacturer> manufacturers) {
         this.manufacturers = manufacturers;
      }
   }
}
```

GetManufacturersAndDevicesRequest 클래스는 요청에 대한 응답을 나타낸 내부 클래스^inner class를 포함한다. Volley는 이러한 구조를 강요하지 않지만, 이렇게 하면 요청과 그 요청의 응답 간에 연관성을 만들 수 있다.

GetManufacturersAndDevicesRequest의 생성자가 부모 생성자에 Method.GET, URL을 전달하는 것에 주목하자. 이 말은 주어진 URL에 HTTP GET 메서드를 사용한다는 뜻이다.

Retrofit과 Volley는 원격 웹 서비스와의 통신을 좀 더 쉽게 만들어주지만, 앱은 웹 서비스 통신을 위한 좋은 사용자 경험을 위해 추가 기능을 제공해야 한다.

## 사용자 경험을 향상시키기 위한 데이터 저장

원격 웹 서비스에 접근하기 위해 액티비티, 프래그먼트를 사용하는 것이 편리하지만, 좋지 않은 사용자 경험을 초래할 수 있다. 액티비티는 일반적으로 한 가지 형식의 데이터를 보여주고, 각 액티비티는 앱 전체가 사용하는 웹 서비스 호출 중 몇 개의 호출만 사용한다. 각 액티비티가 그 액티비티만의 웹 서비스를 호출한다면, 앱이 느려지고 배터리 소모량이 늘어날 수 있다.

### 데이터 전송과 배터리 소모

다수의 웹 서비스 호출이 어떻게 배터리의 생명에 영향을 미치는지 이해하기 위해, 모바일 디바이스의 무선 통신 장치가 어떻게 동작하는지 알아보자. 데이터를 주고받기 위해, 모바일 디바이스는 무선 통신 장치에 전원을 넣는데, 이 장치는 상당한 양의 전기 에너지를 소모한다. 그러나 이 장치는 데이터의 이동이 완료된 후 즉시 전원을 끄지 않는다. 그 대신 전출력^full power 상태로 일정 기간 남아있다. 이 기간 동안 새로운 데이터가 전송되지 않으면, 장치는 완전히 전력을 올리지도 않고 내리지도 않은 상태인 저감 전력^reduced-power 모드로 들어간다. 이 저감 전력 시간 동안에 데이터가 전송되지 않으면 그제서야 장치의 전원이 완전히 꺼진다. 무선 통신 장치는 데이터를 주고 받을 때 지연을 최소화하기 위해 저전력 상태에서 고전력 상태로 옮겨가면서 이러한 상태를 돌고 돈다.

잦은 웹 서비스 요청이 배터리 생명에 영향을 미치는 이유는 다수의 요청이 충분한 시간이 지난 후 전원을 끄지 않는 대신 무선 통신 장치를 고전력 상태로 두기 때문이다.

## 데이터 전송과 사용자 경험

잦은 원격 웹 서비스 호출은 배터리 생명과 관련돼 있지만, 좋지 않은 사용자 경험이 더 큰 문제라고 할 수 있다. HTTP 요청은 비동기이기 때문에 즉각적이지 않다. 이 말은 디바이스가 요청/응답의 왕복을 기다리는 동안 사용자에게 무엇인가 일어나고 있다는 사실을 알려야 한다는 뜻이다. 보통 이러한 상황은 사용자에게 언제 끝날지 예측할 수 없는 프로그레스바<sup>progress bar</sup>를 안드로이드에서 자주 보여준다. 물론 아무것도 보여주지 않는 것보다는 낫지만, 사용자에게 바람직한 상황은 아니다. 특정 시점에서 이런 대처는 사용자 경험에서 그런대로 괜찮을지 모르지만, 앱이 원격 호출로 데이터를 받아올 때마다 모든 화면에 프로그레스바를 보여주는 것은 확실히 잘못된 생각이다.

잦은 웹 서비스 호출보다 더 좋은 방법은 한 번에 일괄로 호출하는 것이다. 이 방법은 무선 통신 장치의 전원을 켜고 데이터를 받은 후 전원을 끌 것이다. 또한 필요한 원격 웹 서비스 호출뿐만 아니라 사용자가 데이터를 기다리는 시간도 줄여준다. 이상적인 시나리오는 사용자에게 보여줄 데이터가 필요하기 전에 미리 받는 것이다. 그러면 사용자는 데이터가 전송되는 시간을 기다리지 않아도 된다.

## 웹 서비스의 응답 데이터 저장하기

이 문제의 해결책은 로컬 데이터베이스를 이용해 원격 웹 서비스 호출의 데이터를 저장하고 액티비티, 프래그먼트와 같은 UI가 직접적인 웹 서비스를 호출하지 않고 데이터베이스에서 데이터를 읽어오는 것이다. 이렇게 하면 데이터를 읽어야 할 때 유연하게 대처할 수 있고, UI와 웹 서비스의 구현 사이에 새로운 추상화 계층이 생

긴다. 웹 서비스는 응답 포맷을 완전히 바꿀 수 있고, UI는 데이터베이스 스키마가
바뀌지 않는 한 아무런 영향을 받지 않을 것이다.

## 안드로이드 SyncAdapter 프레임워크

웹 서비스의 데이터를 받고 동시에 데이터베이스에 그 데이터를 저장하기 위해서
는 SyncAdapter를 사용해야 한다. SyncAdapter는 조건, 시간이 맞으면 백그라운드
에서 코드를 실행한다. 예를 들어, 웹 서버의 데이터 전송 시간을 줄이고 싶으면, 앱
실행 전에 데이터를 미리 받는 것이 편리하다. SyncAdapter 프레임워크를 사용하
면 앱은 마지막 동기화, 하루 중 어느 시간, 데이터의 변경 이후 등 특정 시간에 데
이터를 받을 수 있다. 또한 앱은 사용자 액션(당겨서 새로 고침과 같은)으로 트리거링
<sup>triggering</sup>해 SyncAdapter를 실행할 수 있다. 모든 동기화와 관련된 코드를 한곳에 위
치시키고 복수의 이벤트로 그 코드를 트리거링할 수 있다.

　　SyncAdapter 프레임워크는 여러 가지 트리거링으로 코드를 실행할 수 있을 뿐
만 아니라 네트워크의 연결을 고려하기도 한다. 네트워크가 연결되지 않으면, 동기
화 작업은 일어나지 않는다. 또한 SyncAdapter 프레임워크는 시스템의 다른 앱들과
앱의 동기화 작업을 일괄적으로 시도한다. 이 작업을 시도하면 무선 통신 장치의 전
원이 켜지고, 네트워크 연결이 필요한 작업을 수행한 후 다시 무선 통신 장치의 전
원이 꺼진다. 이렇게 함으로써 앱의 모든 네트워크 호출을 일괄적으로 수행하기 때
문에 배터리를 아낄 수 있다.

　　앱은 SyncAdapter를 사용하기 위해 세 가지의 컴포넌트를 구현해야 한다.
그 컴포넌트는 바로 ContentProvider, SyncAdapter, AccountManager다. 디바이
스 데이터베이스 앱은 이미 ContentProvider를 가지고 있다. 따라서 안드로이드
SyncAdapter 프레임워크를 사용하기 위해 AccountAuthenticator, SyncAdapter를
구현해야 한다.

## AccountAuthenticator

앱은 계정을 관리하기 위해 `AccountAuthenticator`를 사용한다. 많은 웹 서비스가 인증이 필요하고, `AccountAuthenticator`는 사용자에게 사용자 정보를 얻어 저장한다.

디바이스 데이터베이스 앱은 웹 서비스를 사용하기 위한 사용자 정보가 필요하지 않다. 예제 앱은 `AccountAuthenticator`가 꼭 필요하지 않지만, SyncAdapter 프레임워크를 사용하기 위해서는 필요하다. 그렇기 때문에 디바이스 데이터베이스 예제 앱은 `AccountAuthenticator`를 스텁<sup>stub, 기존 코드를 흉내내거나 아직 개발되지 않은 코드를 임시로 대치하는 역할</sup>으로 생성한다.

앱은 `AccountAutheticator`를 생성하기 위해 `AbstractAccountAuthenticator` 클래스를 상속해야 한다. 디바이스 데이터베이스는 스텁 `AccountAuthenticator`만 필요하기 때문에 `AccountAuthenticator`는 `AbstractAccountAuthenticator`를 상속해 추상화 함수를 스텁으로 구현한다. 코드 9.17은 `AccountAuthenticator`를 구현한 코드다.

**코드 9.17** AccountAuthenticator 스텁 구현하기

```
public class Authenticator extends AbstractAccountAuthenticator {
    public Authenticator(Context context) {
        super(context);
    }

    @Override
    public Bundle editProperties(AccountAuthenticatorResponse response,
                                 String accountType) {
        throw new UnsupportedOperationException("Not yet implemented");
    }

    @Override
    public Bundle addAccount(AccountAuthenticatorResponse response,
                    String accountType,
                    String authTokenType,
                    String[] requiredFeatures,
```

```java
                            Bundle options) throws NetworkErrorException {
    throw new UnsupportedOperationException("Not yet implemented");
}
@Override
public Bundle confirmCredentials(AccountAuthenticatorResponse response,
                                 Account account,
                                 Bundle options)
        throws NetworkErrorException {
    throw new UnsupportedOperationException("Not yet implemented");
}


@Override
public Bundle getAuthToken(AccountAuthenticatorResponse response,
                           Account account,
                           String authTokenType,
                           Bundle options)
        throws NetworkErrorException {
    throw new UnsupportedOperationException("Not yet implemented");
}


@Override
public String getAuthTokenLabel(String authTokenType) {
    throw new UnsupportedOperationException("Not yet implemented");
}
@Override
public Bundle updateCredentials(AccountAuthenticatorResponse response,
                                Account account,
                                String authTokenType,
                                Bundle options)
        throws NetworkErrorException {
    throw new UnsupportedOperationException("Not yet implemented");
}


@Override
public Bundle hasFeatures(AccountAuthenticatorResponse response,
                          Account account,
                          String[] features)
```

```
        throws NetworkErrorException {
    throw new UnsupportedOperationException("Not yet implemented");
    }
}
```

SyncAdapter 프레임워크는 서비스를 사용해 AccountAuthenticator에 접근한다. SyncAdapter 프레임워크에 AccountAuthenticator를 제공하기 위해 이 서비스를 생성한다. 코드 9.18은 AccountAuthenticator를 SyncAdapter 프레임워크에 바인딩하기 위한 AuthenticatorService의 사용을 보여준다.

**코드 9.18** AuthenticatorService로 프레임워크에 바인딩하기

```
public class AuthenticatorService extends Service {
    private Authenticator authenticator;

    public AuthenticatorService() {
    }

    @Override
    public void onCreate() {
        super.onCreate();
        authenticator = new Authenticator(this);
    }
    @Override
    public IBinder onBind(Intent intent) {
        return authenticator.getIBinder();
    }
}
```

AccountService는 Authenticator 객체를 생성한 후 onBind() 함수에서 반환한다.

안드로이드의 다른 서비스처럼 AccountService도 매니페스트에 등록해야 한다. 코드 9.19는 AccountService의 매니페스트 등록을 보여준다.

**코드 9.19** AccountService 등록하기

```
<service
    android:name=".sync.AuthenticatorService">
    <intent-filter>
        <action android:name="android.accounts.AccountAuthenticator"/>
    </intent-filter>
    <meta-data
        android:name="android.accounts.AccountAuthenticator"
        android:resource="@xml/authenticator" />
</service>
```

코드 9.19에서 AccountService는 android.accounts.AccountAuthenticator 인텐트 액션에 반응한다. 인증이 필요할 때 안드로이드에서 이 액션을 보낸다. <service> 요소는 res/xml/authenticator.xml를 참조하는 <meta-data> 요소를 하위로 가진다. 코드 9.20은 authenticator.xml이다.

**코드 9.20** res/xml/authenticator.xml

```
<?xml version="1.0" encoding="utf-8"?>
<account-authenticator
    xmlns:android="http://schemas.android.com/apk/res/android"
    android:accountType="stubAuthenticator" />
```

디바이스 데이터베이스 앱은 웹 서비스에 접근하기 위한 사용자의 인증이 필요 없기 때문에 authenticator.xml 파일은 단지 SyncAdapter 프레임워크가 사용할 accountType만 선언한다. accountType은 그 값이 서버에 전송되지 않더라도 앱 작성자의 도메인을 사용해야 한다.

AccountAutheticator를 정의하고 SyncAdapter에 바인딩했다면, 실제로 SyncAdapter를 구현하고 사용할 수 있다.

## SyncAdapter

SyncAdapter를 구현하기 위해서는 AbstractThreadedSyncAdapter를 상속하고 바운드[bound] 서비스의 생성과 메타데이터 파일을 추가해야 한다.

SyncAdapter는 디바이스 데이터베이스 앱에서 AbstractThreadedSyncAdapter를 상속한다. 코드 9.21은 SyncAdapter의 구현을 보여준다.

**코드 9.21** SyncAdapter 구현하기

```
public class SyncAdapter extends AbstractThreadedSyncAdapter {
    private static final String TAG = SyncAdapter.class.getSimpleName();

    public SyncAdapter(Context context, boolean autoInitialize) {
        super(context, autoInitialize);
    }

    public SyncAdapter(Context context,
                       boolean autoInitialize,
                       boolean allowParallelSyncs) {
        super(context, autoInitialize, allowParallelSyncs);
    }

    @Override
    public void onPerformSync(Account account,
                              Bundle extras,
                              String authority,
                              ContentProviderClient provider,
                              SyncResult syncResult) {
        Call<ManufacturersAndDevicesResponse> call = WebServiceClient
                .getInstance()
                .getService()
                .getManufacturersAndDevices();

        try {
            // 웹 서비스 동기 호출 수행
            Response<ManufacturersAndDevicesResponse> wrappedResponse =
                    call.execute();
```

```
                ArrayList<ContentProviderOperation> operations =
                        generateDatabaseOperations(wrappedResponse.body());


            provider.applyBatch(operations);

        } catch (IOException
                | OperationApplicationException
                | RemoteException e) {
            Log.e(TAG, "Could not perform sync", e);
        }
    }

    private
    ArrayList<ContentProviderOperation>
    generateDatabaseOperations(ManufacturersAndDevicesResponse response) {
        final ArrayList<ContentProviderOperation> operations =
                new ArrayList<>();

        operations.add(ContentProviderOperation
                .newDelete(DevicesContract.Device.CONTENT_URI).build());

        operations.add(ContentProviderOperation
                .newDelete(DevicesContract.Manufacturer.CONTENT_URI)
                .build());

        for (Manufacturer manufacturer: response.getManufacturers()) {
            final ContentProviderOperation manufacturerOperation =
                ContentProviderOperation
                        .newInsert(DevicesContract.Manufacturer
                            .CONTENT_URI)

                        .withValue(DevicesContract.Manufacturer
                            .SHORT_NAME,

                                manufacturer.getShortName())
```

```
                .withValue(DevicesContract.Manufacturer
                        .LONG_NAME,
                            manufacturer.getLongName())
                .build();

operations.add(manufacturerOperation);

int manufacturerInsertOperationIndex =
        operations.size() - 1;

for (Device device: manufacturer.getDevices()) {
    final ContentProviderOperation deviceOperation =
            ContentProviderOperation
                    .newInsert(DevicesContract.Device
                            .CONTENT_URI)
                    .withValueBackReference(DevicesContract
                            .Device.MANUFACTURER_ID,
                            manufacturerInsertOperationIndex)
                    .withValue(DevicesContract.Device.MODEL,
                                device.getModel())
                    .withValue(DevicesContract
                            .Device
                            .DISPLAY_SIZE_INCHES,
                            device.getDisplaySizeInches())
                    .withValue(DevicesContract
                            .Device
                            .MEMORY_MB,
                            device.getMemoryMb())
                    .withValue(DevicesContract
                            .Device
                            .NICKNAME, device.getNickname())
                    .build();

        operations.add(deviceOperation);
    }
}
```

```
        return operations;
    }
}
```

onPerformSync() 함수는 AbstractThreadedSyncAdapter에 선언된 추상 함수다. 이 함수가 동기화 작업의 주요 시작점이다. SyncAdapter은 Retrofit 웹 서비스 동기 호출을 사용해 응답을 데이터베이스에 저장하도록 구현한다.

onPerformSync() 함수에서 중요한 점은 SyncAdapter 프레임워크는 onPerformSync()를 메인 스레드가 아닌 다른 스레드에서 실행한다는 것이다. 이 말은 onPerformSync()에서 새로운 스레드를 생성하고 긴 작업을 수행하는 일을 구현하는 데 있어 걱정할 필요가 없다는 뜻이다. 디바이스 데이터베이스 예제 앱의 경우, 원격 웹 서비스 호출과 응답의 데이터 저장 두 가지 작업이 응답의 크기에 따라 많은 시간이 소요될 수 있기 때문에 onPerformSync() 함수는 꽤 편리하다.

Retrofit의 웹 서비스 호출이 응답과 함께 결과 값을 반환하면, SyncAdapter는 generateDatabaseOperations()를 호출한다. 이 함수는 웹 서비스의 응답을 받고 데이터를 이용해 내부 데이터베이스를 갱신하기 위해 ContentProvider Operations 리스트(예제에서 ArrayList)를 생성한다. 데이터베이스 연산 리스트를 만들면, onPerformSync()는 ContentProviderClient로 그 연산의 리스트를 데이터베이스에 적용한다. ContentProviderClient는 콘텐트 프로바이더의 접속점이며, ContentResolver와 동일한 방식으로 사용한다.

코드 9.21의 SyncAdapter 구현이 실행 준비를 마치면, 안드로이드 SyncAdapter 프레임워크에 연결해야 한다. 이 작업은 또한 다른 바운드 서비스와 메타데이터 파일로 수행된다. 코드 9.22는 SyncAdapter를 연결해주는 바운드 서비스다.

**코드 9.22** SyncService로 SyncAdapter 연결하기

```java
public class SyncService extends Service {
    private static SyncAdapter syncAdapter = null;

    @Override
    public void onCreate() {
        super.onCreate();

        synchronized (SyncService.class) {
            syncAdapter = new SyncAdapter(getApplicationContext(), true);
        }
    }

    @Nullable
    @Override
    public IBinder onBind(Intent intent) {
        return syncAdapter.getSyncAdapterBinder();
    }
}
```

SyncService는 새로운 SyncAdapter를 생성해 onBind() 함수에서 반환한다. onCreate() 내부의 synchronized 블록은 하나의 SyncAdapter 인스턴스에만 존재한다는 것을 보장한다. 이 코드는 기본적으로 SyncAdaper를 싱글톤으로 만들어준다.

SyncService를 시작하려면 매니페스트에 등록해야 한다. 코드 9.23은 SyncService의 매니페스트 등록을 보여준다.

**코드 9.23** SyncService 매니페스트 등록

```xml
<service
    android:name=".sync.SyncService"
    android:exported="true"
    android:process=":sync">
    <intent-filter>
        <action android:name="android.content.SyncAdapter"/>
    </intent-filter>
```

```
        <meta-data android:name="android.content.SyncAdapter"
            android:resource="@xml/syncadapter" />
</service>
```

SyncService의 매니페스트 등록에서 알 수 있듯이 SyncService는 android.content.SyncAdapter 액션으로 시작한다. 이전 절에서 계정 인증 서비스를 시작하는 액션처럼, 안드로이드에서 android.content.SyncAdpater 액션을 전송해 SyncService를 시작한다.

또한 SyncService의 매니페스트 등록은 메타데이터 파일의 위치를 정의한다. 코드 9.24는 res/xml/syncadapter.xml 파일을 보여준다.

**코드 9.24** res/xml/syncadapter.xml

```
<?xml version="1.0" encoding="utf-8"?>
<sync-adapter xmlns:android=http://schemas.android.com/apk/res/android
    android:contentAuthority="me.adamstroud.devicedatabase.provider"
    android:accountType="stubAuthenticator"
    android:userVisible="false"
    android:supportsUploading="false"
    android:allowParallelSyncs="false"
    android:isAlwaysSyncable="tru"/>
```

SyncAdapter 메타데이터 파일은 SyncAdapter의 속성을 정의한다. 디바이스 데이터베이스 SyncAdapter의 경우, 메타데이터 파일은 앱의 ContentProvider의 contentAuthority를 정의한다. accountType 속성의 값은 이전 절의 AccountAuthenticator에서 정의한 값과 동일해야 한다.

이제 SyncAdapter를 구현하고 안드로이드 SyncAdapter 프레임워크에 연결했으므로 내부 데이터베이스를 갱신하는 데 사용할 수 있다. 앞에서 언급했듯이 여러 가지 이벤트가 SyncAdapter를 트리거링할 수 있다. 디바이스 데이터베이스 앱의 경우, SyncAdapter를 트리거링하는 유일한 이벤트는 사용자의 동작gesture이다. 이 말은 외부 이벤트로 SyncAdapter를 자동으로 트리거링하는 대신 필요할 때마다 실행할 수 있다는 뜻이다.

DeviceListActivity는 오버플로<sup>overflow</sup> 메뉴에서 SyncAdapter를 트리거를 시작한다.

**코드 9.25** 수동으로 SyncAdapter 트리거링하기

```
Bundle bundle = new Bundle();
bundle.putBoolean(ContentResolver.SYNC_EXTRAS_MANUAL, true);
bundle.putBoolean(ContentResolver.SYNC_EXTRAS_EXPEDITED, true);
ContentResolver.requestSync(new Account("SyncAccount",
                                        "stubAuthenticator"),
        "me.adamstroud.devicedatabase.provider",
        bundle);
```

SyncAdapter를 트리거링하기 위해 ContentResolver.requestSync()를 호출해야 한다. 이 함수에 계정 정보와 SyncAdapter의 실행 방식을 제어하는 정보를 Bundle에 담아 매개 변수로 전달한다. 디바이스 데이터베이스 앱은 스텁 AccountAuthenticator를 사용하기 때문에 계정 정보는 무의미하다. 그러나 ContentResolver.requestSync()에 전달하는 boolean 값은 중요하다. ContentResolver.requestSync()에 전달하는 Bundle은 ContentResolver.SYNC_EXTRAS_MANUAL, ContentResolver.SYNC_EXTRAS_EXPEDITED의 값을 가진다. 이 값은 SyncAdapter 프레임워크에 수동으로 즉시 동기화를 시작하라고 알린다. 이 값은 사용자 동작에 동기화를 실행할 때 필요하다.

이제 디바이스 데이터베이스 앱은 언제든지 원격 웹 서비스 정보로 내부 데이터베이스를 동기화하기 위해 SyncAdapter를 사용할 수 있다. SyncAdapter는 편리하지만, 보일러 플레이트 코드가 꽤 많고, 앱의 요구사항에도 맞지 않을 수 있다. 다음은 원격 웹 서비스 데이터를 내부 데이터베이스 저장하는 다른 방법에 대해 알아본다.

# 수동으로 원격 데이터 동기화

SyncAdapter가 앱의 용도에 맞지 않을 수 있지만, 앱은 언제나 원격 웹 서비스의 데이터를 저장하고 동기화하는 나름대로의 방법을 가지고 있다. 이러한 방법은 비동기 HTTP 통신과 9장의 초반에 설명한 스레드 문제를 다뤄야 한다. 디바이스 데이터베이스 앱은 비동기 호출과 스레드 문제를 해결하기 위해 Retrofit RxJava를 사용해 원격 웹 서비스 호출을 한다. SyncAdapter의 도움 없이 수동으로 동기화를 수행하는 코드는 디바이스 데이터베이스 프로젝트의 SyncManager 클래스에 위치하고 있다.

## RxJava 간단하게 훑어보기

RxJava는 최근 안드로이드 개발 세계에서 화두로 떠올랐다. RxJava의 숨은 의도와 일반적인 반응형 패러다임은 옵저버블<sup>observable</sup>이 만드는 이벤트의 비동기 스트림<sup>stream</sup>을 만드는 것이다. RxJava 연산자로 이벤트의 데이터를 조작하는 각 연산자를 연결하면<sup>chain</sup> 옵저버블을 구성할 수 있다.

Retrofit의 경우, 각 이벤트는 웹 서비스 요청의 응답으로 생각할 수 있다. SyncManager는 RxJava를 사용해 각 응답을 데이터베이스 연산의 목록으로 바꾸고 한 번의 트랜잭션으로 그 연산의 목록을 데이터베이스에 적용한다. 이렇게 하면 동기화 전체 작업이 원자성을 가지기 때문에 데이터베이스 무결성을 보장할 수 있다. 또한 동기화 작업의 일부분만 적용해서는 안 된다. 왜냐하면 데이터베이스 연산의 일부분만 데이터베이스에 적용돼 데이터 무결성이 깨지기 때문이다.

RxJava는 비동기 웹 서비스 호출을 다룰 뿐만 아니라 여러 스레드에서 연산을 수행할 수 있게 한다. 이 기능은 동기화 작업을 백그라운드 스레드에서 수행하고, 필요한 경우 동기화 작업을 완료하면 나머지 작업을 메인 스레드에서 이어간다.

## Retrofit에 RxJava 추가하기

Retrofit은 RxJava와 같이 사용할 수 있지만, 우리가 이전에 추가한 기본 라이브러리에 포함돼 있지 않다. RxJava는 표준 안드로이드 SDK가 아니기 때문에 build.

gradle 파일에 추가해야 한다. 또한 RxJava Retrofit 어댑터도 프로젝트에 추가해 Retrofit에서 RxJava를 사용할 수 있도록 라이브러리를 불러온다. 코드 9.26은 필요한 RxJava 라이브러리를 추가한 build.gradle 파일을 보여준다.

**코드 9.26**　build.gradle RxJava 추가하기

```
final RETROFIT_VERSION = '2.0.0'
compile "com.squareup.retrofit2:retrofit:${RETROFIT_VERSION}"
compile "com.squareup.retrofit2:converter-gson:${RETROFIT_VERSION}"
compile "com.squareup.okhttp3:logging-interceptor:3.2.0"
compile 'com.fasterxml.jackson.core:jackson-databind:2.7.0'
compile "com.squareup.retrofit2:adapter-rxjava:${RETROFIT_VERSION}"

compile 'io.reactivex:rxandroid:1.1.0'
// RxAndroid 릴리즈가 매우 드물기 때문에
// 버그 수정과 새로운 기능을 위해
// RxJava의 가장 최신 버전을 추천한다.
compile 'io.reactivex:rxjava:1.1.3'
```

Retrofit은 RxJava 라이브러리의 추가와 더불어 build.gradle에 추가한 RxJava 어댑터를 사용하기 위해 수정이 필요하다. 이 어댑터를 사용하면 Retrofit은 Call 인터페이스의 구현체 외에 RxJava 옵저버블의 형태로 웹 서비스 응답을 반환할 수 있다. WebServiceClient 클래스에서 Retrofit을 생성하기 위해 사용한 Retrofit. Builder를 사용해 RxJava 어댑터를 Retrofit에 추가할 수 있다. 코드 9.27은 WebClientService에서 RxJava 어댑터를 Retrofit에 추가하는 방법을 보여준다.

**코드 9.27**　RxJava 어댑터 Retrofit에 추가하기

```
public class WebServiceClient {
    private static final String TAG =
            WebServiceClient.class.getSimpleName();

    private static WebServiceClient instance = new WebServiceClient();

    private final DeviceService service;
```

```java
public static WebServiceClient getInstance() {
    return instance;
}

private WebServiceClient() {
    final Gson gson = new GsonBuilder()
            .setFieldNamingPolicy(FieldNamingPolicy
                    .LOWER_CASE_WITH_UNDERSCORES)
            .create();

    Retrofit.Builder retrofitBuilder = new Retrofit.Builder()
            .baseUrl("http://www.mocky.io")
            .addCallAdapterFactory(RxJavaCallAdapterFactory.create())
            .addConverterFactory(GsonConverterFactory.create(gson));

    if (BuildConfig.DEBUG) {
        final HttpLoggingInterceptor loggingInterceptor =
                new HttpLoggingInterceptor(new HttpLoggingInterceptor
                        .Logger() {
            @Override
            public void log(String message) {
                Log.d(TAG, message);
            }
        });

        retrofitBuilder.callFactory(new OkHttpClient
                .Builder()
                .addNetworkInterceptor(loggingInterceptor)
                .build());

        loggingInterceptor.setLevel(HttpLoggingInterceptor.Level.BODY);
    }

    service = retrofitBuilder.build().create(DeviceService.class);
}
```

```
    public DeviceService getService() {
        return service;
    }
}
```

RxJava 옵저버블을 사용하기 전에 마지막으로 해야 할 일은 웹 서비스 호출을 정의한 `DeviceService` 인터페이스를 수정하는 것이다. 9장의 초반에서 살펴본 `DeviceService` 인터페이스는 각 웹 서비스 호출의 함수를 모아놓은 곳이었다. 단지 하나의 웹 서비스 호출만 필요했기 때문에 `DeviceService` 인터페이스는 단 하나의 함수만 가진다. 이 함수는 `DeviceService.getManufacturersAndDevices()`이고, 동기/비동기 웹 서비스 호출을 수행하는 `Call` 인터페이스의 구현체를 반환했다.

RxJava에 `DeviceService` 인터페이스를 추가하려면, `Call` 인터페이스 대신 RxJava 옵저버블을 반환하는 새로운 함수를 정의해야 한다. 새롭게 추가된 함수는 코드 9.28에 나와 있다.

**코드 9.28** DeviceService의 옵저버블 웹 서비스 호출

```
public interface DeviceService {
    @GET("v2/570bbaf6110000b003d17e3a")
    Call<ManufacturersAndDevicesResponse> getManufacturersAndDevices();

    @GET("v2/570bbaf6110000b003d17e3a")
    Observable<ManufacturersAndDevicesResponse>
    rxGetManufacturersAndDevices();
}
```

코드 9.28은 `DeviceService` 인터페이스에 `rxGetManufacturersAndDevices()` 함수를 추가한다. 이 함수는 `getManufacturersAndDevices()` 함수와 동일한 웹 서비스 위치와 데이터를 받기 위해 HTTP `GET` 메서드를 사용한다. 두 함수의 유일한 차이점은 반환 값의 타입이다. 본래의 함수는 `Call` 구현체를, Rx 버전의 함수는 옵저버블을 반환한다.

## RxJava로 동기화하기

이제 RxJava를 Retrofit에 추가하였으므로 SyncManager의 세부 구현을 설명한다. SyncManager는 싱글톤으로 구현하고, 동기화 작업을 수행하는 syncManufacturersAndDevices() 함수 하나를 가진다. 코드 9.29는 syncManufacturersAndDevices() 함수를 보여준다.

**코드 9.29** SyncManager.syncManufacturersAndDevices() 구현하기

```
public void syncManufacturersAndDevices() {
    WebServiceClient
            .getInstance()
            .getService()
            .rxGetManufacturersAndDevices()
            .flatMap(this)
            .toList()
            .subscribeOn(Schedulers.io())
            .subscribe(this);
}
```

SyncManager.syncManufacturersAndDevices()의 구현은 짧아 보이지만, 실제로는 많은 것이 숨어 있다. 이 함수는 9장의 초반에 언급했던 Retrofit 기반 웹 서비스 클라이언트의 참조를 얻는 것으로 시작한다. 이 참조로 rxGetManufacturersAndDevices() 함수를 호출하고, 이 함수는 RxJava 옵저버블을 반환한다. 이 시점에서 코드는 flatMap(), toList(), subscribeOn(), subscribe() 함수를 호출해 순수한 Retrofit을 떠나 RxJava의 세계로 들어간다.

가장 먼저 호출되는 RxJava의 함수는 flatMap()이다. 이 함수는 콜렉션 객체를 변환시키고 변환된 객체를 방출emit하는 옵저버블을 반환하는 RxJava 연산자다. SyncManager의 경우 flatMap() 연산자는 웹 서비스의 응답을 ContentProviderOperations의 리스트로 변환한다. 이 리스트는 ContentResolver를 통해 데이터베이스에 적용한다.

flatMap() 함수는 RxJava Func1 인터페이스의 구현체로 변환 작업을 수행한

다. Func1 인터페이스는 변환 작업을 수행할 `Func1.call()` 함수 하나를 가진다.
SyncManager가 Func1 인터페이스를 구현했기 때문에 변환 작업을 수행하기 위해
싱글톤 인스턴스를 `flatMap()`에 전달할 수 있다. `SyncManager.call()` 함수는 코드
9.30에 구현했다.

**코드 9.30** SyncManager.call() 구현하기

```java
@Override
public Observable<ContentProviderResult>
call(ManufacturersAndDevicesResponse response) {
    final ContentResolver contentResolver =
            context.getContentResolver();

    final ArrayList<ContentProviderOperation> operations =
            new ArrayList<>();

    final ContentProviderResult[] results;

    operations.add(ContentProviderOperation
            .newDelete(DevicesContract.Device.CONTENT_URI)
            .build());

    operations.add(ContentProviderOperation
            .newDelete(DevicesContract.Manufacturer.CONTENT_URI)
            .build());

    for (Manufacturer manufacturer: response.getManufacturers()) {
        final ContentProviderOperation manufacturerOperation =
                ContentProviderOperation
                .newInsert(DevicesContract.Manufacturer.CONTENT_URI)
                .withValue(DevicesContract.Manufacturer.SHORT_NAME,
                        manufacturer.getShortName())
                .withValue(DevicesContract.Manufacturer.LONG_NAME,
                        manufacturer.getLongName())
                .build();
```

```
        operations.add(manufacturerOperation);

        int manufacturerInsertOperationIndex = operations.size() - 1;

        for (Device device: manufacturer.getDevices()) {
            final ContentProviderOperation deviceOperation =
                    ContentProviderOperation
                    .newInsert(DevicesContract.Device.CONTENT_URI)
                    .withValueBackReference(DevicesContract
                                .Device.MANUFACTURER_ID,
                        manufacturerInsertOperationIndex)
                    .withValue(DevicesContract.Device.MODEL,
                        device.getModel())
                    .withValue(DevicesContract.Device.DISPLAY_SIZE_INCHES,
                        device.getDisplaySizeInches())
                    .withValue(DevicesContract.Device.MEMORY_MB,
                        device.getMemoryMb())
                    .withValue(DevicesContract.Device.NICKNAME,
                        device.getNickname())
                    .build();

            operations.add(deviceOperation);
        }
    }

    try {
        results =
                contentResolver.applyBatch(DevicesContract.AUTHORITY,
                    operations);
    } catch (RemoteException | OperationApplicationException e) {
        throw new RuntimeException(e);
    }

    return Observable.from(results);
}
```

코드 9.30의 `call()`은 다른 장에서 설명한 코드와 비슷하다. 제조사의 목록을 순회하고 각 제조사 대한 `ContentProviderOperation`을 리스트에 추가한다. 각 제조사의 디바이스의 목록도 동일한 방식으로 처리된다.

`call()` 함수는 추가된 연산자의 리스트를 단순히 반환하지 않는다. 그 대신 연산자의 리스트에서 또 다른 옵저버블을 생성한 후 그 옵저버블을 반환한다. 이렇게 하면 RxJava 연산자의 연결<sup>chain</sup>이 계속 이어지고 `ContentProviderOperions`을 방출하는 옵저버블에 연산을 추가로 적용할 수 있다.

연산자 고리<sup>chain</sup>에서 다음으로 적용할 연산자는 `toList()`다. `toList()` 함수는 `flatMap()`이 반환한 옵저버블이 방출하는 모든 `ContentProviderResult`를 받고, 리스트의 형태로 만든다.

연산자 고리의 마지막 연산자는 `subscribeOn()`이다. 이 연산자는 어떤 스레드로 작업을 수행할 것인지를 정의한다. 기본적으로 RxJava는 `subscribe()`를 호출한 스레드에서 작업을 수행한다. SyncManager의 경우 웹 서비스의 통신과 데이터베이스의 변경을 백그라운드 스레드에서 수행해야 하기 때문에 이 부분에 신경 써야 한다. `subscribeOn()` 연산자는 사용할 스레드를 지정한다.

RxJava는 여러 가지 연산을 수행하기 위해 미리 정의해둔 스레드가 있다. RxJava 스케줄러<sup>scheduler</sup>가 이 스레드를 정의한다. SyncManager는 `Scheduler.io()`를 `subscribeOn()`에 전달해 I/O 스레드를 얻는다. 이렇게 하면 네트워크, 데이터베이스 작업이 I/O에 적합한 스레드에서 수행된다.

모든 연산이 적용되면, 연산자가 수정한 옵저버블은 서브스크라이브<sup>subscribe</sup>된다. SyncManager에서 이 작업을 하지 않으면 `subscribe()` 함수를 호출하기까지 아무런 일이 일어나지 않는다. `subscribe()` 함수는 `Subscriber` 인스턴스를 받는다. SyncManager는 Subscriber를 상속하므로 SyncManager 싱글톤 객체를 `subscribe()` 함수에 전달한다.

`Subscribe` 클래스는 구현해야 할 3개의 함수를 가진다. 그 함수는 바로 `onCompleted()`, `onError()`, `onNext()`다. RxJava는 이 세 가지 함수를 사용해 옵저버블이 방출한 이벤트, 에러를 관찰한다. 옵저버블이 더 이상 방출할 아이

템이 없을 때 onCompleted() 함수가 호출된다. onError()는 옵저버블이 데이터 처리를 하는 도중 에러가 발생했을 때 호출된다. onNext()는 옵저버블이 방출하는 각 아이템을 위해 호출된다. SyncManager에서 옵저버블이 방출하는 아이템은 ContentProviderResult의 리스트이고, 이 리스트는 ContentResolver.applyBatch()가 반환한다. SyncManager는 결과의 로그를 간단하게 출력한다. 다른 컴포넌트에 동기화 작업이 완료됐다는 것을 알려야 한다면, onNext()에 그 기능을 구현하는 것이 좋다.

SyncManager는 ContentResolver를 사용해 데이터베이스를 변경하기 때문에 동기화가 완료됐다고 하더라도 다른 앱의 컴포넌트에 알릴 필요가 없다. 왜냐하면 디바이스 데이터베이스 앱의 ContentProvider를 사용하고, 이 ContentProvider가 반환한 모든 커서는 데이터베이스의 변경사항을 모니터링하고 있기 때문이다. 이 내용은 "6장, 콘텐트 프로바이더"에서 설명했다.

코드 9.31은 SyncManager의 전체 구현을 보여준다.

**코드 9.31** SyncManager 모두 구현하기

```
public class SyncManager extends Subscriber<List<ContentProviderResult>
    implements Func1<ManufacturersAndDevicesResponse,
➡Observable<ContentProviderResult> {
    private static final String TAG = SyncAdapter.class.getSimpleName();

    private static SyncManager instance;

    private final Context context;

    public static synchronized SyncManager getInstance(Context context) {
        if (instance == null) {
            instance = new SyncManager(context);
        }

        return instance;
    }
```

```
private SyncManager(Context context) {
    this.context = context.getApplicationContext();
}

public void syncManufacturersAndDevices() {
    WebServiceClient
            .getInstance()
            .getService()
            .rxGetManufacturersAndDevices()
            .flatMap(this)
            .toList()
            .subscribeOn(Schedulers.io())
            .subscribe(this);
}

@Override
public void onCompleted() {
    // no-op
}

@Override
public void onError(Throwable e) {
    Log.e(TAG, "Received web API error", e);
}

@Override
public void onNext(List<ContentProviderResult> contentProviderResults) {
    Log.d(TAG, "Got response -> " + contentProviderResults.size());
}

@Override
public
Observable<ContentProviderResult>
call(ManufacturersAndDevicesResponse response) {
    final ContentResolver contentResolver =
            context.getContentResolver();
```

```java
final ArrayList<ContentProviderOperation> operations =
        new ArrayList<>();

final ContentProviderResult[] results;

operations.add(ContentProviderOperation
        .newDelete(DevicesContract.Device.CONTENT_URI)
        .build());

operations.add(ContentProviderOperation
        .newDelete(DevicesContract.Manufacturer.CONTENT_URI)
        .build());

for (Manufacturer manufacturer: response.getManufacturers()) {
    final ContentProviderOperation manufacturerOperation =
            ContentProviderOperation
            .newInsert(DevicesContract.Manufacturer.CONTENT_URI)
            .withValue(DevicesContract.Manufacturer.SHORT_NAME,
                    manufacturer.getShortName())
            .withValue(DevicesContract.Manufacturer.LONG_NAME,
                    manufacturer.getLongName())
            .build();

    operations.add(manufacturerOperation);

    int manufacturerInsertOperationIndex = operations.size() - 1;

    for (Device device: manufacturer.getDevices()) {
        final ContentProviderOperation deviceOperation =
                ContentProviderOperation
                .newInsert(DevicesContract.Device.CONTENT_URI)
                .withValueBackReference(DevicesContract
                            .Device.MANUFACTURER_ID,
                        manufacturerInsertOperationIndex)
                .withValue(DevicesContract.Device.MODEL,
                        device.getModel())
                .withValue(DevicesContract
```

```
                                    .Device.DISPLAY_SIZE_INCHES,
                          device.getDisplaySizeInches())
                    .withValue(DevicesContract.Device.MEMORY_MB,
                          device.getMemoryMb())
                    .withValue(DevicesContract.Device.NICKNAME,
                          device.getNickname())
                    .build();

            operations.add(deviceOperation);
        }
    }

    try {
        results =
                contentResolver.applyBatch(DevicesContract.AUTHORITY,
                        operations);
    } catch (RemoteException | OperationApplicationException e) {
        throw new RuntimeException(e);
    }

    return Observable.from(results);
  }
}
```

## 요약

모바일 클라이언트가 웹 서비스, 웹 API에 접근할 수 있는 방법은 많다. 원격 데이터로의 접근은 사용자에게 풍부한 경험을 제공해주지만, 구현하기는 쉽지 않다. 모바일 클라이언트가 원격 웹 서비스에 접근하는 방법을 설계할 때 고려해야 할 사항은 배터리 생명, 반응형 UI와 같은 이슈다.

표준 안드로이드 SDK가 효과적인 원격 웹 서비스 접근을 위한 도구를 제공하지만, 이 도구들은 웹 서비스에 접근하는 데 있어서 효율적인 방법이 아닐 수도 있다.

Retrofit, Volley와 같은 라이브러리는 원격 호출을 위한 스레드를 처리하면서 원격 서비스 접근을 쉽게 해주고, GSON, Jackson과 같은 라이브러리는 별 어려움 없이 JSON을 자바 객체로 변환해준다.

원격 웹 서비스에 접근하는 함수를 생성하려면, 어느 시점에 원격 데이터를 가져와야 하는지 생각해봐야 한다. 사용자의 액션만 반응해 원격 서비스를 접근하는 것도 어떤 상황에서는 괜찮은 방법이다. 하지만 원격 웹 서비스 접근은 좀 더 자동적으로 일어나야 한다.

안드로이드 `SyncAdapter` 프레임워크는 동기화 작업을 수행하는 곳이다. 따라서 사용자에게 원격 데이터를 보여주기 전까지 데이터를 저장해야 한다. 로컬 데이터베이스는 앱이 필요할 때까지 데이터를 저장하기 위한 최적의 장소다.

# 10

# 데이터 바인딩

데이터 바인딩<sup>data binding</sup>은 앱의 데이터를 보여주기 위해 데이터를 뷰에 연결하는 방법으로, 2015년 구글 I/O에서 발표했다. 데이터 바인딩은 안드로이드 개발자에게 더 적은 보일러 플레이트 코드를 작성하게 해줄 뿐만 아니라 코드의 성능 향상에도 도움이 된다. 10장은 데이터 바인딩 라이브러리의 개요와 사용 방법에 대해 설명한다.

데이터 바인딩 라이브러리는 컴파일 시점에 뷰 레이아웃을 분석하고 런타임에 실행할 수 있는 코드를 생성한다. 이 생성 코드는 안드로이드 개발의 한 부분인 뷰 관련 작업(findViewById() 같은 함수)을 더 이상 필요 없게 만든다.

## 안드로이드 프로젝트에 데이터 바인딩 추가하기

프로젝트에서 데이터 바인딩을 사용하기 위해서는 데이터 바인딩을 추가해야 한다. 그레이들 기반 프로젝트는 데이터 바인딩이 필요한 모듈에서 build.gradle 파일의 수정만으로 쉽게 데이터 바인딩 기능을 추가할 수 있다. 코드 10.1은 build.gradle 파일을 보여준다. 데이터 바인딩 API는 build.gradle 수정할 뿐만 아니라 최소 그레이들 안드로이드 플러그인 1.5.0-알파 1 버전과 안드로이드 스튜디오 버전 1.3 이상을 요구한다.

**코드 10.1** build.gradle 수정해 데이터 바인딩 기능 추가하기

```
android {
    // 다른 그레이들 환경 설정
    dataBinding {
        enabled = true
    }
}
```

프로젝트에 데이터 바인딩 라이브러리를 추가하면, 데이터의 바인딩을 간소하게 해주고 뷰 접근도 쉬워진다.

## 데이터 바인딩 레이아웃

데이터 바인딩 라이브러리를 활용하려면 뷰 레이아웃을 데이터 바인딩 레이아웃으로 변환해야 한다. 뷰 레이아웃을 데이터 바인딩 레이아웃으로 변환하려면, 레이아웃 파일의 최상위<sup>root</sup> 요소를 \<layout>으로 해야 한다. 데이터 바인딩 레이아웃은 뷰 계층<sup>hierarchy</sup>을 가지고, \<data> 요소가 필요하면 가질 수도 있다. \<data>는 레이아웃 파일에서 변수를 선언할 때 사용하는 요소다. 코드 10.2는 \<layout> 요소를 사용한 예제다.

**코드 10.2** 〈layout〉 요소 사용하기

```
<layout xmlns:android="http://schemas.android.com/apk/res/android"
    xmlns:tools="http://schemas.android.com/tools">
    <data>
        <variable name="device"
            type="me.adamstroud.devicedatabase.model.Device"/>
➥
    </data>
    <android.support.design.widget.CoordinatorLayout
        android:id="@+id/coordinator_layout"
        android:layout_width="match_parent"
        android:layout_height="match_parent"
        android:fitsSystemWindows="true"
```

```
        tools:context=".device.DeviceDetailActivity"
        tools:ignore="MergeRootFrame">
        <LinearLayout
            android:layout_width="match_parent"
            android:layout_height="match_parent"
            android:orientation="vertical">
            <include layout="@layout/appbar" />

            <TextView
                android:layout_width="wrap_content"
                android:layout_height="wrap_content"
                android:text="@{@string/model(device.model), default=
➥model}" />

            <TextView
                android:layout_width="wrap_content"
                android:layout_height="wrap_content"
                android:text="@{@string/nickname(device.nickname),
➥default=nickname}" />

            <TextView
                android:layout_width="wrap_content"
                android:layout_height="wrap_content"
                android:text="@{@string/memory_in_mb(device.memoryInMb),
➥default=memoryInMb}" />

            <TextView
                android:layout_width="wrap_content"
                android:layout_height="wrap_content"
android:text="@{@string/display_in_inches(device.displaySizeInInches),
➥default=displaySizeInInches}" />

        </LinearLayout>
    </android.support.design.widget.CoordinatorLayout>
</layout>
```

    <data> 요소에 선언한 변수는 데이터 바인딩 표현 언어<sup>expression language</sup>를 사용해 레이아웃의 다른 영역에서 사용할 수 있다. 코드 10.2에서 모델, 별칭을 보여주는 2개의 텍스트<sup>text</sup> 요소는 각각 Device.getModel(), Device.getNickname()의 값으로 설정한다. 다음 코드가 이 부분을 나타낸다.

```
<TextView
    android:layout_width="wrap_content"
    android:layout_height="wrap_content"
    android:text="@{@string/model(device.model), default=model}" />

<TextView
    android:layout_width="wrap_content"
    android:layout_height="wrap_content"
    android:text="@{@string/nickname(device.nickname), default=nickname}"/>
```

## 레이아웃에 액티비티 바인딩하기

데이터 바인딩 레이아웃이 준비되면, 준비된 레이아웃을 사용하는 액티비티는 데이터 바인딩 객체를 참조해 레이아웃의 뷰에 접근하고, 레이아웃에 선언했던 변수를 설정한다.

    데이터 바인딩 객체의 참조를 얻기 위해서는 DatabindingUtil.setContentView() 함수를 호출한다. 코드 10.3은 DatabindingUtil.setContentView() 함수의 호출을 보여준다. 이 함수는 일반적으로 액티비티와 뷰 계층을 연결하기 위해 호출하는 Activity.setContentView() 함수를 대체한다.

**코드 10.3** 액티비티에 레이아웃 바인딩하기

```
public class DeviceDetailActivity extends BaseActivity
        implements LoaderManager.LoaderCallbacks<Cursor> {
    public static final String EXTRA_DEVICE_URI = "deviceUri";

    private static final int ID_DEVICE = 1;

    private Uri deviceUri;
```

```
private CoordinatorLayout coordinatorLayout;
private ActivityDeviceDetailBinding binding;

@Override
protected void onCreate(Bundle savedInstanceState) {
    super.onCreate(savedInstanceState);
    binding =
            DatabindingUtil.setContentView(this,
                    R.layout.activity_device_detail);
    // ...초기화 코드가 이어진다
    }
}
```

코드 10.3에서 `DataBindingUtil.setContentView()`는 현재 액티비티와 코드 10.2의 레이아웃 리소스 ID를 매개 변수로 받는다. 첫 번째 매개 변수는 콘텐트 뷰를 가지는 액티비티고, 두 번째 매개 변수는 액티비티의 콘텐트 뷰로 사용할 레이아웃이다. `Activity.setContentView()`처럼, `DataBindingUtil.setContentView()`는 레이아웃을 인플레이트하고, 액티비티의 콘텐트 뷰로 레이아웃을 사용한다. 또한 레이아웃의 데이터 바인딩을 수행한다.

`DataBindingUtil.setContentView()`의 반환 값은 `ActivityDeviceDetailBinding` 객체다. `ActivityDeviceDetailBinding`는 데이터 바인딩 라이브러리가 컴파일 시점에 생성하는 클래스다. 이 클래스는 레이아웃 XML 파일에 정의한 변수를 설정하는 함수와 뷰를 가지고 있다. 그림 10.1은 생성된 클래스 코드의 위치를 보여준다.

## 바인딩 사용해 뷰 수정하기

반환된 데이터 바인딩 객체를 사용하면 레이아웃 파일에 선언한 변수의 세터[setter] 함수를 호출해 뷰를 수정한다. `CursorLoader`를 사용해 데이터베이스에서 디바이스 데이터를 불러오기 때문에 `CursorLoader`가 `onLoadFinished()`에 데이터를 반환하기 전까지 `DataBindingUtil.setDevice()`를 호출하지 않는다. 코드 10.4는 `onLoadFinished()`를 구현한 것이다.

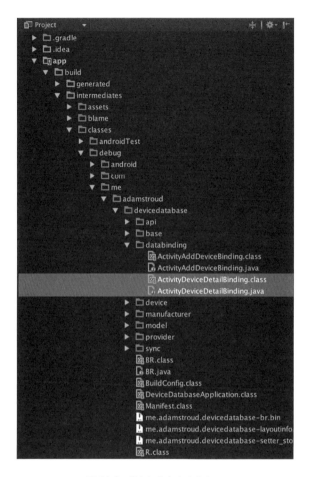

**그림 10.1** 생성된 데이터 바인딩 코드

**코드 10.4** 뷰 수정하기

```
@Override
public void onLoadFinished(Loader<Cursor> loader, Cursor data) {
    if (data != null && data.moveToFirst()) {
        ObservableDevice observableDevice = binding.getDevice();

        observableDevice
                .model
                .set(data.getString(data
```

```
                            .getColumnIndexOrThrow(DevicesContract
                            .Device
                            .MODEL)));

        observableDevice
                .nickname
                .set(data.getString(data
                        .getColumnIndexOrThrow(DevicesContract
                        .Device
                        .NICKNAME)));

        observableDevice
                .memoryInMb
                .set(data.getFloat(data
                        .getColumnIndexOrThrow(DevicesContract
                        .Device
                        .MEMORY_MB)));

        observableDevice
                .displaySizeInInches
                .set(data.getFloat(data
                        .getColumnIndexOrThrow(DevicesContract
                        .Device
                        .DISPLAY_SIZE_INCHES)));
    }
}
```

CursorLoader가 불러오기를 완료하면, 뷰 바인딩을 통해 뷰가 수정된다.

코드 10.2의 데이터 바인딩 구현은 커서가 데이터를 불러오면, 디바이스의 세부사항을 UI로 보여준다. 하지만 이 구현은 무엇인가 잘못됐다. 만약 데이터베이스가 수정되면, UI는 데이터베이스의 변경사항을 반영하지 않을 것이다. 이 문제는 CursorLoader와 상관 없다. onLoadFinished()를 다시 호출하고 디바이스 세부사항을 수정할 것이다. 문제는 DeviceDetailActivity가 데이터 바인딩 API를 사용하는 방법이다.

코드 10.2에서 데이터 바인딩 레이아웃은 model 패키지의 변수를 사용한다.

```
<data>
    <variable name="device"
        type="me.adamstroud.devicedatabase.model.Device "/>
</data>
```

model 패키지의 POJO를 사용하면 UI는 원래 POJO의 값을 보여준다. 그러나 Device 클래스의 값이 변경되면, UI의 변경이 일어나지 않는다. 바인딩 데이터 객체의 데이터가 수정될 때 UI를 변경하고 싶으면, 데이터 객체는 옵저버블[observable] 필드를 가져야 한다.

**✎ 노트**

데이터 바인딩에서 사용하는 옵저버블은 9장에서 설명한 RxJava의 Observable 클래스와 아무런 관련이 없다.

Device 클래스는 옵저버블 필드를 가지지 않기 때문에 데이터베이스가 변경되면 UI를 변경할 수 없다. 그 대신 UI에 데이터 변경사항의 반영에 필요한 옵저버블 필드를 가지는 다른 클래스를 생성한다. 코드 10.5는 옵저버블을 가지는 ObservableDevice를 구현한다. ObservableDevice는 DeviceDetailActivity만 사용하기 때문에 내부 클래스로 구현한다.

**코드 10.5** ObservableDevice 구현하기

```
public static class ObservableDevice extends BaseObservable {
    private String model;
    private String nickname;

    @Bindable
    public String getModel() {
        return model;
    }

    public void setModel(String model) {
        this.model = model;
```

```
        notifyPropertyChanged(BR.model);
    }

    @Bindable
    public String getNickname() {
        return nickname;
    }

    public void setNickname(String nickname) {
        this.nickname = nickname;
        notifyPropertyChanged(BR.nickname);
    }
}
```

ObservableDevice는 BaseObservable을 상속하고, 세터 함수에서 상태를 변경하는 notifyPropertyChanged()를 호출해 UI 뷰를 갱신한다. 그리고 UI 갱신이 필요한 값의 게터getter 함수에 @Bindable 어노테이션을 적용한다.

notifyPropertyChanged()에 전달하는 매개 변수에 주목하자. 이 매개 변수는 변경된 속성을 나타내는 공개된public 상수다. BR 클래스는 안드로이드에서 리소스를 식별하기 위해 생성되는 R 클래스와 비슷하게 쓰인다. 이 2개의 클래스는 안드로이드 툴체인toolchain이 생성하고, 코드 10.6처럼 앱의 기본 패키지에 위치하고 있다.

**코드 10.6** BR, R 클래스 임포트

```
import me.adamstroud.devicedatabase.BR;
import me.adamstroud.devicedatabase.R;
```

BR 클래스를 데이터 바인딩을 위한 R 클래스라고 생각하면 된다.

## 데이터 변경에 반응하기

데이터 변경에 반응하는 데이터 바인딩을 위한 마지막 단계는 Device 대신 ObservableDevice 클래스를 사용하기 위해 데이터 바인딩 레이아웃을 수정하는 것이다. 코드 10.7은 이에 맞춘 변경된 데이터 바인딩 레이아웃이다.

**코드 10.7** 변경된 레이아웃으로 ObservableDevice 사용하기

```
<layout xmlns:android="http://schemas.android.com/apk/res/android"
    xmlns:tools="http://schemas.android.com/tools">
    <data>
        <variable name="device"
            type="me.adamstroud.devicedatabase.device.DeviceDetailActivity
➥.ObservableDevice"/>
    </data>
    <android.support.design.widget.CoordinatorLayout
        android:id="@+id/coordinator_layout"
        android:layout_width="match_parent"
        android:layout_height="match_parent"
        android:fitsSystemWindows="true"
        tools:context=".device.DeviceDetailActivity"
        tools:ignore="MergeRootFrame">
        <LinearLayout
            android:layout_width="match_parent"
            android:layout_height="match_parent"
            android:orientation="vertical">
            <include layout="@layout/appbar" />

            <TextView
                android:layout_width="wrap_content"
                android:layout_height="wrap_content"
                android:text="@{@string/model(device.model), default=
➥model}" />

            <TextView
                android:layout_width="wrap_content"
                android:layout_height="wrap_content"
                android:text="@{@string/nickname(device.nickname), default
➥=nickname}" />

            <TextView
                android:layout_width="wrap_content"
                android:layout_height="wrap_content"
```

```
                android:text="@{@string/memory_in_mb(device.memoryInMb),
➥default=memoryInMb}" />

            <TextView
                android:layout_width="wrap_content"
                android:layout_height="wrap_content"
android:text="@{@string/display_in_inches(device.displaySizeInInches),
➥default=displaySizeInInches}" />

        </LinearLayout>
    </android.support.design.widget.CoordinatorLayout>
</layout>
```

BaseObservable 클래스의 확장은 멤버 변수의 데이터를 UI에 반영하지만, 약간의 코드 작성이 필요하다. 이 방법보다 더 간단한 해결책은 클래스 전체를 만들기보다 개별적인 멤버 변수의 옵저버블을 만드는 것이다.

데이터 바인딩 라이브러리는 BaseObservable의 상속 없이 개별적인 옵저버블을 만들 수 있는 ObservableFields를 제공한다. 개별적인 옵저버블을 만들기 위해서는 다음 중 하나를 사용해야 한다.

- ObservableField

- ObservableBoolean

- ObservableByte

- ObservableChar

- ObservableShort

- ObservableInt

- ObservableLong

- ObservableFloat

- ObservableDouble

- ObservableParcelable

DeviceDetailActivity는 String 데이터로 UI를 갱신하기 때문에 ObservableDevice는 2개의 ObservableField<String> 멤버가 필요하다. 코드 10.8 은 ObservableDevice를 수정한 코드다.

**코드 10.8** ObservableField를 사용해 ObservableDevice 수정하기

```
public static class ObservableDevice {
    public final ObservableField<String> nickname =
            new ObservableField<>();

    public final ObservableField<String> model =
            new ObservableField<>();

    public final ObservableFloat memoryInMb =
            new ObservableFloat();

    public final ObservableFloat displaySizeInInches =
            new ObservableFloat();
}
```

ObservableField를 사용하면 ObservableDevice의 코드를 매우 간단하게 작성할 수 있다. 더 이상 @Bind 어노테이션과 notifyPropertyChanged()을 호출할 필요 없이 자동으로 변경한다.

ObservableField 구현을 했으므로 마지막으로 변경할 코드는 onLoadFinished() 다. 이 함수는 ObservableField의 값을 변경하도록 수정해야 한다. 그리고 코드 10.9에서 알 수 있는 바와 같이 새로운 함수가 필요하다.

**코드 10.9** ObservableField 값 설정하기

```
@Override
public void onLoadFinished(Loader<Cursor> loader, Cursor data) {
    if (data != null && data.moveToFirst()) {
        ObservableDevice observableDevice = binding.getDevice();

        observableDevice
```

```
            .model
            .set(data.getString(data
                        .getColumnIndexOrThrow(DevicesContract
                            .Device.MODEL)));

        observableDevice
                .nickname
                .set(data.getString(data
                    .getColumnIndexOrThrow(DevicesContract
                        .Device.NICKNAME)));
    }
}
```

직접 `ObservableDevice`의 값을 설정하기보다 `ObservableField.set()` 함수를 이용한다. 이 함수는 UI의 갱신을 확실히 보장한다.

자바 객체를 자동으로 UI에 바인딩하기 위해 데이터 바인딩 라이브러리를 사용하지만, 안드로이드 앱의 다른 보일러 플레이트 코드를 대체하기 위해 사용하기도 한다.

## 데이터 바인딩으로 보일러 플레이트 코드 대체하기

계층 구조의 뷰에 접근하기 위해 액티비티/프래그먼트는 첫째로 그 뷰를 찾아야 한다. 이러한 작업은 보통 `findViewById()`을 호출한다. `findViewById()`는 찾으려는 뷰의 ID와 일치하는 뷰를 찾을 때까지 뷰의 계층 구조를 탐색한다. 매우 복잡한 뷰의 계층 구조에서 이 탐색 작업은 비용이 많이 드는 연산이 될 수 있다. 또한 각각의 `findViewById()` 함수 호출은 성능에 영향을 미친다. 만약 액티비티가 10개의 뷰를 갱신해야 한다면, 10번의 `findViewById()` 함수 호출과 계층 구조를 10번 탐색해야 한다. `findViewById()`의 불필요한 호출로 인한 성능 저하는 `ListView`에서 주로 사용하는 `ViewHolder` 패턴을 등장시켰다.

데이터 바인딩 라이브러리는 `findViewById()` 호출을 제거해 이러한 이슈를 해결한다. 데이터 바인딩 라이브러리는 뷰를 찾기 위한 보일러 플레이트 코드를 대체해

주고, 여러 번의 계층 구조 탐색을 제거해 코드를 더욱 빠르게 실행시켜준다. 데이터 바인딩 라이브러리의 코드 생성 기능은 컴파일 시점에 일어나기 때문에 데이터 바인딩은 뷰의 계층 구조에 단지 한 번의 경로로 필요한 모든 뷰를 다룰 수 있다.

데이터 바인딩 객체에 뷰의 참조를 삽입하기 위해서는, 레이아웃 파일의 뷰가 ID를 가져야 한다. 뷰가 ID를 가지면, 액티비티의 데이터 바인딩 객체에서 그 뷰에 접근할 수 있다.

이 기능을 확인하려면 ID를 가지는 뷰를 디바이스 세부사항 레이아웃에 추가해야 한다. 코드 10.10은 변경한 레이아웃 파일을 보여준다.

**코드 10.10** 뷰에 ID 추가하기

```xml
<layout xmlns:android="http://schemas.android.com/apk/res/android"
    xmlns:tools="http://schemas.android.com/tools">
    <data>
        <variable name="device"
            type="me.adamstroud.devicedatabase.device.DeviceDetailActivity
➥.ObservableDevice"/>
    </data>
    <android.support.design.widget.CoordinatorLayout
        android:id="@+id/coordinator_layout"
        android:layout_width="match_parent"
        android:layout_height="match_parent"
        android:fitsSystemWindows="true"
        tools:context=".device.DeviceDetailActivity"
        tools:ignore="MergeRootFrame">
        <LinearLayout
            android:layout_width="match_parent"
            android:layout_height="match_parent"
            android:orientation="vertical">
            <include layout="@layout/appbar" />

            <TextView
                android:layout_width="wrap_content"
                android:layout_height="wrap_content"
```

```
                    android:text="@{@string/model(device.model), default
➡=model}" />

            <TextView
                android:layout_width="wrap_content"
                android:layout_height="wrap_content"
                android:text="@{@string/nickname(device.nickname), default=
➡nickname}" />

            <TextView
                android:layout_width="wrap_content"
                android:layout_height="wrap_content"
                android:text="@{@string/memory_in_mb(device.memoryInMb),
➡default=memoryInMb}" />

            <TextView
                android:layout_width="wrap_content"
                android:layout_height="wrap_content"
                android:text="@{@string/display_in_inches(device.display
➡SizeInInches), default=displaySizeInInches}" />

            <TextView
                android:id="@+id/id"
                android:layout_width="wrap_content"
                android:layout_height="wrap_content" />
        </LinearLayout>
    </android.support.design.widget.CoordinatorLayout>
</layout>
```

---

TextView 중 하나에 ID를 추가하면, DataBindingUtil.setContentView()가 반환한 데이터 바인딩 클래스가 직접 그 뷰에 접근할 수 있다. DeviceDetailActivity의 수정 사항은 커서가 onLoadFinished()에 반환될 때, id 뷰에 접근하고 갱신하기 위해 ID에 데이터를 바인딩해주는 것이다. 코드 10.11은 수정한 코드를 보여준다.

**코드 10.11** ID 갱신하기

```
@Override
public void onLoadFinished(Loader<Cursor> loader, Cursor data) {
    if (data != null && data.moveToFirst()) {
        ObservableDevice observableDevice = binding.getDevice();

        observableDevice
                .model
                .set(data.getString(data
                        .getColumnIndexOrThrow(DevicesContract
                        .Device
                        .MODEL)));

        observableDevice
                .nickname
                .set(data.getString(data
                        .getColumnIndexOrThrow(DevicesContract
                        .Device
                        .NICKNAME)));

        observableDevice
                .memoryInMb
                .set(data.getFloat(data
                        .getColumnIndexOrThrow(DevicesContract
                        .Device
                        .MEMORY_MB)));

        observableDevice
                .displaySizeInInches
                .set(data.getFloat(data
                        .getColumnIndexOrThrow(DevicesContract
                        .Device
                        .DISPLAY_SIZE_INCHES)));

        binding
                .id
```

```
            .setText(getString(R.string.id,
                    data.getLong(data
                            .getColumnIndex(DevicesContract
            .Device
            ._ID))));
    }
}
```

　　코드 10.3에서 바인딩 멤버 변수의 타입은 `ActivityDeviceDetailBinding` 이었다. 레이아웃 파일에 ID를 추가했기 때문에 `findViewById()`의 호출 없이 id `TextView`에 접근할 수 있다. 데이터 바인딩 코드 생성은 컴파일 시점에 일어나서 id의 타입을 알고 있으므로 id를 알맞은 타입으로 형 변환cast할 필요가 없다. 데이터 바인딩 라이브러리는 `TextView`를 사용하는 바인딩 클래스를 생성한다.

　　데이터 바인딩 라이브러리는 데이터를 뷰에 바인딩해줄 뿐만 아니라 레이아웃 파일이 뷰를 조작할 수 있도록 표현 언어를 제공한다. 다음 절에서는 데이터 바인딩 표현 언어를 소개한다.

## 데이터 바인딩 표현 언어

레이아웃 XML 파일에서 직접 뷰를 조작하기 위해 데이터 바인딩 표현 언어를 사용한다. 코드 10.2의 데이터 바인딩 레이아웃 파일에서 디바이스 모델, 디바이스 별칭의 값을 설정했다. 코드 10.12는 표현 언어를 사용한 데이터 바인딩 레이아웃의 일부를 굵은 글씨로 강조했다.

**코드 10.12** 데이터 바인딩 표현 언어 사용하기

```
<TextView
    android:layout_width="wrap_content"
    android:layout_height="wrap_content"
    android:text="@{@string/model(device.model), default=model}" />

<TextView
    android:layout_width="wrap_content"
```

```
android:layout_height="wrap_content"
android:text="@{@string/nickname(device.nickname), default=nickname}"
/>
```

코드 10.12는 레이아웃의 data 요소에 선언했던 디바이스 변수의 모델과 별칭을 나타낸다.

default 예약어는 안드로이드 스튜디오 레이아웃 미리 보기 창에서 사용하는 플레이스 홀더다. 이 예약어는 레이아웃 설계 시점에 설정한 값을 미리 보기 창에서 보여주기 때문에 매우 유용하다.

코드 10.12는 디바이스 객체에서 실제 데이터를 접근하고, 문자열 리소스에도 접근한다. 이 기능은 문자열에 포맷을 지정하거나 앱이 여러 가지 언어를 지원해야 할 때 유용하다.

표현 언어는 꽤 간단하다. 표현 언어는 뷰에 값을 바인딩해주고, 레이아웃에게 더욱 동적인 속성을 제공한다. 데이터 바인딩 표현 언어가 지원하는 연산은 표준 자바 연산자와 거의 동일하다. 다음은 표현 언어가 지원하는 연산이다.

- 수학 연산자
- 문자열 접합
- 바이너리 연산자
- 삼항 조건 연산자
- instanceof
- 시프트 연산자

위 목록의 연산자뿐만 아니라 데이터 바인딩 표현 언어는 배열 요소의 접근, 멤버 변수 접근, 함수 호출, 형 변환을 지원한다.

위에 제시한 연산자 외에 표현 언어는 null 병합 연산자<sup>null coalescing operator</sup>를 지원한다. 이 연산자는 2개의 물음표("??")로 나타내고, null을 확인할 때 삼항 조건 연산자를 변형한 연산자라고 생각하면 된다. 코드 10.13은 null 병합 연산자의 예제다.

**코드 10.13** Null 병합 연산자

```
<TextView
    android:layout_width="wrap_content"
    android:layout_height="wrap_content"
    android:text="@{object.left ?? object.right}" />
```

코드 10.13에서 null 병합 연산자는 `object.left`가 `null`이 아니면 `object.left`를 할당하고, `object.right`가 `null`이면 `object.right`를 할당한다. 개념적으로 이 코드문은 다음과 같다.

```
<TextView
    android:layout_width="wrap_content"
    android:layout_height="wrap_content"
    android:text="@{object.left == null ? object.right: object.left}" />
```

데이터 바인딩 표현 언어를 사용할 때 기억해야 할 사항은 이 표현 언어는 복잡한 표현식을 지원하기 때문에 이 표현식을 꼭 사용해야 한다는 뜻이 아니다. 경험상 삼항 조건 연산자보다 복잡한 표현식을 사용하는 것이 좋지 않을 수 있다는 것이다. 복잡한 뷰 표현식에서는 표현 언어보다 자바가 더 나을 수 있다. 왜냐하면 이미 데이터 바인딩 라이브러리가 `findViewById()`의 호출로 발생하는 오버헤드를 감해주기 때문이다.

## 요약

데이터 바인딩 라이브러리는 안드로이드 프로젝트의 강력한 도구다. 뷰 작업 시 보일러 플레이트 코드의 제거와 컴파일 시점의 코드 생성은 안드로이드 작업 시 중요한 도구가 될 것이다.

# 찾아보기

에이콘출판의 기틀을 마련하신 故 정완재 선생님 (1935-2004)

# 안드로이드 데이터베이스

실전에 바로 적용할 수 있는 안드로이드 지침서

인 쇄 | 2017년 3월 15일
발 행 | 2017년 3월 23일

지은이 | 아담 스트라우드
옮긴이 | 오세봉 · 김기환

펴낸이 | 권 성 준
편집장 | 황 영 주
편 집 | 나 수 지
디자인 | 박 주 란

에이콘출판주식회사
서울특별시 양천구 국회대로 287 (목동 802-7) 2층 (07967)
전화 02-2653-7600, 팩스 02-2653-0433
www.acornpub.co.kr / editor@acornpub.co.kr

한국어판 © 에이콘출판주식회사, 2017, Printed in Korea.
ISBN 978-89-6077-995-2
ISBN 978-89-6077-083-6 (세트)
http://www.acornpub.co.kr/book/android-db-bp

이 도서의 국립중앙도서관 출판시도서목록(CIP)은 서지정보유통지원시스템 홈페이지(http://seoji.nl.go.kr)와
국가자료공동목록시스템(http://www.nl.go.kr/kolisnet)에서 이용하실 수 있습니다.(CIP제어번호: CIP2017006456)

책값은 뒤표지에 있습니다.